U0498415

本专著获得四川省哲学社会科学研究"十四五"规划2022年度项目（SC22B135）、四川省教育厅人文社会科学重点研究基地——攀枝花资源型城市发展研究中心重点项目（ZYZX-ZD-2103）与攀枝花学院人文社科类培育项目（2020ZD012）资助。

中国出口隐含碳排放影响因素
——基于反事实法的分析

毛运意◎著

西南财经大学出版社

中国·成都

图书在版编目(CIP)数据

中国出口隐含碳排放影响因素:基于反事实法的分析/毛运意著.—成都:西南财经大学出版社,2023.5
ISBN 978-7-5504-5694-5

Ⅰ.①中… Ⅱ.①毛… Ⅲ.①出口贸易—二氧化碳—排气—研究—中国 Ⅳ.①F752.62

中国国家版本馆 CIP 数据核字(2023)第 035288 号

中国出口隐含碳排放影响因素——基于反事实法的分析
ZHONGGUO CHUKOU YINHAN TANPAIFANG YINGXIANG YINSU——JIYU FANSHISHIFA DE FENXI
毛运意　著

责任编辑:石晓东
责任校对:陈何真璐
封面设计:墨创文化
责任印制:朱曼丽

出版发行	西南财经大学出版社(四川省成都市光华村街55号)
网　　址	http://cbs.swufe.edu.cn
电子邮件	bookcj@swufe.edu.cn
邮政编码	610074
电　　话	028-87353785
照　　排	四川胜翔数码印务设计有限公司
印　　刷	郫县犀浦印刷厂
成品尺寸	170mm×240mm
印　　张	13
字　　数	270千字
版　　次	2023年5月第1版
印　　次	2023年5月第1次印刷
书　　号	ISBN 978-7-5504-5694-5
定　　价	78.00元

1. 版权所有,翻印必究。
2. 如有印刷、装订等差错,可向本社营销部调换。

序　言

随着我国产业结构的演进与我国全球价值链向中高端攀升，我国作为世界上最大的发展中国家与转型经济体，在资源密集型、劳动密集型产品领域与新兴经济体开始竞争，在资本密集型、技术密集型产品领域与发达经济体的竞争不断加剧。在发达国家占据主导地位的全球分工体系与产业价值链下，传统的"规模扩张、顺差累积、大进大出"贸易模式究竟是技术跃升、产业赶超的"跳板"还是价值锁定、低端产业的"枷锁"，是分工深化、错位竞争的"崛起之路"还是资源消耗、污染转移的"方便之门"，成为亟待验证的现实问题。鉴于此，本书试图以出口隐含碳排放为研究对象，将中国出口贸易规模扩张与输入端的能源消耗、输出端的环境扰动结合起来，从直接消耗、间接消耗两个维度开展出口隐含碳排放的规模测算与结构分析，从投入产出关联视角探析出口隐含碳的形成机制与传导效应，并从能源结构清洁化、产业结构高级化、碳污染转移防治等方面提出加快出口贸易绿色低碳转型的政策建议。

为了使结构更加紧凑、内容更加连贯并增强本书的可读性，本书在编排上做了以下尝试：①遵循"现状描述→机制识别→效应测度→路径构建"的基本框架进行整体的章节安排；②按照"命题假设→模型设定→验证分析→章节小结"的基本结构进行具体的内容设计；③按照"直接消耗、间接消耗、完全消耗"的相互关系进行章节排列与前后内容衔接。

本书的出版，可以为高校、政府、企业以及其他领域对出口隐含碳排放问题感兴趣的读者提供具有一定参考价值的建议。

本书在写作过程中得到了西南财经大学出版社的大力支持，得到了攀枝花学院相关平台项目的资助。此外，本书直接或间接地参考借鉴了国内外有关学者的论著及观点，在此一并致谢。由于作者水平有限，书中仍有不足之处，恳请读者朋友们不吝赐教。

著者

2023 年 1 月于四川攀枝花

目　录

第一章 导言

第一节 研究背景与研究意义

一、全球低碳时代的国际减排压力与绿色发展新机遇

碳排放问题因其公共品属性与负外部性而成为国际社会关注的焦点，总量控制与外部成本内部化是解决这一难题的基本思路[1][2]。《联合国气候变化框架公约》（1992）、《京都议定书》（1997）、《哥根本哈根协议》（2009）、《巴黎协定》（2015）等一系列国际协定确定了碳减排总量约束性目标，并逐步形成了以出口碳关税、碳排放权交易市场、低碳能源替代战略为基础的温室气体减排调控机制，贸易品碳强度逐步成为衡量产品洁净度的重要表征[3][4]，能源资源与产成品简单的投入产出线性关系开始演化为"要素组合、价格发现、价值确认、功能拓展"的复合型链接与系统性关联关系。从双边贸易的角度来说，贸易品隐含碳可以对供需双方产生促进与制约的双重作用，一方面，隐含碳作为衡量产品质量的新维度，对贸易品提出了节能减排的新要求，并逐渐构成进口国市场准入的重要门槛；另一方面，隐含碳为贸易产品差异化提供了便利优势，成为出口国比较优势新的动力与源泉，并形成以资源能源节约、非意愿产出减少为特征的内涵式扩张路径。事实上，贸易品隐含碳作为输入端资源

① Y KONDO, Y MORIGUCHI, H SHIMIZU. CO$_2$ Emissions in Japan: influences of imports and exports [J]. Applied energy, 1998 (59): 163–174.

② JESPER MUNKSGAARD, LISE-LOTTE PADE, JAN MINX, et al. Influence of trade on national CO$_2$ emissions [J]. International journal of global energy issues, 2005 (4): 324 –336.

③ GLEN P PETERS, EDGAR G, HERTWICH. Post-kyoto greenhouse gas inventories: production and versus consumption [J]. Climatic change, 2008 (86): 51–66.

④ DIETZENBACHER E, B LOS. Structural decomposition techniques: sense and sensitivity [J]. Economic system research, 1998, 10 (4): 307–323.

消耗与输出端环境扰动的链接因素，可以通过资源能源节约、市场品牌溢价与政府政策规制等多种方式与途径重构资源、产业与市场的互动关系。同时，在信息不对称或信息获取成本过高的国际市场中，贸易品隐含碳还可以发挥信息披露、产品认证的识别功能，为国际市场"优质优价、低质低价"多重市场均衡的实现提供一种必要的信号显示机制。从某种层面上来说，贸易品隐含碳既是对资源与产品投入产出关联的直观反映，也是低碳时代理解贸易壁垒与贸易摩擦的核心因素，并将成为绿色贸易转型过程中外贸规制政策的关键作用点。

二、国内"三期叠加"特殊阶段与"碳达峰、碳中和"目标实施

目前，我国正处于经济增长速度换挡、结构调整深化、发展动能转换"三期叠加"的特殊阶段，在要素市场与产品市场不完全的框架下，环境领域的成本收益外部性问题普遍存在。随着经济下行压力与国际减排压力不断加大，原来作为拉动经济增长三驾马车之一的出口贸易，开始面临国际碳排放压力加大与核心竞争优势丧失的双重问题。事实上，随着全国范围内的经济增速换挡、产业结构调整和发展动能转换，一方面，污染治理费用不断高企，基于产业转移的"污染避难所效应"，倒逼"高投入、高排放、高污染"的传统高碳模式逐渐被淘汰；另一方面，价格优势、需求驱动与政策激励对绿色贸易模式产生了显著的诱导效应。

事实上，随着国内"碳达峰、碳中和"双碳目标的确立与稳步实施，我国也开始从不同角度明确与强调节能减排、低碳绿色的发展方向。《"十四五"对外贸易高质量发展规划》明确提出："落实碳达峰、碳中和重大战略决策，坚定走生态优先、绿色低碳的贸易发展道路，协同推进外贸高质量发展和生产生活方式绿色转型，发挥示范带动作用。"《2030 年前碳达峰行动方案》进一步提出"优化贸易结构，大力发展高质量、高技术、高附加值绿色产品贸易"发展导向，并强调通过"做好绿色贸易规则与进出口政策的衔接"方式深化开放型制度供给与绿色贸易国际合作。

三、贸易研究领域共同面临的实践难题与新的理论需求

从已有研究来看，我国进出口贸易研究多以贸易规模、商品结构与市场集中度作为基本路径予以展开，并从要素禀赋、技术水平、制度红利等层面探寻

比较优势来源①。准确厘清出口隐含碳排放的规模结构、来源和去向、责任归属并制定相应的低碳转型促进政策，成为学者与政策制定者共同面临的实践难题，同时也对该领域的研究提出了新的要求。

事实上，在要素市场与环境规制体制不健全的既定框架下，我国贸易品的要素组合、成本核算、价格形成与价值确认存在着系统性偏差，简单的规模和数量的物质流分析不能全面反映产品分配与价值形成过程，也不能准确刻画出部门与部门之间相互提供、相互消耗的技术经济关联②。基于贸易规模与产品结构的价值流分析同样不能揭示我国出口贸易规模扩张、贸易顺差累积与国内资源赤字与生态逆差的内在关联与交互作用③④。事实上，作为世界上最大的发展中国家与转型经济体，我国出口贸易既发挥着"链接资源、联系市场"的渠道作用，客观上也构成了碳转移、碳输出的重要途径。Ahmad等针对中国出口的研究发现，中国属于典型的碳净输出国，生产所产生的碳排放比消费所产生的碳排放多10%，中国以贸易顺差的形式，分担了经济与合作发展组织（OECD）成员的碳排放责任⑤。

四、出口隐含碳问题研究的理论方向与实践定位

从统计意义上来说，贸易品隐含碳作为非货币化的统计指标，具备较强的横向空间与纵向时间序列的可比价值。从经济意义上来说，贸易品隐含碳同步链接着输入端的资源能源消耗、生产过程的资源配置方式、输出端的生态环境扰动，不仅是衡量产品质量的新维度，而且是产品比较优势的来源，并构成了产业赶超的新路径。对我国出口隐含碳排放进行分类并对其影响因素进行分析，可以从"碳转移"与"碳输出"的角度重新定义产业关联与贸易平衡状态，并为评估"出口贸易的资源消耗、技术效率与环境扰动"提供一个整体

① HELPMAN, KRUGMAN. Market structure and foreign trade: increasing returns, imperfect competition and the international economy [M]. Cambrige: MIT Press, 1985.

② HSIAO C, H STEVE CHING, S KI WAN. A Panel data approach for program evaluation: measuring the benefits of political and economic integration of Hong Kong with mainland China [J]. Journal of applied econometrics, 2012, 27 (5), 705-740.

③ MUNKSGAARD J., K. PEDERSEN. CO_2 accounts for open economies: producer or consumer responsibility? [J]. Energy policy, 2001, 29 (4), 327-334.

④ PAN J, J PHILLIPS, Y CHEN. China's Balance of emissions embodied in trade: approaches to measurement and allocating international responsibility [J]. Oxford review of economic policy, 2008, 24 (2): 354-376.

⑤ AHMAD N, WYCKOFF A. Carbon dioxide emissions embodied in international trade of goods [R]. Organization for Economic Cooperation and Development (OECD), 2003.

性分析框架。从理论层面来说，贸易品隐含碳可以丰富并量化进出口贸易的阶段性与结构性特征，从贸易平衡状态的角度拓展研究对象，从方法论上矫正"经济与生态二分"的内生性偏误，并为剖析绿色贸易模式的目标函数、约束条件及扩展路径提供一个整体性分析框架。对出口隐含碳排放影响因素的时序考察及结构分解，既可以明确各因素的作用方向与影响强度，识别出口隐含碳的初始来源、传导过程与结构分布。进行影响因子的国别差异比较与结构分解，可以明确要素高级化在抑制出口隐含碳排放中的便利优势，为国内要素禀赋的升级明确方向，也可以为低碳时代我国对发达经济体的产业赶超、与其他新兴经济体的错位竞争提供启示。

从实践层面而言，贸易领域的隐含碳治理既可以通过上游资源投入减量化、能源梯次使用带来直接的经济效益，也可以通过下游以二氧化碳为代表的非意愿产出减少形成间接的环境效益。对我国出口隐含碳的测算，可以明确我国出口隐含碳排放的总体规模与基本趋势，有利于合理界定我国碳减排国际责任，增强"生产者责任"与"消费者责任"争论中的国际话语权[①]，也有助于国内碳排放控制目标的合理设定与实施[②]。同时，对产品领域隐含碳的考察，可以明确碳排放的产业分布；对贸易品隐含碳进行跨国比较与时间序列比较，有助于识别政策拐点，进一步明确绿色贸易政策的作用对象、产业范围与政策重点。

第二节　思路设计与内容安排

一、基本思路与结构框架

鉴于部门之间的投入产出关联，出口隐含碳排放具有"隐含"性质与"部门转移"的特点，我们需要构建"能源→产出→产值→出口值"分析框架，并借助 Leontief 逆矩阵，来识别其部门分布状态，并追溯其真实来源。本书的基本思路与结构框架如图 1-1 所示。

---

① PETERS G, E HERTWICH. Pollution embodied in trade：the Norwegian case ［J］. Global environmental change, 2006, 16（4）：379-387.

② BAI C, Q LI, M OUYANG. Property taxes and home prices：a tale of two cities ［J］. Journal of econometrics, 2014, 180（1）：1-15.

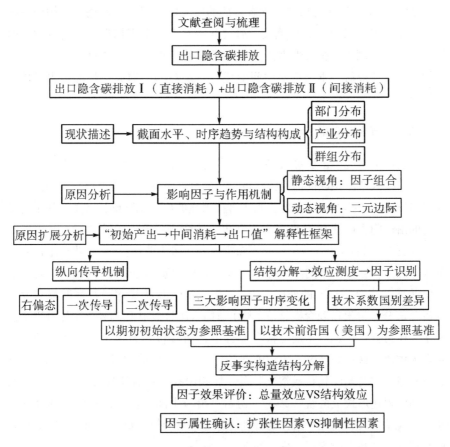

図1-1 本书的基本思路与结构框架

　　本书遵循"现状描述→原因剖析→机制设计"的思路，以出口隐含碳排放测算公式作为基本载体，以公式变式及其经济含义作为章节串联与推进的逻辑主线，并借助"模型设定→命题假设→命题验证"的方式对章节的具体内容做出安排。首先，本书通过将出口隐含碳排放界定为基于直接消耗的出口隐含碳排放Ⅰ与基于间接消耗的出口隐含碳排放Ⅱ，分别对其"总量、趋势与结构构成情况"进行描述，以此为出口隐含碳排放影响因子的识别提供逻辑起点与基本载体。其次，本书根据出口隐含碳排放核算公式与影响因子的经济含义，从因子组合角度寻找出口隐含碳排放部门差异与时序变化的影响机制，在"初始产出→中间消耗→出口值"解释性框架下识别出口隐含碳排放的"初始来源"与扩散放大机制，并对纵向传导机制中一次传导与二次传导的扩散放大效应分别进行验证。再次，本书选取"单位产出含碳量A""Leontief逆矩阵

B""出口规模 C"作为出口隐含碳排放的三大影响因子，构建"结构分解→效应测度→因子识别"分析范式，通过开展基于反事实构造的结构分解，对属于"扩张性因素或抑制性因素"的因子属性予以判定，并对其具体作用强度加以量化。最后，本书针对中间消耗"总量与部门构成"情况给出具体的对策建议。

二、章节内容安排

从宏观上来说，国民经济各部门之间存在着直接与间接双重技术经济关联。基于投入产出关联的部门消耗可以分为直接消耗与间接消耗，反映完全消耗的出口隐含碳排放可以界定为基于直接消耗的出口隐含碳排放 I 与基于间接消耗的出口隐含碳排放 II 两部分，即出口隐含碳排放（完全消耗）=出口隐含碳排放 I（直接消耗）+出口隐含碳排放 II（间接消耗）。鉴于两种出口隐含碳排放拆分与合并的不同经济含义，本书对出口隐含碳排放 I 与出口隐含碳排放 II 采取"先分后合"的处理方式：在第三章"现状描述"与第四章"原因分析"部分，将出口隐含碳排放 I 与出口隐含碳排放 II 作为独立主体分别加以考察，在第五章"原因扩展分析"部分中将两者合并为基于完全消耗的出口隐含碳排放。这一处理方式的积极意义在于：一方面能够对两种出口隐含碳排放"总量、趋势与结构构成情况"及"影响因素"进行比较分析；另一方面，可以确保表达形式上的统一，在"初始产出→中间消耗→出口值"整体性框架中对其做出具有内在一致性的合理解释。本书的第三章、第四章、第五章是核心部分，其基本内容可以概括如下：

第三章基于直接消耗与间接消耗的本质性区别，将出口隐含碳排放区分为出口隐含碳排放 I 与出口隐含碳排放 II，并对中国出口隐含碳排放 I 与出口隐含碳排放 II 的总量水平与变化趋势加以描述，明确其截面分布状态与时序阶段性特征。相比较而言，出口隐含碳排放的构成情况较为复杂。首先，由投入产出数据库与《中国能源统计年鉴》统计口径而自然生成的部门结构，在描述出口隐含碳排放的结构性特征中拥有基础性地位。本书根据出口隐含碳排放的部门分布情况，可以直接确定两种出口隐含碳排放的"峰值部门""峰值部门"交叉重叠情况以及 21 个部门的均匀分布程度，从而为判定出口隐含碳排放的结构性特征提供基本依据。其次，通过将工业部门细分为资源密集型、劳动密集型、资本密集型、技术密集型产业，可将原来的 21 个部门归类为七大产业，从而为比较两种出口隐含碳排放的产业构成特征提供基本载体，同时也为"产业赶超"提供启示。最后，分别根据部门单位产出碳强度与单位产值间接碳强度的大小，将 21 个部门归并为高碳组、中间组、低碳组，比较出口隐含碳排放 I 与出口隐含碳排放 II 的群组分布与群组结构情况。

第四章根据出口隐含碳排放核算公式与影响因子的经济含义，绘制出口隐含碳排放无差异曲线及无差异曲线扩展线，构造内含叠加组合、梯次组合与错位组合等多种组合方式的选择空间；从区间分布与概率分布等角度，考察出口隐含碳排放 I 与出口隐含碳排放 II 因子组合在（单位值碳强度高，出口规模大）、（单位值碳强度高，出口规模小）、（单位值碳强度低，出口规模大）等组合方式中的偏向程度；分别进行基于"部门比重"的基数评价与基于"部门排序"的序数评价，从中识别两种出口隐含碳排放部门差异与时序变化的影响机制；根据投入产出表与 Leontief 逆矩阵的平衡原理，绘制部门"碳转移"平衡表，从"碳转移"的角度定义"碳净输出部门""碳输入部门""碳平衡部门"，识别"碳源部门""转移机制"以及"碳转移""削峰填谷"的平滑效应。在此基础上，本章考察了单量边际、规模边际的动态演化趋势，比较规模边际扩张幅度与单量边际的收缩幅度的大小关系，明确出口隐含碳排放究竟是沿着向右下方倾斜的无差异曲线扩展线向内收缩还是向外扩展。进一步地，本章借助出口隐含碳排放总量不变的结构调整方程，分别测算了基于单位产出碳强度与单位产值间接碳强度的产业出口替代率 I 与产业出口替代率 II，通过比较两种产业出口替代率的产业差异情况，明确出口规模控制与结构调整的适用性及具体适用产业。最后，本章通过基于单量效应与规模效应的结构分解，识别各影响因子群组差异对出口隐含碳排放群组差异的具体作用方向及解释程度。

第五章第一节在"初始产出→中间消耗→出口值"解释性框架下，将基于直接消耗的出口隐含碳排放 I 与基于间接消耗的出口隐含碳排放 II，统一合并为基于完全消耗的出口隐含碳排放；通过对上游产出环节、中游中间消耗环节与下游出口环节的"碳偏向性"逐一进行确认与比较，识别出口隐含碳排放的"初始来源"与扩散放大机制，并对纵向传导机制中一次传导与二次传导的扩散放大效应分别进行验证与说明。第五章第二节根据出口隐含碳排放核算公式与影响因子的经济含义，选取"单位产出含碳量 A""Leontief 逆矩阵 B"与"出口规模 C"作为出口隐含碳排放的三大影响因子，构建"结构分解→效应测度→因子识别"分析范式，通过开展基于影响因子的反事实构造，对出口隐含碳排放进行结构分解，依次对三大影响因子的作用方向与作用强度进行具体探讨。第五章第二节基于影响因子的"时序变化"，通过选取样本期初的原始状态作为参照基准，进行时序层面的反事实构造与结构分解，测度各影响因素的"时序变化"及其对出口隐含碳排放的"扩张效应"或"抑制效应"的效应强度，并对影响因子扩张性因素或抑制性因素的因子属性进行识别与确认。第五章第三节基于影响因子的"空间差异"，通过进行"采用美国Leontief 逆矩阵"的反事实构造，选取"技术前沿国"作为参照基准，构建中美出口隐含碳排放差异性群组；通过进行基于影响因子空间差异反事实项的结构分解，明确影响因子"空间差异"的影响效果；通过对"总量效应"与"结构效应"的分解与分析，对影响因子及其"总量变动"与"结构变动"的属性加以分析。

第三节　数据来源与方法说明

一、数据来源与处理说明

数据来源的可靠性及数据处理的适宜程度，直接决定了本书研究结论的合理性与适用价值。本书旨在构建"能源→产出→中间消耗→出口"整体性分析框架，考察部门能源消耗、产出、中间消耗与出口隐含碳排放之间的内在关联。总量层面与部门层面的出口隐含碳排放测算是本书的重点。目前，国际能源总署（IEA）、美国能源信息署（EIA）以及二氧化碳信息分析中心（CDIAC）等知名机构对各国（或地区）的宏观碳排放量进行了估算，但估算数据限于宏观总量层面[①]。国内官方公布的出口隐含碳排放的数据在统计口径上未细分至具体部门或产业，未触及能源种类、部门关联等影响因素的变化过程，无法构建起因变量"出口隐含碳排放"与自变量"影响因素"之间的对应关系，因此不能满足本书的研究需要。

为解决这一难题，本书采用政府间气候变化专门委员会（IPCC）、经济合作与发展组织推荐的方法，根据各产业部门能源消耗量与能源碳排放系数对我国出口隐含碳排放进行核算。核算所需数据主要源于世界投入产出数据库与

[①] 国际能源总署提供的二氧化碳排放系数计算公式如下：$\eta_i = (44/12) \times NCV_i \times CEF_1 \times COF_i$，其中，$\eta_i$、$(44/12)$、$NCV_i$、$CEF_1$、$COF_i$，分别表示第 i 种能源的二氧化碳排放系数、碳到二氧化碳的转化系数、平均低位发热量、单位热值碳强度与碳氧化率。从理论上来说，二氧化碳排放系数为时序变量，需要根据上述公式进行具体测算。鉴于这一问题的复杂性与数据缺失，本书将该系数视为样本期内的常量，直接采用《省级温室气体清单编制指南》公布的结果，该指南总体上遵循《IPCC 国家温室气体清单指南》的基本方法，借鉴《综合能耗计算通则》，并参考了 1994 年、2005 年我国能源活动温室气体清单编制的相关结论。

《中国能源统计年鉴》。其中，各部门总产出、部门间投入产出与各部门出口数据源于世界投入产出数据库，而分行业的能源消耗数据源于《中国能源统计年鉴》。考虑到《中国能源统计年鉴》的数据口径，本书选取原煤、原油、汽油、煤油、柴油、燃料油、天然气七种能源作为代表，这七种能源在总能源中占比高达95%以上，忽略其他投入量相对较少的能源种类不会对本书的研究结论产生实质性影响。同时，本书采用《省级温室气体清单编制指南》公布的数据计算二氧化碳排放系数。为增强数据的时序可比性，本书以2005年为基准期，采用联合国贸易和发展会议（UNCTAD）提供的全球平均居民消费价格指数（CPI）对世界投入产出数据库[①]的数据进行了平减处理。样本期的全球平均居民消费价格指数如表1-1所示。

表1-1　1995—2014年全球平均居民消费价格指数

年份	1995	1996	1997	1998	1999	2000	2001	2002	2003	2004
指数	0.856	0.928	0.953	0.946	0.933	0.936	0.943	0.936	0.946	0.983
年份	2005	2006	2007	2008	2009	2010	2011	2012	2013	2014
指数	1.000	1.017	1.066	1.129	1.120	1.156	1.220	1.272	1.245	1.221

二、部门归并与产业划分

如前所述，《中国能源统计年鉴》与世界投入产出数据库是本书的基础数据来源。从总量层面来看，两类数据都覆盖了整个国民经济，却因内部的部门分类标准而产生了统计口径差异。《中国能源统计年鉴》根据国民经济行业分类标准，将国民经济区分为17个基本门类（用A~Q表示）与60个具体大类（用两位阿拉伯数字代表）；世界投入产出数据库按照国际产业标准分类（修订版），将整个国民经济区分为20个基本门类（用A~T表示）与95个具体大类（用两位阿拉伯数字代表）。两类分类标准的差异集中于工业制造业部门。鉴于工业制造业在出口部门中的主体地位，为保证数据统计口径的一致性并便于数据的计算与应用，本书参照刘瑞翔、姜彩楼（2011）使用的制造业部门归并调整的方法，在三次产业划分基础上将国民经济归并为21个部门。部门的具体归并情况如表1-2所示。

---

① 目前，世界投入产出数据库只更新至2014年，因此本书的样本期为1995—2014年。

表 1-2　中国国民经济 21 个部门归类

部门代码　本书部门分类		国民经济 行业分类	国际产业 标准分类	
第一产业	1. 农林牧渔业	A	C1	AtB
第二产业	2. 采掘业	B	C2	C
	3. 农副食品与饮料烟草业	13、14、15、16	C3	15t16
	4. 纺织、鞋、帽、服装业	17、18	C4	17t18
	5. 皮毛、皮革、羽毛、羽绒制造业	19	C5	19
	6. 木、竹、藤、棕、草加工制造业	20	C6	20
	7. 造纸、印刷、记录媒介制造业	22、23	C7	21t22
	8. 石油炼焦、加工、核燃料工业	25	C8	23
	9. 化学制品业	26、27、28	C9	24
	10. 橡胶、塑料制品业	29、30	C10	25
	11. 非金属矿物制品业	31	C11	26
	12. 基本金属制造业（不包括机械设备）	32、33、34	C12	27t28
	13. 通用设备、专用设备制造业	35、36	C13	29
	14. 电器机械、通信设备、仪器仪表与文化办公制造业	38、39、40	C14	30t33
	15. 交通运输设备设施制造业	37	C15	34t35
	16. 废弃材料回收加工业及其他制造业	21、24、41、42、43	C16	36t37
	17. 电、气、水的生产供应业	D	C17	E
	18. 建筑业	E	C18	F
第三产业	19. 批发零售业与住宿餐饮业	H、I	C19-C22	G、H
	20. 交通运输、仓储、邮政业	F	C23-C27	I
	21. 其他行业	G、J~T	C28-C35	J、70、71t74、L~Q

注：①国民经济行业分类源于国家统计局。

②国际产业标准分类源于世界投入产出数据库。

三、研究方法与创新之处

鉴于"出口隐含碳排放"研究对象的特点，本书力图从时序维度与截面维度展开比较分析，构建时间演化与空间差异相结合、规范分析与实证分析相统一、探索性分析与验证性分析相结合的分析框架。本书的研究方法、手段及措施如下：

1. 文献研究法

本书在分析"出口隐含碳排放"研究对象与问题的基础上，通过查阅、梳理、归纳、评述国内外现有的研究成果，选取单位产出碳排放量、Leontief逆矩阵、出口规模作为出口隐含碳排放的三大影响因子，并对影响因子做出"总量＊结构"的形式变换。本书在已有文献基础上量化"碳偏向性"，使得本书既能借鉴国内外现有的研究成果，又能在某个层面有所突破，从而为现有研究成果提供有益的补充。

2. 描述性分析与比较分析

本书在整合世界投入产出数据库的数据与《中国能源统计年鉴》的基础上，采用 Excel、Eviews、Stata 等统计分析软件进行数据加工与处理，绘制出口隐含碳排放无差异曲线，无差异曲线扩展线，直接碳强度、间接碳强度等核心变量的趋势线，从整体上分析出口隐含碳排放的变化趋势。

3. 反事实法模拟测算

本书通过"影响因素唯一不变"与"影响因素唯一变化"两种反事实构建，从时间维度量化中国影响因子的变化动态及其对出口隐含碳排放的影响强度。本书借助 Leontief 逆矩阵，从空间维度构建反事实项与差异性群组，通过出口隐含碳排放模拟测算以及真实值与模拟值的差值分解，量化影响因子空间差异在出口隐含碳排放中的作用强度。

4. 结构分解法

本书通过构建时序变化层面、空间差异层面的结构分解分析模型，借助反事实项，动态分解单位产出碳排放量、完全需求系数、出口在隐含碳排放中的贡献份额，从而量化影响因素变动的影响效果。

在上述研究方法的基础之上，为了具体反映影响因子在样本期内的"时序变化"及其对出口隐含碳排放的"影响效果"，本书通过选取起始年份 1995年作为基期，根据"其他影响因子都正常变化，某一影响因子唯一不变，出口隐含碳排放为多少"的反事实构造原理，分别构造"其他影响因子都正常变化，单位产出碳强度保持不变，出口隐含碳排放为多少"的反事实项 K_A、"其他影响因子都正常变化，Leontief 逆矩阵保持不变，出口隐含碳排放为多少"的反事实项 K_B、"其他影响因子都正常变化，出口规模保持不变，出口隐含碳排放为多少"的反事实项 K_C，从而构建起因子变动项与出口隐含碳排放变动项之间独立对应的三大面板系统，进而构建起"结构分解→效应测度→因子识别"的分析范式。

需要指出的是，反事实分析法不仅可以用于时序变化分析，还可以用于空间差异的截面维度分析。本书旨在明确中美两国资源配置方式、投入产出关联、技术效率等方面的显著差异，因此，中美 Leontief 逆矩阵截面差异所表征的技术差距成为出口隐含碳排放截面维度的影响因子。基于此，进行"采用 Leontief 逆矩阵"的反事实构造，将完全消耗系数的时序变化扩展为"技术差距"的时序变化，不仅可以对中美技术差距的效应进行直接测度，而且可为因子属性（扩张性因素或抑制性因素）识别提供重要佐证，并为明确"技术追赶"的方向与重点提供有益参考。事实上，反事实分析法在结构分解、效应测度、影响评价等多个方面的应用，是本书的创新之处。

第二章 出口隐含碳排放的研究综述

"出口隐含碳排放"是本书的研究对象，反事实分析法是本书的主要研究方法。本章将追踪出口隐含碳排放的国内外研究进展，并具体探讨反事实分析法在出口贸易中的应用情况，以期为本书的研究提供跨学科的理论支撑与多视角的实践经验借鉴。

本章主要从出口隐含碳排放的研究现状、出口隐含碳总量测算与结构分解、出口隐含碳排放形成机制三个层面分别阐述其国内外研究进展。

第一节 出口隐含碳排放的研究现状

一、出口隐含碳排放的概念界定与历史沿革

随着全球气候变暖问题的不断加剧，以二氧化碳为代表的温室气体逐渐成为国际社会、各国政府、企业、学术界共同关注的重点对象，"隐含碳"（embodied carbon）这一概念在世界范围内获得了广泛应用，是碳排放消费者责任制的重要基石。事实上，微观层面的产品"碳强度"成为衡量产品质量的新维度，宏观层面的产业"碳排放量"成为产业规制与污染治理的重点领域与关键问题。但是，"出口隐含碳排放"是一个兼备经济意义与生态价值的综合性指标，国内外学者对其的定义尚未形成一致的结论。

从历史沿革来看，1974年，国际高级研究机构联合会（IFIAS）的能源分析工作组会议首次提出"隐含能"（embodied energy）这一概念，并将其定义为"某种产品生产或服务提供过程中直接与间接消耗的能源总量"，这一定义构成了"隐含碳"的母体性概念。其后，《联合国气候变化框架公约》（1992）从非合意产出的角度将"隐含能"扩展为"隐含碳"，并将其重新定义为"商品从原料获取、制造加工、储存运输，到成为消费者手中所购买的产成品这段

过程中所排放的全部二氧化碳之和"。此后，"隐含碳"这一概念开始获得广泛关注与应用。在此基础上，Wyckoff 和 Roop 在研究中指出："有温室气体减排任务的国家可能通过增加从无减排义务国家的商品进口，并减少本国生产而完成自己的减排任务。从世界范围来看，出口隐含碳可能造成空间上的碳转移与碳泄露（carbon leakage），并导致全球温室气体排放的不断增加。"由此，"隐含碳"这一概念开始广泛运用于国际贸易领域，并引起各方的关注。事实上，"出口隐含碳"作为一项非货币化的统计指标，具备较强的横向空间与纵向时间序列的可比价值。同时，"出口隐含碳"作为出口贸易与碳排放的关联界面，可以产品的直接消耗与间接消耗为线索，追溯碳排放的真实来源与去向，从而为出口产品比较优势、出口技术赶超提供新的来源与路径。本书拟采用上述定义，并将其进一步区分为基于直接消耗的出口隐含碳排放 I 与基于间接消耗的出口隐含碳排放 II。下面将通过举例的方式，对"隐含碳"这一概念做进一步说明。

二、"出口隐含碳"举例释义与说明

本书以"一支铅笔"来进行说明。生产铅笔需要伐木，伐木需要铁具，生产铁具需要开采铁矿，铁矿开采需要电力，发电需要采煤……假设各个环节所排放的二氧化碳分别为 A、B、C、D……那么，"一支铅笔"的隐含碳排放可以表示为（A+B+C+D+……），即产品上游、中游、下游所有环节的碳排放之和（见图 2-1）。

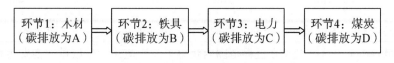

图 2-1　隐含碳排放环节构成

同时，为了区分直接消耗与间接消耗的碳排放，本书用"炼钢耗电"的例子做进一步的解释与说明。首先，假设炼钢需要电力、生铁、耐火材料等基本原料，一单位钢材直接耗电所排放的二氧化碳为 a，即构成一单位钢材的直接碳排放；同时，一单位钢材需要消耗 b 单位生铁，而生产一单位生铁的直接耗电所排放的二氧化碳为 c。因此，间接耗电所排放的二氧化碳为 $b×c$，即构成一单位钢材第一次的间接碳排放。进一步地，一单位钢材还需要消耗 d 单位耐火材料，而一单位耐火材料需要消耗 e 单位生铁。因此，间接耗电所产生的二氧化碳为 $d×e×c$，即构成一单位钢材第二次的间接碳排放……以此类推，还会产生无穷次的间接消耗。需要指出的是，由国民经济投入产出表的性质可知，无穷次间接消耗之和趋于收敛。因此，单位钢材耗电所产生的隐含碳排放是钢材对电力的直接消耗和无数次间接消耗之和，可以表示为直接消耗的碳排放 I 与间接消耗的碳排放 II 之和（见图 2-2）。

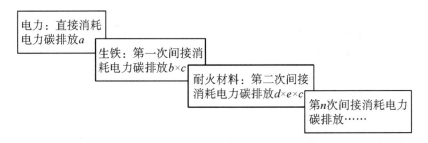

图 2-2　隐含碳排放直接消耗与间接消耗来源图

间接消耗的碳排放 II 不容易被观测与发现，因此产品的碳强度具有"隐含"的性质与转移特征。

第二节　出口隐含碳排放规模测算的投入产出法应用

出口隐含碳排放是碳排放问题在出口贸易领域的自然延伸与扩展。近年来，国内外学者对出口隐含碳的研究主要集中于"碳排放测算"与"碳排放影响因素"两大领域。其中，投入产出法在"碳排放测算"的应用与基于碳排放影响因素的结构分解，是本书的核心主题与研究重点。目前，关于出口贸易隐含碳的测算尚未形成权威的测算方法，国内外学者较多运用投入产出技术中的"直接消耗系数"和"完全消耗系数"描述与测算出口贸易背后的隐含碳排放。鉴于多区域投入产出模型的复杂性及对数据处理的高要求，出口隐含碳排放估算通常采用单区域投入产出模型。从因素分解方法来看，以投入产出表为基础的结构分解分析模型（SDA 模型）可以将因变量变动分解为自变量各种形式变动的和，在量化出口隐含碳影响因子的效果方面具有优越性，因此获得了广泛应用。

一、世界各国出口隐含碳排放规模测算的投入产出法应用

相比较而言，发达国家对出口隐含碳排放问题的分析较为充分与全面，涌现出一系列研究成果。从分析工具方面来看，这些国家主要采用单区域投入产出模型与多区域投入产出模型。Wyckoff 和 Roop 通过采用单区域投入产出模型，以经济合作与发展组织 6 个最大成员为对象，发现出口隐含碳在 6 个成员的总碳排放量占比高达 13%。Sánchez-Chóliz 和 Duarte 采用单区域投入产出模型分析了西班牙贸易中包括再出口产品在内的隐含碳排放问题。研究表明，西班牙进口和出口的隐含碳排放分别为其全国二氧化碳总排放量的 36% 和 37% 左右。Astrid Kander 和 Magnus Lindmark 借助投入产出法具体考察了 1950—2000 年瑞典对外贸易中的隐含碳情况，发现本国技术效率的提高、消费结构的转变和能源系统的改革可以对一国出口隐含碳产生显著的抑制效应。Machado 利用投入产出法估算了 1995 年巴西非能源商品贸易隐含碳，估算结果表明，非能源商品从产业关联角度来说具有较高隐含碳，非能源商品出口也是巴西"碳输出"的重要方式。鉴于中国与上述国家在发展阶段与模式上的相似性或差异性，上述结论可以从侧面为本书的研究提供参考。当然，需要指出的是，单区域投入产出测量模型主要应用于测算单个国家或地区与其他国家或地区进出口贸易所产生的碳排放，这实际上暗含了将所有其他国家视为同一个整体且它们的技术水平相同的同质性假设前提（Wiedmann，2001；Machado，2004）。

Peters 和 Hertwich 考虑到不同国家能源结构、出口规模、技术水平、规制水准等因素的差异性，就通过引入技术异质性来对原同质性假设做出修正。Chenery 和 Moses 在异质性假设前提下，分别将多区域投入产出模型应用于意大利和美国的出口隐含碳排放估算研究。Imura 和 Moriguchi 通过假设日本不同产业采用不同能源系数、其他国家都只生产一种商品且采用相等的能源系数的处理方式，利用投入产出模型测算了日本的能源贸易差额。Atkinson 和 Schlotheim 借助美国国家统计年报中的区域贸易数据，利用多区域投入产出法对环境的可持续性进行了检验。基于多区域投入产出模型的上述研究为本书提供了重要借鉴，但是 Rodrigues、Domingos、Marques，Peters 和 Solli 认为，多区域投入产出模型考虑了技术国别差异，理论上是测量一个国家对外贸易隐含碳的最佳方法，但是模型对数据处理技术的高要求，却削弱了其在出口隐含碳排放测算中的应用价值。

二、中国出口隐含碳排放规模测算的投入产出法应用

鉴于中国"世界工厂"与"最大发展中国家"的特殊地位，中国出口贸易隐含碳问题引起了国内外学者广泛关注，即针对"出口隐含碳总量估算""出口隐含碳结构特征""出口隐含碳排放时序变化"等具体问题，出现了一系列研究成果。

基于单区域投入产出模型，Ahmed 和 Wyckoff、Wang 和 Watson、Pan 等、姚愉芳等分别对中国 1997 年、2002 年、2004 年、2005 年的出口碳强度进行了估计，并发现中国出口碳强度存在显著增加的趋势。Lin 和 Sun 的估计进一步表明，2005 年中国的出口碳强度已经高达 3 357 吨。齐晔等选取 1997—2006 年为样本期，从"保守估计"和"乐观估计"两个层面展开估计，两项结果均表明出口贸易是中国碳排放量增加的重要因素。Yan 和 Yang 的估计表明，1997—2007 年中国的出口碳强度相当于当年中国碳排放量的 10.03% ~ 26.54%。从单个产业来说，李丁等采用二氧化碳排放系数法，对 2006 年中国水泥产业出口贸易隐含碳进行估算，发现水泥产业出口隐含碳强度不仅绝对量较大，而且对上下游产业存在明显的辐射效应。从预测的角度来说，Dabo Guan 等对我国 1980—2030 年碳排放的预测分析显示，出口规模扩大是引起我国碳排放量增加的主要因素之一，并且这种作用存在边际递增的趋势。宁学敏对我国 1998—2007 年碳排放量和工业产品之间的关系研究发现，出口变动对碳排放量影响存在累积效应：在短期内，出口每增加 1% 会使碳排放增加 0.23%；从长期来看，出口每增加 1% 会使碳排放增加 0.67%。由此可见，出口隐含碳排放不仅存在产业、空间差异，而且是动态变化的，需要从空间与时序维度进行系统性考察。

　　从出口隐含碳排放的结构特征来看，Huang 首次运用 LMDI 方法对中国 1980—1988 年六大核心部门的数据进行了研究，发现出口隐含碳排放存在显著的结构变化，但结构变化对能耗强度下降的影响强度偏弱。Sinton 和 Levine 借助拉氏分解方法，对 1980—1990 年工业结构变动情况进行了细致研究，其结果支持了 Huang 的基本结论。区别于传统的指数分解方法，Lin 和 Polenske 通过部门归类的方式将国民经济区分为七大部门，考察了产业结构与能源结构之间的互动关系，他们的研究结果显示，产业结构变动的结构效应没有对出口隐含碳排放产生明显的抑制作用，技术效应仍是导致能耗强度与直接碳排放系数降低的主要原因。与此不同的是，Garbaccio 等通过国民经济细分的方式，发现在中国经济急速扩张的过程中，产业结构变动是能耗强度升高的驱动性因素。Fisher 等基于企业层面的数据研究发现，结构效应实际上与产业划分标准高度相关，产业结构并不是出口隐含碳排放的深层次驱动原因。

　　上述研究主要是从总量、产业等截面维度展开的。从时序维度来看，这些研究对我国碳排放阶段性特征的研究相对较少。宋德勇和卢忠宝根据自变量与因变量的组合状态，将 1987—2007 年的样本期区分为"高增长、高效率""低增长、低效率""低增长、高效率""高增长、低效率"四阶段，并将经济增长的阶段性差异确认为碳排放周期性波动的核心驱动力。在此基础之上，王锋等、薛惠锋、王栋等分别选取具体产业作为研究对象，对农林牧渔业、工业、建筑业、第三产业等具体产业部门的结构性特征进行了研究。

第三节　出口隐含碳影响因素识别的结构分解法应用

从分析方法来说，结构分解法是出口隐含碳影响因素识别的基本方法。根据分解因子性质的不同，结构分解法包括指数因素分解法、"脱钩"指标分解法、因子结构分解法三种基本类型。

一、出口隐含碳影响因素识别的指数因素分解法应用

Kaya 通过将碳排放分解为指数联乘形式，提出了简单灵活、适用范围广泛的 Kaya 恒等式。其后，众多学者对 Kaya 恒等式扩展式进行了探讨，提出许多经济含义丰富的指数分解变式。基于权重选取方法的多样性，指数分解法可以区分为 Laspeyres 指数法（Ang，2004）、自适应的权重分解法（AWD）（Ang 和 Lee，1994；Schipper 等，2001）、算术平均数分解法（Boyd 等，1987）与对数平均数分解法（Ang 和 Liu，2001）等。这些指数在经济含义、适用条件、数据要求与结果可解释性方面各具优势，因此这些指数在出口隐含碳排放测算方面均获得了广泛应用（Liu 等，2007；Diakolaki，2009；Ohi 等，2010）。同时，考虑到中国作为转型经济体的阶段性差异与数据获得的便利程度，部分学者专门提出了适用于这一情形的"两层完全分解法"或"三层完全分解法"，并将其用于探究中国能源消耗、碳排放变动"阶段性"特征的内在成因（郭朝先，2010；宋德勇，2009；王锋，2010）。

二、出口隐含碳影响因素识别的"脱钩"指标分解法应用

与此同时，国际社会通常使用"脱钩"指标来表示经济增长、资源消耗与废弃物排放不同步变化的动态关系（Henry 和 Saunders，1992；OECD，2003；Tapio，2004）。目前，脱钩指标分解法已经成为经济环境领域新的研究热点（Bentzen，2004；Runar Brannlund, Tarek Ghalwasha, Jonas Nordstrma，2007），众多学者开始将脱钩指标应用于二氧化碳的减排测度中，以此来识别"脱钩"因子或检验相关政策的有效性（Brookes，1992；Barker，2007；Hong Wang，2011，李忠民，2010）。就目前的情况来看，Bentzen 采用面板数据系统

估计了美国工业部门能源消费的脱钩系数与反弹效应，并借助超越对数成本函数测定其反弹效应，并将反弹效应锁定在25%~30%。在脱钩指数与脱钩效应研究方面，I. J. Lu通过沿用OECD脱钩指标，比较分析了德国、日本、韩国的二氧化碳与GDP的脱钩系数及特征。JIN通过测算用电的价格弹性，识别了脱钩状态与反弹效应的短期性趋势与长期性影响。王宏在沿用OECD脱钩指标体系的基础上，对1980—2009年中国经济增长、能源消耗、碳排放之间的多重脱钩关系、状态进行了回顾。庄贵阳选取美国、日本、中国等大国为研究对象，运用Tapio脱钩指标对脱钩的时序性与阶段性进行了剖析。李忠民（2010）等选取煤炭资源大省——山西为研究区域，运用OECD脱钩指标对其工业产业增加值与其能源消耗、二氧化碳排放之间的多重关系进行了脱钩分析，得出了三者之间存在非线性关联的关系。周勇选取1978—2004年为样本期，实证检验能源消耗的脱钩状态，研究发现，能源消耗脱钩状态具有周期性趋势，但技术进步"节能减排"的"减碳"作用日趋显著。

三、出口隐含碳影响因素识别的因子结构分解法应用

从影响因子结构分解方法来看，结构分解分析模型主要包括以下四种基本形式：忽略交叉项、以权重方式分解交叉项给自变量、加权平均分解法与两极分解法（Diet zenbacher和Los，1998；Hoekstra，2003），四种形式具有各自的适用条件与优越性，在出口隐含碳结构分解中均得到了合理运用（夏明，2006；李艳梅，2008；刘瑞翔，2011）。Chang和Lin考虑到地区的工业规模，采用忽略交叉项的处理方式，对中国台湾地区工业部门的碳排放驱动因素进行了分解与识别。Miguel和Pablo通过借助将交叉项分解给自变量的处理方式，分别对西班牙各部门的碳排放影响因素进行了考察与确认，并量化了其影响强度。张友国通过采用加权平均分解法，集中探讨了能源结构、产出结构、需求结构、进出口结构等因素的变化对产业碳排放强度的多重影响。黄敏在分别测算2002—2009年中国工业二氧化碳的生产、消费、出口与进口排放的基础上，通过采用两极分解法，对消费排放与净出口排放的影响因素进行了结构分解与因子分析，识别其作用方向并分别量化了其贡献份额。

从出口隐含碳排放影响因子来看，Grossman和Krueger提出，碳排放量是生产活动的非合意产出，其大小取决于总量效应、结构效应与技术效应三大核心因素。Copel和Taylor对三大核心因素的影响效果进行了量化处理，这为出口隐含碳排放的结构分解提供了一个适用的分析范式。从国内实证研究来看，国内学者李艳梅、付加锋通过构建结构分解分析模型，将导致出口隐含碳排放

变动的因素分解为出口总量、出口结构、碳排放强度和中间生产技术四个因子，并定量测算了各因子对出口隐含碳排放增长的贡献份额。郭朝先在"能源结构→投入产出结构→最终需求结构→进出口"分析框架下，将碳排放影响因素分解为能源消费强度与结构效应、投入产出系数变动效应、消费与投入变动效应、进出口变动效应，从碳强度的角度剖析了中国出口贸易的"粗放型"特征，并将投入产出系数的阶段性变动确认为出口隐含碳排放阶段性特征的形成因子。张友国借助（进口）非竞争型投入产出表，从"碳排放"角度探讨了产业进出口的状态平衡情况，并将影响因子对出口隐含碳排放的影响效果区分为推动碳排放增长的扩张效应与抑制碳排放增长的抑制效应。其他学者分别从内涵碳排放、Kaya 恒等式等角度对出口隐含碳排放的影响因素进行结构分解（李小平、卢现祥，2010；马涛，2012）。上述分解方式为本书影响因子的选取提供了参考，"因子选取→结构分解→效应测度"的分析范式也为本书提供了基本的分析框架。

第四节　反事实构造的原理释义及其在贸易领域的应用

一、反事实构造的基本原理释义

事实上，在多个影响因子采用联乘形式的情况下，影响因子之间存在着"此消彼长"的替代性补偿作用，单个自变量与因变量之间的对应关系无法直接观测，必须借助合适的参照基准，构建起自变量"影响因子"与因变量变动之间独立对应的面板系统。反事实分析法是通过反面假设构造出反事实结果，并对反事实项与真实项的因变量、自变量做出系统比较的分析方法。在多因素共同作用于因变量的情形下，为了能够分离某自变量变动对因变量的独立作用效果，可以做出"该自变量唯一不变，因变量将会如"或"该自变量唯一变化，因变量将会如何"的假设，创造模拟情形，通过模拟情形与真实情形的比较分析，量化自变量变动对因变量的独立作用效果。

二、反事实构造在出口贸易领域的应用

反事实构造的运用经历了一个不断深化与完善的过程。反事实法最开始被应用于物理学与生物学领域，Fogel 以考察"19 世纪铁路对美国经济增长影响"的个案形式，开创性地将反事实法引入经济学分析。在此之后，反事实分析在经济学领域获得了广泛应用，成为分析工资差异的估计与分解（Blaise

Melly，2005）、区域增长差异及影响因素（邹薇、周浩，2007）、金融市场的小公司资产定价（李攀登，2010）等现实问题的重要工具。

近年来，在出口贸易领域，反事实法在应用方法论上得到了深化。Hurvich 等提出了基于反事实构造的共同因子法，并将该方法运用于自贸区政策评估。一些学者通过放宽"共同因子法"假设条件，提出新近发展的反事实分析方法，即通过实验组和控制组相关关系的估计来预测政策发生后实验组的"反事实"，这一方式放松了随机性假设对反事实构造构成的约束（Card 和 Krueger，1994；郑新业 等，2011；Hsiao 等，2012）。这一方式实现了空间维度与时间维度反事实项的有机统一，为本书研究影响因子"空间差异"的时序变化提供了重要参考。

"反事实法"在应用方法论取得突破的同时，在政策评价中也得到了应用。Zhang 等基于美加自由贸易协定不实施的反事实，发现自由贸易协定对加拿大经济增长的长期效果高达 1.86%。谭娜、周先波等通过反事实构造，量化分析了上海自贸区的经济增长效应，并从"自贸区成立时点的变化""控制组的外生性假设""变量选择准则"三个角度对反事实构造结果的稳健性进行了检验。这为本书"扩张效应"与"抑制效应"的量化及其检验提供了重要借鉴。

第五节　出口贸易"污染避难所"效应与"技术溢出"补偿效应

一、南北贸易的"污染避难所"效应：存在性验证与分析

"污染避难所"假说（Copeland 和 Taylor，1994）认为：鉴于发达国家与发展中国家的环境规制标准差距，南北贸易将导致高污染、高排放的"高碳产业"向发展中国家集中与转移，由此形成落后国家的"污染避难所"效应。Begin 和 Potier 通过测算产业比较优势指数发现，发展中国家的环境规制标准普遍低于发达国家，发达国家的环境资源需求相对旺盛，而发展中国家的环境资源供应相对充裕，发达国家在清洁的低碳产业上具有比较优势，而发展中国家在污染密集的高碳产业上具备显著的比较优势。Andreoni 和 Levinson 的研究同样获得了基本类似的结论，这为"污染避难所"效应的存在性提供了必要的经验支撑。Mani 和 Wheeler 通过研究 OECD 成员的污染产业与清洁产业的比率情况，进一步证实了"污染避难所"效应的存在。Frankel 和 Rose 进一步选

取二氧化硫为对象，对"污染所效应"的存在性进行了验证。Eliste 和 Fredrisk 在此基础上对其进行了微观基础的补充，认为发达国家的高收入水平的消费群体更偏好于高水准的环境资源，发展中国家的低收入群体更偏好就业机会与发展空间。上述研究为本书提供了重要的经验借鉴。

基于"污染避难所"效应，众多学者认为从碳排放的区域流向来说，出口贸易存在着显著的空间碳转移效应（Carraro，1998；Kemfert，2004），南北贸易正使得全球的碳排放发生空间转移效应，通过污染产业转移的方式不断从发达国家转移至发展中国家（Schaeffer 和 Leal，1996）。Carraro 和 Mori（1997）研究发现，以中国为代表的发展中国家是"碳转移"的最大受害者。中国超过 30% 的二氧化碳排放源于出口贸易品的生产（Christopher 等，2008；Barrett，2011；杨仕辉，2013）。

二、基于全要素生产率的"技术溢出"效应：存在性验证与分析

与此形成鲜明对比的是，一些学者结合全要素生产率，认为出口贸易对一国节能减排存在着"技术溢出"补偿效应（Bollen，2000；Paltsev，2001；Whalley，2010；Elliott，2010；Barrett，2011）。Dasguptal 和 Heatel 将以二氧化碳为代表的污染物视为生产要素并将其引入 CES 生产函数之中。他们的研究发现：在考虑技术进步与要素替代的情形下，碳排放可以为经济系统所净化，从而不构成制约经济增长限制性因素。Fsorter 认为碳排放作为资本使用的"非合意产出"，对资本水平与收入水平仅具有暂时的截面水平效应，但在稳态条件下，不对经济系统的均衡状态产生影响。Lopez 认为碳排放与经济增长的互动关系，取决于消除污染的努力与传统生产要素之间的替代弹性。同时，Romer、Lucas 提出的内生经济增长模型为评估"碳排放"提供了新的方向与思路，Bovenberg 和 Smulders 通过将环境质量引入效用函数，将二氧化碳引入生产函数，求解了资源环境约束条件的均衡解，研究发现技术进步可以对二氧化碳"负外部性"产生抵补作用。Scholz 和 Ziemes、Ayong 和 Kama 通过研究发达国家与发展中国家的情况，分别从不同角度证实了补偿效应的存在，并将其正向作用确认为污染治理进步率大于产出增长率。

第六节　文献评述

上述研究成果分别借助不同的理论范式介入"出口隐含碳排放"这一研究领域，在理论框架、分析方法上给本书"出口隐含碳排放测算""影响因素结构分解""影响因素效果评价"等问题的研究提供了经验借鉴。对上述文献内容的梳理、提炼、整合，有利于明确本书的研究起点、重点与技术关键。但是上述研究大多采用国内逢2、逢7年份编制的投入产出表作为研究的基础数据，数据的年份样本量偏少，难以勾勒出"中国出口隐含碳排放时序变化"的基本情况与具体动态。同时，需要指出的是，在我国编制的竞争型投入产出表中，投入数据在统计口径上未做国内投入与进口投入的区分，直接应用这些投入数据将造成"直接消耗系数""直接消耗系数"与"完全消耗系数"被高估，而使出口隐含碳排放核算出现系统性偏差。当然，针对上述数据缺陷，为了提高数据的适用性，部分学者提出了双比例平衡技术的 RAS 法（Jackson 和 Murray，2004）与熵方法等半调查更新法（Lahr 和 Mesnard，2004），或者直接借助进口系数矩阵将中间投入加以分离（Weber，2008；赵玉焕，2011）。这些处理方法都是以改善投入产出表适用性与时序特征为目的，本质上属于估算处理，在数据缺失的前提下具备合理性与较强的实用价值，但仍是以忽略估计值与真实值的偏差作为必要代价的。投入产出数据的上述局限，从侧面说明本书须以"出口隐含碳排放核算"作为研究起点，并须从动态视角分析出口隐含碳排放问题。

从现实层面来看，中国作为经济规模迅猛扩张、产业结构急剧变化的转型经济体，投入产出数据的上述缺陷，不仅限制了分析范畴的合理扩展与分析工具的有效使用，同时也削弱了研究结论对于解释与解决实际问题的可信度与适用价值。鉴于此，本书将采用世界投入产出数据库（WIOD）公布的以年份为频率、以部门为基本口径的面板数据，并选取 1995—2014 年作为研究样本期，其间经历了 1997 年亚洲金融危机、2001 年中国加入世界贸易组织与 2008 年美国次贷危机。重要事件既可以为样本期的阶段划分提供合理的时间节点，也有助于观测外部冲击下出口隐含碳排放的动态演化趋势与阶段性特征。同时，相比于国内编制的投入产出表而言，世界投入产出数据库在统计口径上直接区分了国内投入与进口投入，并采用了完全一致的部门分类与货币单位，统计范围覆盖了中国、美国等发达经济体与新兴经济体，空间样本量相对较大，统计数据不仅具备时序维度上的连续性，而且具备空间维度上的截面可比性，这为描述与分析"出口隐含碳排放及其影响因素的时序变化、空间差异"提供了坚实的数据支撑。

第三章　中国出口隐含碳排放变化动态：部门、产业与群组分布

第一节　研究命题的提出与基础模型设定

一、研究命题 1 至命题 3 的提出

出口隐含碳排放可以从截面与时序维度加以考察，中国出口隐含碳排放在样本期内的截面水平、时序趋势与结构构成情况，既是本书研究的重要起点与基石，也构成本章的核心内容。从宏观上来说，国民经济各部门之间存在着直接与间接双重技术经济关联，部门消耗需要区分为直接消耗与间接消耗，源于部门消耗的碳排放可以界定为基于直接消耗的碳排放 I 与基于间接消耗的碳排放 II。鉴于两种碳排放具有各自独立的性质与含义，并分别反映了碳排放的来源渠道，本书将出口隐含碳排放界定为出口隐含碳排放 I（直接消耗）与出口隐含碳排放 II（间接消耗）两个部分，并据此提出本书的命题 1。

命题 1：基于完全消耗的出口隐含碳排放具有"合成"性质，可以分解为源于直接消耗的出口隐含碳排放 I 与源于间接消耗的出口隐含碳排放 II。

在命题 1 的基础上，需要对两种出口隐含碳排放在样本期内的总量、结构与时序趋势分别予以考察，并进行比较分析。基于此，提出本书的命题 2。

命题 2：出口隐含碳排放 I 与出口隐含碳排放 II 的截面水平明显不同，但其在样本期内的动态变化却存在着联动性趋势与阶段性特征。

命题 2 较为复杂，可以分解与拓展为命题 2.1 和命题 2.2。鉴于命题与子命题之间的包含关系，如果子命题分别得证，则命题 2 自然得证。子命题具体如下：

命题 2.1：出口隐含碳排放 II 的截面水平显著高于出口隐含碳排放 I 的截

面水平，构成出口隐含碳排放的主要来源。

命题 2.2：出口隐含碳排放 I 与出口隐含碳排放 II 具有明显的阶段性特征与联动性趋势，其变化动态适用于"低位变动→快速攀升→V 形震荡→高位变动"的演化轨迹。

从时序趋势来看，出口隐含碳排放 I 与出口隐含碳排放 II 的截面水平差距趋于扩大。

出口隐含碳排放存在多种结构形式，基于此，可以提出命题 3。

命题 3：出口隐含碳排放 I 与出口隐含碳排放 II 之间存在多重的结构异质性，部门构成、产业构成与群组构成之间都具有明显差异。

命题 3 相对抽象，可以进一步拓展为命题 3.1 至命题 3.3。同上所述，鉴于命题与子命题之间的包含关系，如果三个子命题分别得证，则命题 3 自然得证。子命题的提出依据与具体内容如下：

根据世界投入产出数据库与《中国能源统计年鉴》的统计口径，可以在三次产业的基础上将整个国民经济归类为 21 个部门，由此提出命题 3.1。

命题 3.1：出口隐含碳排放 I 与出口隐含碳排放 II 的部门构成存在显著差异，峰值部门重叠程度偏低，存在着明显的"错位"趋势。

在此基础上，根据部门要素密集度，通过将 16 个工业部门归并为资源密集型产业、劳动密集型产业、资本密集型产业与技术密集型产业，可以将原来的 21 个部门整合为七大产业，由此提出命题 3.2。

命题 3.2：出口隐含碳排放 I 的产业构成以资本密集型产业、资源密集型产业、第三产业为主，出口隐含碳排放 II 的产业构成以技术密集型产业、资本密集型产业、劳动密集型产业为主，两者的产业构成存在显著差异。

根据部门单位产出碳强度（或单位产值间接碳强度）的大小，还可以将 21 个部门归并为三大差异性群组：高碳组、中间组与低碳组，由此提出命题 3.3。

命题 3.3：出口隐含碳排放 I 的群组比重呈"高碳组最高、中间组次之、低碳组最低"式阶梯，阶梯落差大；出口隐含碳排放 II 的群组比重呈"中间组最高、高碳组次之、低碳组最低"式阶梯，阶梯落差相对较小；两者的群组构成存在显著差异。

上述假设命题是本章的核心内容，命题提出的先后顺序及总命题与子命题之间的包含关系，也构成这本章的逻辑主线。下面通过对出口隐含碳排放在样本期内的总量水平、时序趋势与结构构成及其动态变化情况进行具体考察，对上述命题分别予以验证。

二、基于投入产出关联的出口隐含碳排放模型设定

一般说来，碳排放直接源于部门的能源消耗，通常被视为能源消耗的"非意愿产出"，其测算公式如下：

$$K^{总} = \sum_{j=1}^{21} P_j = [\delta_1, \ \delta_2, \ \cdots, \ \delta_7] \cdot \begin{bmatrix} p_{11} & p_{12} & \cdots & p_{1,21} \\ p_{21} & p_{22} & \cdots & p_{2,21} \\ \vdots & \vdots & \ddots & \vdots \\ p_{71} & p_{72} & \cdots & p_{7,21} \end{bmatrix} \cdot \begin{bmatrix} 1 \\ 1 \\ \vdots \\ 1 \end{bmatrix} \quad (3-1)$$

此处，各公式符号的经济含义如下：

$K^{总}$是碳排放总量；

P_j是j部门的碳排放量（$j=1, \ 2, \ \cdots, \ 21$，表示21部门）；

δ_i是i种能源的碳排放系数（$i=1, \ 2, \ \cdots, \ 7$，表示7种主要能源）；

p_{ij}是j部门对i能源的消耗量。

鉴于部门消耗能源的目的在于生产产出X，故碳排放总量公式可以扩展为

$$K^{总} = [\delta_1, \ \delta_2, \ \cdots, \ \delta_7] \cdot \begin{bmatrix} p_{11} & p_{12} & \cdots & p_{1,21} \\ p_{21} & p_{22} & \cdots & p_{2,21} \\ \vdots & \vdots & \ddots & \vdots \\ p_{71} & p_{72} & \cdots & p_{7,21} \end{bmatrix} \cdot \begin{bmatrix} \dfrac{1}{X_1} & 0 & \cdots & 0 \\ 0 & \dfrac{1}{X_2} & \cdots & 0 \\ \vdots & \vdots & \ddots & \vdots \\ 0 & 0 & \cdots & \dfrac{1}{X_{21}} \end{bmatrix} \cdot \begin{bmatrix} X_1 \\ X_2 \\ \vdots \\ X_{21} \end{bmatrix}$$

$$= [P_1, \ P_2, \ \cdots, \ P_{21}] \cdot \begin{bmatrix} \dfrac{1}{X_1} & 0 & \cdots & 0 \\ 0 & \dfrac{1}{X_2} & \cdots & 0 \\ \vdots & \vdots & \ddots & \vdots \\ 0 & 0 & \cdots & \dfrac{1}{X_{21}} \end{bmatrix} \cdot \begin{bmatrix} X_1 \\ X_2 \\ \vdots \\ X_{21} \end{bmatrix}$$

$$= \left[\dfrac{P_1}{X_1}, \ \dfrac{P_2}{X_2}, \ \cdots, \ \dfrac{P_{21}}{X_{21}} \right] \cdot \begin{bmatrix} X_1 \\ X_2 \\ \vdots \\ X_{21} \end{bmatrix} \quad (3-2)$$

此处，各公式符号的经济含义如下：

X_j 是 j 部门产出（$j = 1, 2, \cdots, 21$，表示 21 部门）；

$\dfrac{P_j}{X_j}$ 是 j 部门单位产出碳强度（$j = 1, 2, \cdots, 21$，表示 21 部门）。

如表 3-1 所示，由世界投入产出数据库非竞争型投入产出表的基本性质可知，部门总产出（total output）可以区分为中间使用（intermediate consumption）与最终产值（final product）两部分。

表 3-1　非竞争型投入产出表样表

项目		中间使用				最终产值 Y					总产出 X
		部门 1	部门 2	……	部门 21	居民消费	政府购买	固定资本形成	存货增加	出口	
国内投入	部门 1	x_{11}	x_{12}		$x_{1,21}$						X_1
	部门 2	x_{21}	x_{22}		$x_{2,21}$						X_2
	……										
	部门 21	$x_{21,1}$	$x_{21,2}$		$x_{21,21}$						X_{21}
进口投入	部门 1										
	部门 2										
	……										
	部门 21										
增加值				……							
国际运输费用				……							
总投入											

样表来源：世界投入产出数据库。

由表 3-1 可知，投入产出表的行平衡式可以表示为

$$
\begin{aligned}
& x_{11} + x_{12} + \cdots + x_{1,21} + Y_1 = X_1 \\
& x_{21} + x_{22} + \cdots + x_{2,21} + Y_2 = X_2 \\
& \cdots\cdots \\
& x_{21,1} + x_{21,2} + \cdots + x_{21,21} + Y_{21} = X_{21}
\end{aligned}
\tag{3-3}
$$

此处，各公式符号的经济含义如下：

x_{ij} 是 j 部门对 i 部门的直接消耗量（$i, j = 1, 2, \cdots, 21$，表示 21 部门）；

为简便起见，式 3-3 可以表示为矩阵形式 $A^d X + Y = X$，即

$$\begin{bmatrix} a_{11} & a_{12} & \cdots & a_{1,\,21} \\ a_{21} & a_{22} & \cdots & a_{2,\,21} \\ \vdots & \vdots & \ddots & \vdots \\ a_{21,\,1} & a_{21,\,2} & \cdots & a_{21,\,21} \end{bmatrix} \cdot \begin{bmatrix} X_1 \\ X_2 \\ \vdots \\ X_{21} \end{bmatrix} + \begin{bmatrix} Y_1 \\ Y_2 \\ \vdots \\ Y_{21} \end{bmatrix} = \begin{bmatrix} X_1 \\ X_2 \\ \vdots \\ X_{21} \end{bmatrix} \qquad (3\text{-}4)$$

其中，直接消耗矩阵 $\boldsymbol{A^d}$ 的元素 a_{ij} 为直接消耗系数，$a_{ij} = \dfrac{x_{ij}}{X_j}$。

经过形式变换，矩阵（3-4）可以表示为

$$\begin{bmatrix} Y_1 \\ Y_2 \\ \vdots \\ Y_{21} \end{bmatrix} = \begin{bmatrix} 1 - a_{11} & -a_{12} & \cdots & -a_{1,\,21} \\ -a_{21} & -a_{22} & \cdots & -a_{2,\,21} \\ \vdots & \vdots & \ddots & \vdots \\ -a_{21,\,1} & -a_{21,\,2} & \cdots & 1 - a_{21,\,21} \end{bmatrix} \cdot \begin{bmatrix} X_1 \\ X_2 \\ \vdots \\ X_{21} \end{bmatrix} \qquad (3\text{-}5)$$

通过矩阵求逆，矩阵（3-5）可以进一步表示为 $\begin{bmatrix} X_1 \\ X_2 \\ \vdots \\ X_{21} \end{bmatrix} =$

$(\boldsymbol{E} - \boldsymbol{A^d})^{-1} \begin{bmatrix} Y_1 \\ Y_2 \\ \vdots \\ Y_{21} \end{bmatrix}$。展开可得：

$$\begin{bmatrix} X_1 \\ X_2 \\ \vdots \\ X_{21} \end{bmatrix} = \begin{bmatrix} b_{11} & b_{12} & \cdots & b_{1,\,21} \\ b_{21} & b_{22} & \cdots & b_{2,\,21} \\ \vdots & \vdots & \ddots & \vdots \\ b_{21,\,1} & b_{21,\,2} & \cdots & b_{21,\,21} \end{bmatrix} \cdot \begin{bmatrix} Y_1 \\ Y_2 \\ \vdots \\ Y_{21} \end{bmatrix} \qquad (3\text{-}6)$$

此处，$(\boldsymbol{E} - \boldsymbol{A^d})^{-1}$ 矩阵为 Leontief 逆矩阵（或完全消耗系数矩阵），b_{ij} 为矩阵元素。接下来，本书将出口隐含碳排放界定为基于直接消耗的出口隐含碳排放 I 与基于间接消耗的出口隐含碳排放 II，从因子组合角度寻找出口隐含碳排放部门差异与时序变化的影响机制，并在"初始产出→中间消耗→出口值"解释性框架下识别出口隐含碳排放的"初始来源"与扩散放大机制。在此基础上，本书构建"结构分解→效应测度→因子识别"分析范式，对影响因子的作用方向与作用强度加以判定。从全书框架来看，定量分析贯穿并链接全书各章节，出口隐含碳排放核算公式是本书的基础，而公式变式及其经济含义则构成了内容串联与推进的逻辑主线。

三、基于两种消耗的出口隐含碳排放模型变换

基于"中间消耗+最终产值=初始产出"恒等关系以及上述矩阵的形式变换，上述碳排放总量公式可以表示为

$$
\boldsymbol{K}^{总} = \left[\frac{P_1}{X_1}, \frac{P_2}{X_2}, \cdots, \frac{P_{21}}{X_{21}} \right] \cdot
\begin{bmatrix}
b_{11} & b_{12} & \cdots & b_{1,21} \\
b_{21} & b_{22} & \cdots & b_{2,21} \\
\vdots & \vdots & \ddots & \vdots \\
b_{21,1} & b_{21,2} & \cdots & b_{21,21}
\end{bmatrix} \cdot
\begin{bmatrix}
Y_1 \\
Y_2 \\
\vdots \\
Y_{21}
\end{bmatrix}
$$

$$
= \left[\frac{P_1}{X_1}, \frac{P_2}{X_2}, \cdots, \frac{P_{21}}{X_{21}} \right] \cdot
\begin{bmatrix}
b_{11}-1 & b_{12} & \cdots & b_{1,21} \\
b_{21} & b_{22}-1 & \cdots & b_{2,21} \\
\vdots & \vdots & \ddots & \vdots \\
b_{21,1} & b_{21,2} & \cdots & b_{21,21}-1
\end{bmatrix} \cdot
\begin{bmatrix}
Y_1 \\
Y_2 \\
\vdots \\
Y_{21}
\end{bmatrix}
$$

$$
+ \left[\frac{P_1}{X_1}, \frac{P_2}{X_2}, \cdots, \frac{P_{21}}{X_{21}} \right] \cdot
\begin{bmatrix}
Y_1 \\
Y_2 \\
\vdots \\
Y_{21}
\end{bmatrix}
\tag{3-7}
$$

由此可知，最终产值的碳排放实际上由两部分组成：一部分是基于直接消耗的碳排放 I，即 $\left[\dfrac{P_1}{X_1}, \dfrac{P_2}{X_2}, \cdots, \dfrac{P_{21}}{X_{21}} \right] \cdot \begin{bmatrix} Y_1 \\ Y_2 \\ \vdots \\ Y_{21} \end{bmatrix}$；另一部分是基于间接消耗的碳

排放 II，即 $\left[\dfrac{P_1}{X_1}, \dfrac{P_2}{X_2}, \cdots, \dfrac{P_{21}}{X_{21}} \right] \cdot \begin{bmatrix} b_{11}-1 & b_{12} & \cdots & b_{1,21} \\ b_{21} & b_{22}-1 & \cdots & b_{2,21} \\ \vdots & \vdots & \ddots & \vdots \\ b_{21,1} & b_{21,2} & \cdots & b_{21,21}-1 \end{bmatrix} \cdot \begin{bmatrix} Y_1 \\ Y_2 \\ \vdots \\ Y_{21} \end{bmatrix}$。

出口是最终产值的重要组成部分，由此可知，基于完全消耗的出口隐含碳排放实际上由两部分组成：基于直接消耗的出口隐含碳排放 I 与基于间接消耗的出口隐含碳排放 II。其测算公式如下：

$$K^{完全消耗} = \left[\frac{P_1}{X_1}, \frac{P_2}{X_2}, \cdots, \frac{P_{21}}{X_{21}}\right] \cdot \begin{bmatrix} b_{11} & b_{12} & \cdots & b_{1,21} \\ b_{21} & b_{22} & \cdots & b_{2,21} \\ \vdots & \vdots & \ddots & \vdots \\ b_{21,1} & b_{21,2} & \cdots & b_{21,21} \end{bmatrix} \cdot \begin{bmatrix} EX_1 \\ EX_2 \\ \vdots \\ EX_{21} \end{bmatrix}$$

$$(3-8)$$

$$K^{直接消耗} = \left[\frac{P_1}{X_1}, \frac{P_2}{X_2}, \cdots, \frac{P_{21}}{X_{21}}\right] \cdot \begin{bmatrix} EX_1 \\ EX_2 \\ \vdots \\ EX_{21} \end{bmatrix} \qquad (3-9)$$

$$K^{间接消耗} = \left[\frac{P_1}{X_1}, \frac{P_2}{X_2}, \cdots, \frac{P_{21}}{X_{21}}\right] \cdot \begin{bmatrix} b_{11}-1 & b_{12} & \cdots & b_{1,21} \\ b_{21} & b_{22}-1 & \cdots & b_{2,21} \\ \vdots & \vdots & \ddots & \vdots \\ b_{21,1} & b_{21,2} & \cdots & b_{21,21}-1 \end{bmatrix} \cdot \begin{bmatrix} EX_1 \\ EX_2 \\ \vdots \\ EX_{21} \end{bmatrix}$$

$$(3-10)$$

由上可知，基于完全消耗的出口隐含碳排放具有"合成"性质，可以分解为源于直接消耗的出口隐含碳排放 I 与源于间接消耗的出口隐含碳排放 II。至此，命题 1 得证。

第二节　中国出口隐含碳排放：总量规模与趋势分析

一、中国出口隐含碳排放的总量规模情况分析

通过上述公式，我们可以分别计算出 1995—2014 年出口隐含碳排放 I（直接消耗）与出口隐含碳排放 II（间接消耗）。出口隐含碳排放 I 与出口隐含碳排放 II 之和即为基于完全消耗的出口隐含碳排放。两种碳排放的测算结果及其加总之和、相减之差如表 3-2 所示。

表 3-2　1995—2014 年中国出口隐含碳排放 I 与出口隐含碳排放 II 的总量统计

单位：万吨

年份	出口隐含碳排放（完全消耗）	出口隐含碳排放 I（直接消耗）	出口隐含碳排放 II（间接消耗）
1995	75 680	17 371	58 309
1996	71 410	16 009	55 401
1997	78 311	17 452	60 859
1998	70 160	15 117	55 043
1999	68 124	14 194	53 930
2000	77 397	16 438	60 959
2001	77 251	16 397	60 854
2002	90 331	19 012	71 319
2003	119 905	23 568	96 337
2004	153 505	28 808	124 697
2005	180 477	29 780	150 697
2006	212 294	29 884	182 410
2007	225 352	29 695	195 657
2008	228 896	33 138	195 758
2009	190 308	24 090	166 218
2010	219 599	29 308	190 291
2011	231 673	31 508	200 165
2012	236 234	31 499	204 735
2013	240 876	31 886	208 990
2014	246 488	32 187	214 301

数据来源：作者根据《中国能源统计年鉴》与世界投入产出数据库（WIOD）有关数据计算获得。

　　由图 3-1 可知，出口隐含碳排放 I、出口隐含碳排放 II 趋势线与横轴的垂直距离分别表示其截面水平，趋势线之间的垂直距离代表了两种出口隐含碳排放的截面水平差距。从图 3-1 中可以直观发现，在样本期内，两条趋势线的垂直距离始终显著存在，表明出口隐含碳排放 I 与出口隐含碳排放 II 的截面水平存在着显著差异。结合表 3-2 来看，出口隐含碳排放 I（直接消耗）从 1995年的 17 371 万吨增加至 2014 年的 32 187 万吨，样本期内的总量水平为 48.73

亿吨，历年比重均在23%以下；相比较而言，出口隐含碳排放Ⅱ（间接消耗）从1995年的58 309万吨增加至2014年的214 301万吨，样本期内的总量水平高达260.69亿吨，历年比重在77%以上。由此可知，中国出口隐含碳排放Ⅱ的截面水平显著高于出口隐含碳排放Ⅰ，其比重长期在80%以上，构成出口隐含碳排放的主要来源。至此，命题2.1得证。

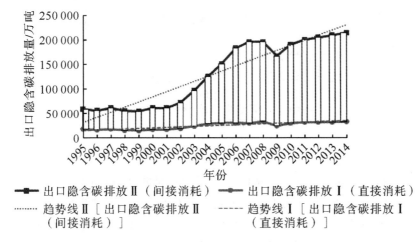

图3-1　1995—2014年出口隐含碳排放Ⅰ与出口隐含碳排放Ⅱ的年份差值图

在此基础上，为了观察出口隐含碳排放Ⅰ与出口隐含碳排放Ⅱ在样本期内的时序趋势，可以根据表3-2的数据并通过启用主坐标与次坐标的形式，分别绘制两种出口隐含碳排放的年份趋势线，如图3-2所示。

出口隐含碳排放Ⅰ（直接消耗）与出口隐含碳排放Ⅱ（间接消耗）的截面水平存在显著差异，但其变化动态却表现出了基本一致的阶段性特征：1995—2001年，出口隐含碳排放Ⅰ与出口隐含碳排放Ⅱ都处于低位水平，阶段性均值分别仅为16 139万吨、57 907万吨；2002—2008年，出口隐含碳排放Ⅰ与出口隐含碳排放Ⅱ同时进入了快速攀升的扩张过程，阶段性增长幅度分别高达74.3%、174.5%；2010—2014年，在经历V形震荡之后，出口隐含碳排放Ⅰ与出口隐含碳排放Ⅱ从快速扩张状态转入了高位稳定状态，阶段性均值分别高达31 278万吨、203 696万吨。由此可见，两种出口隐含碳排放的时序变化存在着明显的联动趋势。

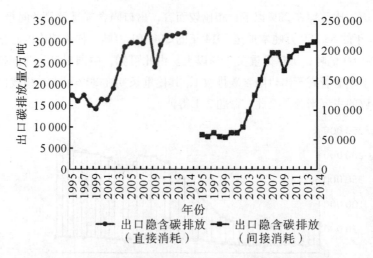

图 3-2　出口隐含碳排放 I 与出口隐含碳排放 II 年份趋势

综上可知，出口隐含碳排放 I 与出口隐含碳排放 II 在样本期内的变化动态高度相似，阶段性特征十分显著，变化趋势都可以概括为"低位变动→快速攀升→V 形震荡→高位变动"的演化轨迹。本书将 2001 年中国加入世界贸易组织与 2008 年美国次贷危机作为时间节点，并将样本期划分为三个阶段，分别是低位变动的 I 阶段（1995—2001 年）、快速攀升的 II 阶段（2002—2008年）与高位稳定的 III 阶段（2010—2014 年）；与此同时，还可以分别将 2008—2009 年、2009—2011 年定义为震荡下滑期与震荡恢复增长期。由此说明，出口隐含碳排放 I 与出口隐含碳排放 II 存在着联动性趋势与阶段性特征，其变化动态都适用于"低位变动→快速攀升→V 形震荡→高位变动"阶段性分析框架。至此，命题 3.2 初步得证。

二、中国出口隐含碳排放的年际增量情况分析

一般来说，年际增量与年均增量的变化情况，构成衡量变化趋势的重要维度。由上述分析可知，出口隐含碳排放 I（直接消耗）与出口隐含碳排放 II（间接消耗）的时序变化存在着明显的阶段性特征与联动性趋势，下面可以通过考察年际增量与年均增量的情况，对其做出进一步说明。通常来说，年际增量是相邻年份出口隐含碳排放的差值，其正负符号可以用于判定相邻年份的增减趋势；年均增量是用具体年份与初始年份出口隐含碳排放之差除以相隔年数，其正负符号则可以反映具体年份与基期（1995 年）原始状态的比较。年际增量与年均增量的计算公式分别如下：

$$\Delta K_t^{\text{直接消耗}} = K_t^{\text{直接消耗}} - K_{t-1}^{\text{直接消耗}}$$

$$\Delta K_t^{\text{间接消耗}} = K_t^{\text{间接消耗}} - K_{t-1}^{\text{间接消耗}}$$

$$\Delta \overline{K}_t^{\text{直接消耗}} = \frac{K_t^{\text{直接消耗}} - K_{1995}^{\text{直接消耗}}}{t - 1995}$$

$$\Delta \overline{K}_t^{\text{间接消耗}} = \frac{K_t^{\text{间接消耗}} - K_{1995}^{\text{间接消耗}}}{t - 1995}$$

公式符号的经济含义如下：

$\Delta K_t^{\text{直接消耗}}$ 是年际增量（ $t = 1996$，1997，…，2014）；

$K_t^{\text{直接消耗}}$ 是 t 年出口隐含碳排放 I（直接消耗）；

$K_{t-1}^{\text{直接消耗}}$ 是（ t -1）年出口隐含碳排放 I（直接消耗）；

$K_t^{\text{间接消耗}}$ 是 t 年出口隐含碳排放 II（间接消耗）；

$K_{t-1}^{\text{间接消耗}}$ 是（ t -1）年出口隐含碳排放 II（间接消耗）。

通过对上述公式进行形式变换，可知年均增量指标与年际增量指标之间具有明显的互补性。

$$\Delta \overline{K}_{t-1}^{\text{直接消耗}} = \frac{K_{t-1}^{\text{直接消耗}} - K_{1995}^{\text{直接消耗}}}{t - 1 - 1995}$$

$$\Delta \overline{K}_t^{\text{直接消耗}} = \frac{(K_t^{\text{直接消耗}} - K_{t-1}^{\text{直接消耗}}) + (K_{t-1}^{\text{直接消耗}} - K_{1995}^{\text{直接消耗}})}{t - 1995}$$

$$= \frac{(K_t^{\text{直接消耗}} - K_{t-1}^{\text{直接消耗}}) + (t - 1 - 1995) \cdot \Delta \overline{K}_{t-1}^{\text{直接消耗}}}{t - 1995}$$

事实上，样本期内年均增量的增减趋势揭示了出口隐含碳排放边际增量与平均量之间的互动关系：若 $\Delta \overline{K}_t^{\text{直接消耗}} > \Delta \overline{K}_{t-1}^{\text{直接消耗}}$ ，即年均增量出现递增趋势，则必有（ $K_t^{\text{直接消耗}} - K_{t-1}^{\text{直接消耗}}$ ） $> \Delta \overline{K}_{t-1}^{\text{直接消耗}}$ ；若 $\Delta \overline{K}_t^{\text{直接消耗}} < \Delta \overline{K}_{t-1}^{\text{直接消耗}}$ ，即年均增量出现递减趋势，则必有（ $K_t^{\text{直接消耗}} - K_{t-1}^{\text{直接消耗}}$ ） $< \Delta \overline{K}_{t-1}^{\text{直接消耗}}$ 。其经济含义是：若 t 年平均量 $>$ （ t - 1）年平均量，则必然是 t 年年际增量大于（ t - 1）年平均量，而拉高了（ t - 1）年平均量水平；反之，若 t 年平均量 $<$ （ t - 1）年平均量，则必然是 t 年年际增量小于（ t - 1）年平均量，而降低了（ t - 1）年平均量水平。由此可见，年均增量的增减趋势可以用来判定 t 年年际增量与（ t - 1）年平均量的大小关系，以此判断年际增量究竟是产生了向上的推高效应还是向下的拉平效应。

借助年际增量方程与年均增量方程，可以分别计算出口隐含碳排放 I、出口隐含碳排放 II 的年际增量与年均增量，计算结果如表 3-3 所示。为了便于观察年际增量与年均增量的变化动态，本书分别绘制了增量趋势线，如图 3-3 与图 3-4 所示。

表 3-3 年际增量与年均增量统计表   单位：万吨

年份	年际增量		年均增量	
	出口隐含碳排放 I	出口隐含碳排放 II	出口隐含碳排放 I	出口隐含碳排放 II
1995—1996	-1 362	-2 908	-1 362	-2 908
1996—1997	1 443	5 458	41	1 275
1997—1998	-2 335	-5 816	-751	-1 089
1998—1999	-923	-1 113	-794	-1 095
1999—2000	2 244	7 029	-187	530
2000—2001	-41	-105	-162	424
2001—2002	2 615	10 465	234	1 859
2002—2003	4 556	25 018	775	4 754
2003—2004	5 240	28 360	1 271	7 376
2004—2005	972	26 000	1 241	9 239
2005—2006	104	31 713	1 138	11 282
2006—2007	-189	13 247	1 027	11 446
2007—2008	3 443	101	1 213	10 573
2008—2009	-9 048	-29 540	480	7 708
2009—2010	5 218	24 073	796	8 799
2010—2011	2 200	9 874	884	8 866
2011—2012	-9	4 570	831	8 613
2012—2013	387	4 255	806	8 371
2013—2014	301	5 311	780	8 210

数据来源：作者根据《中国能源统计年鉴》与世界投入产出数据库（WIOD）有关数据计算获得。

一般说来，出口隐含碳排放 I 与出口隐含碳排放 II 年际增量趋势线基本形状的相似性，以及峰值、谷值出现的年份是否一致，是判定其时序变化是否具有联动性趋势的基本依据。从图 3-3 中可以直观看到，出口隐含碳排放 I 与出口隐含碳排放 II 年际增量的增减趋势与波动幅度基本一致，趋势线的基本形状具有显著相似性。结合表 3-3 来看，2003—2004 年，出口隐含碳排放 I、出口隐含碳排放 II 的年际增量出现了最高峰值，最高峰值分别高达 5 240 万吨、28 360 万吨；2008—2009 年，出口隐含碳排放 I、出口隐含碳排放 II 的年际增量同时出现了最低谷值，谷值分别为-9 048 万吨、-29 540 万吨。年际增量趋势线的基本形状高度相似，且年际增量峰值、谷值出现的年份完全一致，由此可以判定：出口隐含碳排放 I 与出口隐含碳排放 II 在样本期内的时序变化具有联动性趋势。至此，命题 3.2 进一步得证。

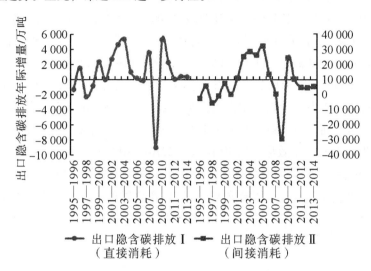

图 3-3　出口隐含碳排放 I 与出口隐含碳排放 II 的年际增量

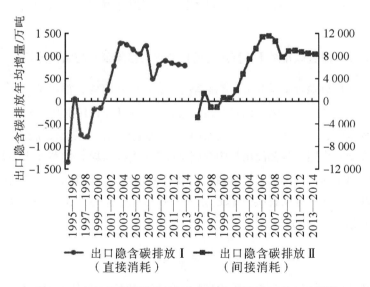

图 3-4　出口隐含碳排放 I 与出口隐含碳排放 II 的年均增量

图 3-4 中，横坐标轴代表出口隐含碳排放 I 与出口隐含碳排放 II 的基期（1995 年）初始存量，趋势线与横轴的垂直距离表示剔除初始水平之后的年均

增量水平。图 3-4 显示，出口隐含碳排放 I 与出口隐含碳排放 II 的年均增量表现出了基本一致的阶段性特征：第 I 阶段（1995—2001 年）中，出口隐含碳排放 I、出口隐含碳排放 II 的年均增量在低位水平上呈波动状态，与横轴的垂直距离出现了正负交替趋势。第 II 阶段（2002—2008 年）中，出口隐含碳排放 I、出口隐含碳排放 II 的年均增量同时进入了"先大幅上升、再小幅下降"的扩张阶段，与横轴的垂直距离不断拉大，截面水平大幅度提升：2002—2005 年，年均增量呈显著递增趋势，t 年年际增量开始显著大于 $(t-1)$ 年年均增量，边际量大于平均量而产生向上的推高效应；2006—2008 年，年均增量开始步入递减区间，t 年年际增量开始小于 $(t-1)$ 年年均增量，边际量小于平均量而产生向下的拉平效应。第 III 阶段（2010—2014 年）中，经历 V 形震荡后，年均增量从快速攀升阶段转入了高位稳定阶段，时序趋势趋于平稳。

综上可知，与出口隐含碳排放 I 及出口隐含碳排放 II 年份总量趋势线类似，其年均增量展示出了基本一致的联动性趋势与阶段性特征。至此，命题 3.3 完全得证。

第三节　中国出口隐含碳排放：部门分布与比重分析

一、出口隐含碳排放 I（直接消耗）的部门核算公式与结果分析

从上述出口隐含碳排放 I（直接消耗）总量公式可知，部门单位产出碳强度为行向量，部门出口为列向量，出口隐含碳排放 I（直接消耗）总量为各部门碳排放量的总和。事实上，部门之间的出口隐含碳排放具有独立性，部门之间不存在交互作用，各部门出口隐含碳排放 I（直接消耗）的截面水平及时序变化，仅与本部门的单位产出碳强度、出口规模相关，不涉及部门之间的投入产出关联。因此，可以直接从总量公式中拆分出 j 部门的出口隐含碳排放 I（直接消耗）测算公式。

$$K_j^{\text{直接消耗}} = \frac{P_j}{X_j} \cdot \text{EX}_j$$

上述部门测算公式为出口隐含碳排放的部门比较与结构分析提供了重要载体，公式的形式变换也具有丰富的经济含义：$\dfrac{\text{EX}_j}{X_j}$ 是部门产出与部门出口的比值，有利于描述产出的需求分布形态，揭示国内需求与国外需求之间相互依托

或相互替代的互动关系；$\frac{P_j}{X_j}$ 是部门碳排放量与部门产出的比值，量化了单位产出的碳强度，并明确"两种规模"的规模报酬情况。事实上，公式的两种变式可以理解为两种不同的"部门碳排放量"分配机制，其分配所依据的标准及其经济意义分别是：变式（a）将"部门直接碳排放量"视为"总量"，将出口作为产出的一个重要去向，根据国内需求与国外需求之间的比例关系，按比例从"部门直接碳排放量"中分配"碳排放量"；变式（b）将"出口值"看作"倍数"，将"单位产出碳强度"视为"单量"，按"倍数"配给"出口规模"相应的"碳排放量"。

上述公式还可以进行动态化处理，如下所示：

$$K_{tj}^{直接消耗} = \frac{P_{tj}}{X_{tj}} \cdot EX_{tj}\,(t = 1995,\ 1996,\ \cdots,\ 2014;\ j = 1,\ 2,\ \cdots,\ 21)$$

此处，各公式符号的经济含义如下：

$K_{tj}^{直接消耗}$ 是 t 年 j 部门的出口隐含碳排放 I（直接消耗）；

$\frac{P_{tj}}{X_{tj}}$ 是 t 年 j 部门的单位产出碳强度；

EX_{tj} 是 t 年 j 部门的出口规模。

通过上述公式，可以计算出 1995—2014 年 21 个部门出口隐含碳排放 I（直接消耗），计算结果见表3-4。

表3-4　1995—2014 年 21 个部门出口隐含碳排放 I（直接消耗）统计

单位：万吨

年份	部门1	部门2	部门3	部门4	部门5	部门6	部门7	部门8	部门9	部门10	部门11
1995	207	1 820	625	1 934	179	107	246	1 615	1 359	328	1 253
1996	152	1 677	508	1 555	73	69	205	1 736	1 921	240	1 200
1997	132	1 735	456	1 441	61	59	196	2 213	3 030	206	1 260
1998	106	1 199	392	1 183	67	43	162	2 080	2 687	185	1 084
1999	111	1 006	353	1 045	71	30	134	2 201	2 359	171	1 043
2000	125	1 686	318	1 013	59	26	161	3 119	2 403	147	1 029
2001	111	2 024	321	960	60	24	154	3 297	2 327	140	875
2002	137	2 500	310	935	57	26	187	3 889	2 488	131	862
2003	174	2 618	322	1 108	63	34	185	5 502	2 959	152	1 103
2004	153	1 324	341	1 746	97	59	224	7 222	3 314	247	1 765
2005	188	1 581	357	1 881	97	60	218	6 479	3 960	258	1 905
2006	184	1 200	347	1 888	89	56	232	6 172	3 848	245	1 960

表3-4(续)

2007	183	998	327	1 869	83	51	211	5 940	4 249	235	1 812
2008	89	1 244	351	1 698	80	51	211	7 123	4 980	260	2 308
2009	95	664	315	1 369	65	39	187	4 539	3 650	226	1 930
2010	112	817	340	1 517	60	39	209	6 405	4 296	275	2 129
2011	110	873	350	1 289	49	38	229	6 943	5 096	260	2 292
2012	110	873	350	1 289	49	38	229	6 944	5 097	260	2 292
2013	111	882	354	1 302	50	38	231	7 014	5 148	263	2 315
2014	113	876	357	1 315	53	38	234	7 083	5 099	265	2 338

年份	部门12	部门13	部门14	部门15	部门16	部门17	部门18	部门19	部门20	部门21
1995	2 617	223	493	104	778	1 113	8	69	1 506	788
1996	2 393	239	421	112	454	1 097	4	57	1 183	712
1997	2 403	222	356	119	532	895	2	258	1 334	542
1998	2 008	168	318	108	497	738	3	248	1 150	692
1999	1 935	148	331	108	418	661	3	254	1 148	662
2000	2 205	137	307	113	433	777	5	288	1 321	766
2001	1 954	140	303	105	402	754	6	293	1 357	788
2002	2 446	149	361	101	498	918	8	343	1 748	920
2003	3 182	201	471	123	606	1 004	10	415	2 359	977
2004	4 487	302	614	194	1 033	1 054	14	498	3 048	1 072
2005	4 491	322	668	201	914	982	17	539	3 573	1 091
2006	5 005	320	617	230	807	956	19	539	4 115	1 054
2007	4 909	391	608	241	789	853	20	510	4 448	967
2008	5 269	468	698	300	873	859	17	423	4 671	1 164
2009	3 361	370	699	240	733	640	13	360	3 732	863
2010	4 209	429	693	289	770	740	17	409	4 500	1 055
2011	4 725	390	683	287	687	842	17	447	4 767	1 134
2012	4 726	390	684	287	687	842	17	447	4 767	1 135
2013	4 773	394	692	290	694	850	17	451	4 815	1 224
2014	4 821	398	697	293	701	859	17	456	4 863	1 312

数据来源：作者根据《中国能源统计年鉴》与世界投入产出数据库（WIOD）有关数据计算获得。

二、出口隐含碳排放 II（间接消耗）的部门核算公式与结果分析

同理可知，j 部门的出口隐含碳排放 II（间接消耗）的测算公式可以表示为

$$K_j^{\text{间接消耗}} = \left[\frac{P_1}{X_1}, \cdots, \frac{P_j}{X_j}, \cdots, \frac{P_{21}}{X_{21}}\right] \cdot \begin{bmatrix} b_{1j} \\ \vdots \\ b_{jj} - 1 \\ \vdots \\ b_{21, j} \end{bmatrix} \cdot EX_j$$

事实上，出口隐含碳排放 I（直接消耗）将出口作为初始产出的组成部分，将碳排放直接按照"产出规模"进行分配，这种处理方式忽视了部门之间间接存在的投入产出关联，同时也未触及间接消耗的影响；出口隐含碳排放 II（间接消耗）将出口视为最终产值的组成部分，将碳排放按照"产值"进行分配，这种处理方式需要将间接消耗所产生的碳排放追加到产值中去，因此能够更清晰地追溯碳排放的来源与去向。上述公式还可以进行如下动态变化：

$$K_{tj}^{\text{间接消耗}} = \left[\frac{P_1}{X_1}, \cdots, \frac{P_j}{X_j}, \cdots, \frac{P_{21}}{X_{21}}\right]_t \cdot \begin{bmatrix} b_{1j} \\ \vdots \\ b_{jj} - 1 \\ \vdots \\ b_{21, j} \end{bmatrix}_t \cdot EX_{tj}$$

$$(t = 1995, 1996, \cdots, 2014; j = 1, 2, \cdots, 21)$$

此处，各公式符号的经济含义如下：

$K_{tj}^{\text{间接消耗}}$ 是 t 年 j 部门的出口隐含碳排放 II（间接消耗）；

$\left[\frac{P_1}{X_1}, \cdots, \frac{P_j}{X_j}, \cdots, \frac{P_{21}}{X_{21}}\right]_t$ 是 t 年 21 部门单位产出碳强度行向量；

$\begin{bmatrix} b_{1j} \\ \vdots \\ b_{jj} - 1 \\ \vdots \\ b_{21, j} \end{bmatrix}_t$ 是 t 年 j 部门间接消耗系数列向量；

EX_{tj} 是 t 年 j 部门的出口规模。

通过上述公式，我们可以计算出 1995—2014 年 21 个部门出口隐含碳排放 II（间接消耗），计算结果见表 3-5。

表 3-5　1995—2014 年 21 个部门出口隐含碳排放 II（间接消耗）统计

单位：万吨

年份	部门1	部门2	部门3	部门4	部门5	部门6	部门7	部门8	部门9	部门10	部门11
1995	1 131	1 610	1 988	10 439	2 184	863	736	559	1 995	3 150	2 073
1996	881	1 390	1 863	8 913	1 964	701	704	599	3 025	3 218	2 182
1997	719	1 267	1 865	7 905	1 825	657	703	818	5 073	3 356	2 436
1998	548	874	1 564	7 123	1 620	478	559	733	4 447	3 121	2 070
1999	553	740	1 422	7 101	1 608	419	483	760	4 284	2 962	1 944
2000	584	1 329	1 452	8 014	1 718	426	525	949	4 429	3 135	1 925
2001	511	1 396	1 405	7 923	1 724	419	511	1 245	4 578	2 962	1 707
2002	618	1 606	1 447	8 624	1 832	499	602	1 615	5 131	3 166	1 683
2003	781	1 769	1 685	11 383	2 200	612	691	2 073	7 274	3 983	2 133
2004	608	1 878	1 910	14 147	2 521	795	765	2 172	9 292	5 028	2 633
2005	703	2 256	2 269	17 817	2 972	950	837	1 959	11 517	6 434	3 210
2006	667	2 086	2 769	21 117	3 229	1 148	863	581	13 672	7 693	3 964
2007	695	1 590	2 697	21 911	3 264	1 156	866	1 473	16 318	8 225	3 667
2008	561	1 871	2 349	19 562	3 073	1 007	815	1 605	17 326	7 884	3 808
2009	615	993	2 224	17 120	2 762	812	741	1 255	14 136	7 112	3 317
2010	702	1 148	2 459	18 920	3 157	871	815	1 498	17 090	8 282	3 889
2011	721	1 246	2 737	20 046	3 384	906	929	1 456	19 362	9 566	4 219
2012	738	1 289	2 798	20 473	3 453	925	952	1 623	19 081	9 762	4 349
2013	754	1 323	2 857	20 895	3 522	945	974	1 724	18 884	9 960	4 459
2014	778	1 395	2 951	21 548	3 626	974	1 007	1 917	18 033	10 265	4 639

年份	部门12	部门13	部门14	部门15	部门16	部门17	部门18	部门19	部门20	部门21	
1995	7 824	2 042	12 707	1 026	1 525	217	383	872	3 699	1 286	
1996	7 788	2 061	12 085	1 179	1 386	200	213	672	3 172	1 205	
1997	8 238	2 130	13 646	1 335	1 271	187	123	3 240	2 864	1 201	
1998	7 119	2 066	12 242	1 347	1 349	160	128	2 929	2 573	1 993	
1999	6 448	2 191	12 596	1 280	1 553	144	143	2 867	2 510	1 922	
2000	7 117	2 624	14 502	1 471	1 891	144	188	3 346	2 958	2 232	
2001	6 409	2 896	14 317	1 420	2 093	140	222	3 419	3 239	2 318	
2002	7 558	3 563	17 192	1 628	2 914	163	313	4 091	4 256	2 818	
2003	10 971	5 197	25 449	2 573	3 148	331	466	4 749	5 622	3 247	
2004	16 157	7 105	35 698	3 390	2 926	501	661	5 416	7 324	3 770	
2005	16 226	9 186	47 125	4 422	3 469	574	841	5 552	8 266	4 112	
2006	22 606	10 957	59 519	5 706	5 277	376	1 054	5 485	9 032	4 609	
2007	22 374	14 780	63 490	7 107	5 201	527	1 159	5 037	9 597	4 523	
2008	23 020	15 729	63 733	7 908	5 301	528	1 170	4 885	9 108	4 515	
2009	15 047	13 118	58 238	6 890	4 965	396	979	4 006	7 767	3 725	
2010	17 136	14 948	65 863	8 406	5 271	456	1 128	4 715	9 233	4 304	
2011	19 025	15 495	65 810	8 818	5 488	503	1 185	5 056	9 618	4 595	
2012	19 499	15 813	67 139	8 444	5 612	530	1 209	5 166	11 172	4 708	
2013	19 937	16 133	65 161	8 253	5 731	549	1 233	6 480	12 727	6 489	
2014	20 630	16 625	64 854	8 370	5 917	582	1 271	7 776	13 534	7 609	

数据来源：作者根据《中国能源统计年鉴》与世界投入产出数据库（WIOD）有关数据计算获得。

表3-4与表3-5的数据较为复杂。可以将3-4和表3-5看作是以年份为行向量、以部门为列向量的年份部门矩阵；K_{ij}构成矩阵元素，表示t年j部门的出口隐含碳排放。为了能够直观反映元素的部门特征及变化趋势，可以采取两种方式进行简化处理：第一种处理方式是直接选取某一典型年份或部门作为代表性样本，进行抽样考察；第二种处理方式是对样本期所有年份与部门的数据进行加总或加权，构造出年份总量层面的截面数据与部门总量层面的时序或面板数据。第一种方式的处理过程相对简便，但却可能因所选年份或部门数据的代表性不足而产生"以偏概全"的偏误；第二种处理方式则能够确保获得的总量数据包含样本期所有年份与部门的信息，因而更具有典型性与代表性。本书采用第二种处理方式。

鉴于年份部门矩阵元素的性质，我们可以对矩阵实施横向与纵向的形式变换：加总所有行向量，即横向年份全部加总，可以获得年份总量层面的部门数据；加总部门行向量，可以获得阶段性总量层面的部门数据，这为探究"出口隐含碳排放的部门分布、部门差异及其形成机制"提供基本载体；加总所有列向量，可以获得出口隐含碳排放的年份数据，从而明确出口隐含碳排放的变化趋势与时序特征。同时，若进行部分列向量的加总，即同类部门合并，还能够获得样本期同类部门的面板数据，从而有利于发现出口隐含碳排放的产业分布及其动态变化。本书先从截面维度展开静态分析，把握整体趋势、厘清形成机理并构建分析范式后，再将其向时序维度加以扩展。

三、两种出口隐含碳排放的部门分布与比重分析

由上所述，通过对表3-4出口隐含碳排放的部门年份矩阵实施行变换，然后对所有年份进行加总，即可获得样本期总量层面的部门数据，这为探讨出口隐含碳排放的部门总量水平与部门差异情况提供了重要载体，如表3-6与图3-5所示。

表3-6　出口隐含碳排放部门总量统计表

部门	出口隐含碳排放I部门总量/万吨	出口隐含碳排放II部门总量/万吨	出口隐含碳排放I部门比重/%	出口隐含碳排放II部门比重/%
部门1	2 705	13 868	0.55	0.53
部门2	27 597	29 056	5.65	1.11
部门3	7 394	42 711	1.51	1.64
部门4	28 337	290 981	5.80	11.16

表3-6(续)

部门	出口隐含碳排放 I 部门总量/万吨	出口隐含碳排放 II 部门总量/万吨	出口隐含碳排放 I 部门比重/%	出口隐含碳排放 II 部门比重/%
部门 5	1 462	51 638	0.30	1.98
部门 6	924	15 563	0.19	0.60
部门 7	4 046	15 078	0.83	0.58
部门 8	97 516	26 614	19.96	1.02
部门 9	70 269	214 947	14.38	8.25
部门 10	4 493	119 264	0.92	4.57
部门 11	32 756	60 307	6.70	2.31
部门 12	71 918	281 129	14.72	10.78
部门 13	5 801	174 659	1.19	6.70
部门 14	11 913	791 366	2.44	30.36
部门 15	3 848	90 973	0.79	3.49
部门 16	13 304	72 288	2.72	2.77
部门 17	17 433	7 208	3.57	0.28
部门 18	236	14 069	0.05	0.54
部门 19	7 303	85 759	1.49	3.29
部门 20	60 405	138 271	12.36	5.30
部门 21	18 919	71 181	3.87	2.73

数据来源：作者根据《中国能源统计年鉴》与世界投入产出数据库（WIOD）有关数据计算获得。

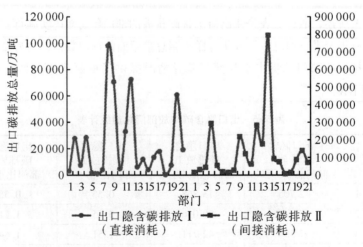

图3-5　21 部门 1995—2014 年出口隐含碳排放量部门分布

图 3-5 左边部分与右边部分分别展示了出口隐含碳排放 I（直接消耗）与出口隐含碳排放 II（间接消耗）的部门分布情况。

从左边部分分区间来看，出口隐含碳排放 I（直接消耗）的部门分布呈"双峰"形态，存在部门 8、部门 12、部门 9、部门 20 四个显著的峰值部门，其出口隐含碳排放量分别为 9.75 亿吨、7.19 亿吨、7.03 亿吨、6.04 亿吨，均在 6 亿吨以上，部门比重分别为 19.96%、14.72%、14.38%、12.36%，部门比重之和高达 61.42%，占据了主体性地位。若再以 1 亿吨与 0.5 亿吨作为基准，可将剩余 17 个部门区分为三个等级：部门 11、部门 4、部门 2、部门 21、部门 17、部门 16、部门 14 的出口隐含碳排放量分别为 3.28 亿吨、2.83 亿吨、2.76 亿吨、1.89 亿吨、1.74 亿吨、1.33 亿吨、1.19 亿吨，部门比重均在 2% 以上；部门 3、部门 19、部门 13 的出口隐含碳排放量分别为 0.74 亿吨、0.73 亿吨、0.58 亿吨，部门比重均在 1% 以上；剩余 7 个部门的出口隐含碳排放量均在 0.5 亿吨以下，部门比重小于 1%。

从右边部门分区间来看，出口隐含碳排放 II（间接消耗）的部门分布呈"单峰"型，部门 14"独占鳌头"，其样本期出口隐含碳排放总量为 79.14 亿吨，单个部门比重高达 30.36%。根据出口隐含碳排放量从大至小的顺序，其后的部门是部门 4、部门 12、部门 9，其出口隐含碳排放量分别为 29.1 亿吨、28.11 亿吨、21.49 亿吨，出口隐含碳排放量均在 20 亿吨以上，部门比重分别为 11.16%、10.78%、8.25%；部门 13、部门 20、部门 10 的出口隐含碳排放量分别为 17.47 亿吨、13.83 亿吨、11.93 亿吨，其部门比重均在 4% 以上。剩余 11 个部门出口隐含碳排放量在 10 亿吨以下，部门比重之和为 34.88%。

由此可知，出口隐含碳排放 I（直接消耗）的部门均值为 2.33 亿吨，七大峰值部门是部门 8、部门 12、部门 9、部门 20、部门 11、部门 4、部门 2；出口隐含碳排放 II（间接消耗）的部门均值为 12.41 亿吨，七大峰值部门为部门 14、部门 4、部门 12、部门 9、部门 13、部门 20、部门 10。经比较可知，出口隐含碳排放 II（间接消耗）的截面水平显著高于出口隐含碳排放 I（直接消耗）的截面水平，具体峰值部门的重叠程度明显偏低，说明两种出口隐含碳排放的截面水平与部门比重存在着显著差异。

四、出口隐含碳部门分布的动态演化与阶段性特征

上述部分通过年份加总的方式，对出口隐含碳排放 I（直接消耗）、出口隐含碳排放 II（间接消耗）的部门分布情况开展了静态分析，并对两种出口隐含碳排放的峰值部门进行了确认与比较。这一部分将从动态视角对出口隐含碳排放的部门变化情况进行深入的分析，以明确中国出口隐含碳排放的扩张过程究竟是偏向于"峰值部门增长"的非均衡轨迹，还是偏向于"21部门同步增长"的均衡轨迹。

由上述的年份部门矩阵可知，21部门出口隐含碳排放的年份变化情况较为复杂，直接考察的难度较大，需要做出必要简化。鉴于出口隐含碳排放Ⅰ（直接消耗）与出口隐含碳排放Ⅱ（间接消耗）在样本期内的变化动态高度相似，且都具有"低位变动→快速攀升→V形震荡→高位变动"的阶段性特征，可以将2001年中国加入世界贸易组织与2008年美国次贷危机作为时间节点，将样本期划分为低位变动的Ⅰ阶段（1995—2001年）、快速攀升的Ⅱ阶段（2002—2008年）与高位稳定的Ⅲ阶段（2010—2014年），通过考察出口隐含碳排放阶段性均值的方式对出口隐含碳排放的扩张轨迹做出判定。

1. 出口隐含碳排放Ⅰ（直接消耗）部门分布的动态演化与阶段性特征

出口隐含碳排放Ⅰ（直接消耗）的阶段性均值情况见图3-6和表3-7。

表3-7　部门出口隐含碳排放Ⅰ的阶段性均值统计表　单位：万吨

部门	第Ⅰ阶段（1995—2001年）	第Ⅱ阶段（2002—2008年）	2009年	第Ⅲ阶段（2010—2014年）
部门1	135	158	95	111
部门2	1 592	1 638	664	864
部门3	425	336	315	350
部门4	1 304	1 589	1 369	1 342
部门5	81	81	65	52
部门6	51	48	39	38
部门7	180	210	187	226
部门8	2 323	6 047	4 539	6 878
部门9	2 298	3 685	3 650	4 947
部门10	202	218	226	265
部门11	1 106	1 674	1 930	2 273
部门12	2 216	4 256	3 361	4 651
部门13	182	308	370	400
部门14	361	577	699	690
部门15	110	199	240	289

表3-7(续)

部门	第Ⅰ阶段 （1995—2001 年）	第Ⅱ阶段 （2002—2008 年）	2009 年	第Ⅲ阶段 （2010—2014 年）
部门 16	502	789	733	708
部门 17	862	947	640	827
部门 18	4	15	13	17
部门 19	210	467	360	442
部门 20	1 286	3 423	3 732	4 742
部门 21	707	1 035	863	1 172

数据来源：作者根据《中国能源统计年鉴》与世界投入产出数据库（WIOD）有关数据计算获得。

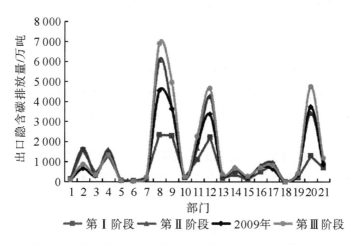

图 3-6 部门出口隐含碳排放Ⅰ（直接消耗）阶段性均值

图 3-6 显示了出口隐含碳排放Ⅰ（直接消耗）的部门分布及阶段性均值情况，趋势线之间的垂直距离具有丰富的经济含义，部门变动的一致性程度构成判定出口隐含碳排放Ⅰ扩张轨迹的基本证据：若 21 部门垂直距离的变动显著一致，说明在第Ⅰ、Ⅱ、Ⅲ阶段中，各部门出口隐含碳排放量实现了同步增长，出口隐含碳排放Ⅰ的扩张过程偏向于"部门同步增长"的均衡轨迹；若峰值部门垂直距离的变动相对显著，说明峰值部门构成了出口隐含碳排放的主要增长极，出口隐含碳排放的扩张过程偏向于"峰值部门增长"的非均衡轨迹。

从图 3-6 中可以直观发现，部门 8、部门 12、部门 9、部门 20 构成出口隐含碳排放Ⅰ（直接消耗）的四大峰值部门，其阶段性均值增长十分显著，趋势线的垂直距离呈阶梯式上升，而其他部门却趋于重合，垂直距离接近于 0，由此初步判定：出口隐含碳排放 I（直接消耗）的扩张过程，偏向于"峰值部门增长"的非均衡增长轨迹。结合表 3-7 的数据可知，出口隐含碳排放 I（直接消耗）的阶段性均值分别为 16 139 万吨、27 698 万吨、31 285 万吨。其中，第 I 阶段至第 II 阶段的阶段性总增量为 11 559 万吨，仅有部门 2、部门 3 出现了小量的阶段性下降，其他部门都表现为递增趋势，四大峰值部门的增量分别为 3 724 万吨、2 039 万吨、1 387 万吨、2 138 万吨，四大部门增量占总增量的比重为 80.35%；第 II 阶段至第 III 阶段的阶段性总增量为 3 587 万吨，8 个部门出现了一定量的阶段性下降，下降总量为 1 332 万吨，但四大峰值部门的递增趋势十分显著，增量分别高达 831 万吨、395 万吨、1 262 万吨、1 319 万吨，四大部门增量占总增量的比重为 106.13%。由此说明：部门出口隐含碳排放的变化趋势存在差异性，峰值部门不仅在截面上占据出口隐含碳排放的主体性部门，其部门增长主导了出口隐含碳排放的变化方向，构成了出口隐含碳排放时序增长趋势的主要驱动力，这为"峰值部门增长"的非均衡轨迹提供了进一步的佐证。同时，在遭遇美国次贷危机外部冲击的过程中，峰值部门的出口隐含碳排放量与出口隐含碳排放总量出现了一致性的大幅下滑趋势，说明峰值部门的动态演化具有显著的示范效应，对出口隐含碳排放总量的时序趋势产生了决定性影响。

2. 出口隐含碳排放 II（间接消耗）部门分布的动态演化与阶段性特征

由上可知，出口隐含碳排放 II（间接消耗）的阶段性均值情况见图 3-7 和表 3-8。

表 3-8　部门出口隐含碳排放 II 的阶段性均值统计表

单位：万吨

部门	第 I 阶段 （1995—2001 年）	第 II 阶段 （2002—2008 年）	2009 年	第 III 阶段 （2010—2014 年）
部门 1	704	662	615	739
部门 2	1 229	1 865	993	1 280
部门 3	1 651	2 161	2 224	2 760
部门 4	8 203	16 366	17 120	20 376
部门 5	1 806	2 727	2 762	3 428
部门 6	566	881	812	924
部门 7	603	777	741	935

表3-8(续)

部门	第Ⅰ阶段 （1995—2001 年）	第Ⅱ阶段 （2002—2008 年）	2009 年	第Ⅲ阶段 （2010—2014 年）
部门 8	809	1 640	1 255	1 644
部门 9	3 976	11 504	14 136	18 490
部门 10	3 129	6 059	7 112	9 567
部门 11	2 048	3 014	3 317	4 311
部门 12	7 278	16 987	15 047	19 245
部门 13	2 287	9 502	13 118	15 803
部门 14	13 156	44 601	58 238	65 765
部门 15	1 294	4 676	6 890	8 458
部门 16	1 581	4 034	4 965	5 604
部门 17	170	429	396	524
部门 18	200	809	979	1 205
部门 19	2 478	5 031	4 006	5 839
部门 20	3 002	7 601	7 767	11 257
部门 21	1 737	3 942	3 725	5 541

数据来源：作者根据《中国能源统计年鉴》与世界投入产出数据库（WIOD）有关数据计算获得。

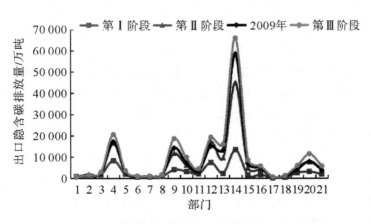

图 3-7　部门出口隐含碳排放 Ⅱ（间接消耗）阶段性均值

图3-7展示了出口隐含碳排放Ⅱ（间接消耗）的部门分布及阶段性均值情况，趋势线之间的垂直距离具有丰富的经济含义，部门变动的一致性程度构成判定出口隐含碳排放Ⅱ扩张轨迹的基本证据：若21部门垂直距离的变动显著一致，说明在第Ⅰ、Ⅱ、Ⅲ阶段中，各部门出口隐含碳排放量实现了同步增长，出口隐含碳排放Ⅱ的扩张过程偏向于"部门同步增长"的均衡轨迹；若峰值部门垂直距离的变动相对显著，说明峰值部门构成了出口隐含碳排放的主要增长极，出口隐含碳排放的扩张过程偏向于"峰值部门增长"的非均衡轨迹。

从图3-7中可以直观发现，与出口隐含碳排放Ⅰ（直接消耗）的峰值部门不同，出口隐含碳排放Ⅱ（间接消耗）位于前四的峰值部门分别是部门14、部门4、部门12、部门9，其阶段性均值增长较为显著，趋势线垂直距离不断扩大，呈阶梯式上升，而其他部门却趋于重合。由此可以初步判定：出口隐含碳排放Ⅱ（间接消耗）的扩张过程，偏向于"峰值部门增长"的非均衡增长轨迹。结合表3-8的数据可知，出口隐含碳排放Ⅱ（间接消耗）的阶段性均值分别为57 907万吨、145 268万吨、203 695万吨；其中，第Ⅰ阶段至第Ⅱ阶段的阶段性总增量为87 361万吨，仅部门1出现了小幅下降，其他20个部门均呈递增趋势；四大峰值部门的增量分别为31 445万吨、8 163万吨、9 709万吨、7 528万吨，四大部门增量占总增量的比重为65.07%。第Ⅱ阶段至第Ⅲ阶段的阶段性总增量为58 427万吨，仅部门2出现了小幅下降，其他部门继续呈递增趋势；四大峰值部门的增量分别为21 164万吨、4 010万吨、2 258万吨、6 986万吨，四大部门增量占总增量的比重为58.91%。由此说明：从截面上来说，峰值部门不仅占据出口隐含碳排放的主体性部门，其部门增长还构成了出口隐含碳排放时序增长趋势的主要驱动力，这为"峰值部门增长"的非均衡轨迹提供了进一步的佐证。同时，在遭遇美国次贷危机外部冲击的过程中，出口隐含碳排放Ⅱ（间接消耗）出现了显著下滑，但相比于出口隐含碳排放Ⅰ（直接消耗）的下跌程度而言，其下滑趋势更显平缓，21个部门之间表现出了明显的联动性趋势。

基于此，从总体上来看，两种出口隐含碳排放的扩张过程都偏向于"峰值部门增长"的非均衡增长轨迹，但是，相比于出口隐含碳排放Ⅰ（直接消耗）而言，出口隐含碳排放Ⅱ（间接消耗）的部门分布趋于均衡，时序变化更趋平缓，其阶段性增长的稳健性与持续性更为突出。

第四节　中国出口隐含碳排放：基于要素密集度的产业分布

一、出口隐含碳排放的产业核算公式释义说明

1. 出口隐含碳排放 I（直接消耗）产业核算公式释义说明

根据部门的要素密集度，本书将原 21 部门归类为七大产业，分别是：将部门 1（农、林、牧、渔业）归类为第一产业；部门 2（采掘业）、部门 12（基本金属制造及金属制品制造业，不包括机械设备）归类为资源密集型产业；部门 3（农副食品、饮料、烟草制造业）、部门 4（纺织、服装、鞋、帽制造业）、部门 5〔皮革、皮毛、羽毛（绒）及其制造业〕、部门 6（木材加工及木、竹、藤、棕、草制造业）、部门 16（其他制造业及废弃材料回收加工）归类为劳动密集型产业；部门 7、8、9、10、11、13、15、17 归类为资本密集型产业；部门 14 归类为技术密集型产业；部门 18 归类为建筑业；部门 19、20、21 归类为第三产业。由前述内容可知，归类产业的出口隐含碳排放 I（直接消耗）计算公式如下：

$$\sum_j K_{资源}^{直接消耗} = \overline{\left(\frac{P}{X}\right)}_{资源} \cdot \sum_j EX_j ,$$

$$\overline{\left(\frac{P}{X}\right)}_{资源} = \omega_2 \cdot \left(\frac{P_2}{X_2}\right) + \omega_{12} \cdot \left(\frac{P_{12}}{X_{12}}\right) ,$$

$$\omega_j = \frac{EX_j}{EX_2 + EX_{12}} , \ j=2 \ 或 \ 12。$$

此处，各公式符号的经济含义分别是：

$\sum_j K_{资源}^{直接消耗}$ 是资源密集型产业的出口隐含碳排放 I（直接消耗）；

$\overline{\left(\frac{P}{X}\right)}_{资源}$ 是资源密集型产业的单位产出碳强度；

$\frac{P_j}{X_j}$ 是 j 部门的单位产出碳强度；

EX_j 是 j 部门的出口规模；

ω_j 是 j 部门的权重。

以此类推，劳动密集型产业、资本密集型产业、第三产业的出口隐含碳排

放 I 的计算公式分别如下：

$$\sum_j K_{\text{劳动}}^{\text{直接消耗}} = \overline{\left(\frac{P}{X}\right)}_{\text{劳动}} \cdot \sum_j EX_j,$$

$$\overline{\left(\frac{P}{X}\right)}_{\text{劳动}} = \omega_3 \cdot \left(\frac{P_3}{X_3}\right) + \omega_4 \cdot \left(\frac{P_4}{X_4}\right) + \cdots + \omega_{16} \cdot \left(\frac{P_{16}}{X_{16}}\right),$$

$$\omega_j = \frac{EX_j}{EX_3 + EX_4 + \cdots + EX_{16}}, \ j = 3, \ 4, \ \cdots, \ 16;$$

$$\sum_j K_{\text{资本}}^{\text{直接消耗}} = \overline{\left(\frac{P}{X}\right)}_{\text{资本}} \cdot \sum_j EX_j,$$

$$\overline{\left(\frac{P}{X}\right)}_{\text{资本}} = \omega_7 \cdot \left(\frac{P_7}{X_7}\right) + \omega_8 \cdot \left(\frac{P_8}{X_8}\right) + \cdots + \omega_{17} \cdot \left(\frac{P_{17}}{X_{17}}\right),$$

$$\omega_j = \frac{EX_j}{EX_7 + EX_8 + \cdots + EX_{17}}, \ j = 7, \ 8, \ \cdots, \ 17;$$

$$\sum_j K_{\text{第三产业}}^{\text{直接消耗}} = \overline{\left(\frac{P}{X}\right)}_{\text{第三产业}} \cdot \sum_j EX_j,$$

$$\overline{\left(\frac{P}{X}\right)}_{\text{第三产业}} = \omega_{19} \cdot \left(\frac{P_{19}}{X_{19}}\right) + \omega_{20} \cdot \left(\frac{P_{20}}{X_{20}}\right) + \omega_{21} \cdot \left(\frac{P_{21}}{X_{21}}\right),$$

$$\omega_j = \frac{EX_j}{EX_{19} + EX_{20} + EX_{21}}, \ j = 19, \ 20 \ 或 \ 21。$$

2. 出口隐含碳排放 II（间接消耗）产业核算公式释义说明

出口隐含碳排放 II 与出口隐含碳排放 I 的产业划分保持一致。由上述内容可知，根据部门的要素密集度，将原 21 部门归类为七大产业，具体说来：将部门 1 直接确定为第一产业；部门 2 与部门 12 归类为资源密集型产业；部门 3、4、5、6、16 归类为劳动密集型产业；部门 7、8、9、10、11、13、15、17 归类为资本密集型产业；部门 14 确定为技术密集型产业；部门 18 确定为建筑业；部门 19、20、21 归类为第三产业。由前述内容可知，归类产业的出口隐含碳排放 II（间接消耗）核算公式如下：

$$\sum_j K_{\text{资源}}^{\text{间接消耗}} = \overline{\left(\frac{P}{Y}\right)}_{\text{资源}}^{\text{间接消耗}} \cdot \sum_j EX_j,$$

$$\overline{\left(\frac{P}{Y}\right)}_{\text{资源}}^{\text{间接消耗}} = \omega_2 \cdot \left(\frac{P}{Y}\right)_2^{\text{间接消耗}} + \omega_{12} \cdot \left(\frac{P}{Y}\right)_{12}^{\text{间接消耗}},$$

$$\omega_j = \frac{EX_j}{EX_2 + EX_{12}}, \ j = 2 \ 或 \ 12。$$

此处，各公式符号的经济含义分别是：

$\sum_j K_{\text{资源}}^{\text{间接消耗}}$ 是资源密集型产业的出口隐含碳排放 II（间接消耗）；

$\overline{(\dfrac{P}{Y})}_{\text{资源}}^{\text{间接消耗}}$ 是资源密集型产业的单位产值间接碳强度；

$(\dfrac{P}{Y})_j^{\text{间接消耗}}$ 是 j 部门的单位产值间接碳强度；

EX_j 是 j 部门的出口规模；

ω_j 是 j 部门的权重。

以此类推，可知劳动密集型产业、资本密集型产业、第三产业的出口含碳排放 II 的计算公式分别如下：

$$\sum_j K_{\text{劳动}}^{\text{间接消耗}} = \overline{(\frac{P}{Y})}_{\text{劳动}}^{\text{间接消耗}} \cdot \sum_j EX_j,$$

$$\overline{(\frac{P}{Y})}_{\text{劳动}}^{\text{间接消耗}} = \omega_3 \cdot (\frac{P}{Y})_3^{\text{间接消耗}} + \omega_4 \cdot (\frac{P}{Y})_4^{\text{间接消耗}} + \cdots + \omega_{16} \cdot (\frac{P}{Y})_{16}^{\text{间接消耗}},$$

$$\omega_j = \frac{EX_j}{EX_3 + EX_4 + \cdots + EX_{16}}, j = 3, 4, \cdots, 16;$$

$$\sum_j K_{\text{资本}}^{\text{间接消耗}} = \overline{(\frac{P}{Y})}_{\text{资本}}^{\text{间接消耗}} \cdot \sum_j EX_j,$$

$$\overline{(\frac{P}{Y})}_{\text{资本}}^{\text{间接消耗}} = \omega_7 \cdot (\frac{P}{Y})_7^{\text{间接消耗}} + \omega_8 \cdot (\frac{P}{Y})_8^{\text{间接消耗}} + \cdots + \omega_{17} \cdot (\frac{P}{Y})_{17}^{\text{间接消耗}},$$

$$\omega_j = \frac{EX_j}{EX_7 + EX_8 + \cdots + EX_{17}}, j = 7, 8, \cdots, 17;$$

$$\sum_j K_{\text{第三产业}}^{\text{间接消耗}} = \overline{(\frac{P}{Y})}_{\text{第三产业}}^{\text{间接消耗}} \cdot \sum_j EX_j,$$

$$\overline{(\frac{P}{Y})}_{\text{第三产业}}^{\text{间接消耗}} = \omega_{19} \cdot (\frac{P}{Y})_{19}^{\text{间接消耗}} + \omega_{20} \cdot (\frac{P}{Y})_{20}^{\text{间接消耗}} + \omega_{21} \cdot (\frac{P}{Y})_{21}^{\text{间接消耗}},$$

$$\omega_j = \frac{EX_j}{EX_{19} + EX_{20} + EX_{21}}, j = 19, 20 \text{ 或 } 21。$$

二、中国出口隐含碳排放 I（直接消耗）的产业分布

1. 七大产业出口隐含碳排放 I（直接消耗）的截面水平分析

七大产业的出口隐含碳排放 I（直接消耗）见表 3-9。通过考察七大产业

样本期内的出口隐含碳排放 I（直接消耗）总量，明确碳排放产业分布及产业差异的基本情况；在此基础上，比较七大产业年均增量的变化状况，分析其递增或递减的变化趋势以及产业差异趋于收敛或发散的演变趋势。

表 3-9　七大产业出口隐含碳排放 I（直接消耗）统计表

单位：万吨

年份	第一产业	第二产业						第三产业
		工业				建筑业	
		资源	劳动	资本	技术		
1995	207	4 437	3 623	6 241	493	8	2 363
1996	152	4 070	2 659	6 750	421	4	1 952
1997	132	4 138	2 549	8 141	356	2	2 134
1998	106	3 207	2 182	7 212	318	3	2 090
1999	111	2 941	1 917	6 825	331	3	2 064
2000	125	3 891	1 849	7 886	307	5	2 375
2001	111	3 978	1 767	7 792	303	6	2 438
2002	137	4 946	1 826	8 725	361	8	3 011
2003	174	5 800	2 133	11 229	471	10	3 751
2004	153	5 811	3 276	14 322	614	14	4 618
2005	188	6 072	3 309	14 325	668	17	5 203
2006	184	6 205	3 187	13 963	617	19	5 708
2007	183	5 907	3 119	13 932	608	20	5 925
2008	89	6 513	3 053	16 509	698	17	6 258
2009	95	4 025	2 521	11 782	699	13	4 955
2010	112	5 026	2 726	14 772	693	17	5 964
2011	110	5 598	2 413	16 339	683	17	6 348
2012	97	5 473	2 394	16 743	712	19	6 792
2013	95	5 396	2 289	16 981	743	24	7 090
2014	103	5 218	2 186	17 216	752	23	7 431

数据来源：作者根据《中国能源统计年鉴》与世界投入产出数据库（WIOD）有关数据计算获得。

从表 3-9 中可知，七大产业在样本期内的出口隐含碳排放Ⅰ（直接消耗）总量依次是 2 664 万吨、99 516 万吨、51 424 万吨、236 160 万吨、10 848 万吨、249 万吨、88 470 万吨。出口隐含碳排放Ⅰ（直接消耗）的产业构成中，资本密集型产业所占比重最大，资源密集型产业、第三产业、劳动密集型产业次之，第一产业与建筑业所占比重最小。若将七大产业分别以数值（1）~（7）代表，则七大产业的产业比重及阶梯类型如图 3-8 所示。

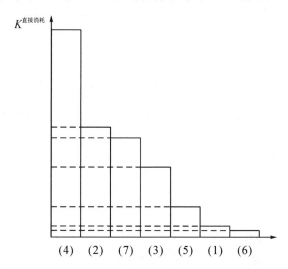

图 3-8　出口隐含碳排放Ⅰ（直接消耗）的产业比重排序

七大产业的产业比重排序为资本密集型产业（4）、资源密集型产业（2）、第三产业（7）、劳动密集型产业（3）、技术密集型产业（5）、第一产业（1）与建筑业（6），其产业比重分别是 48.45%、20.42%、17.77%、10.55%、2.2%、0.55% 与 0.05%。如图 3-8 所示，七大产业的垂直距离之差构成六级阶梯，其中，资本密集型产业（4）与资源密集型产业（2）之间的一级阶梯落差最大，碳排放差值为 136 644 万吨，比重之差为 28.03%；劳动密集型产业（3）与技术密集型产业（5）之间的三级阶梯次之，碳排放差值为 40 710万吨，比重之差为 8.35%；第一产业（1）与建筑业（6）之间的六级阶梯最小，碳排放差值为 2 464 万吨，比重之差为 0.5%。由此可见，七大产业之间存在着明显的阶梯落差，产业差异较为显著。

2. 七大产业出口隐含碳排放Ⅰ（直接消耗）的时序趋势分析

在此基础上，可以通过产业归类与阶段划分结合使用的方式，对七大产业出口隐含碳排放的时序趋势分别进行分析，以揭示出口隐含碳排放Ⅰ（直接消耗）的产业构成及阶段性特征。

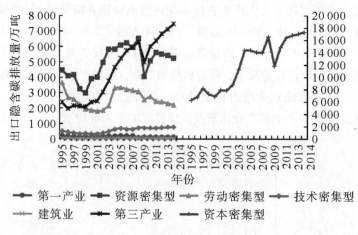

图 3-9　七大产业出口隐含碳排放 I（直接消耗）的时序趋势

从前述内容可知，中国出口隐含碳排放 I（直接消耗）总量在样本期内的时序变化可以概括为"低位波动→快速攀升→V 形震荡→高位稳定"的演化轨迹，并以 2001 年中国加入世界贸易组织与 2008 年美国次贷危机为时间节点，将整个样本期划分为三阶段，分别是：1995—2001 年为低位波动的 I 阶段，2002—2008 年为快速攀升的 II 阶段，2010—2014 为高位稳定的 III 阶段。

由上述七大产业的产业比重排序可知，资本密集型产业、第三产业、资源密集型产业、劳动密集型产业的产业比重位居前四，比重之和高达 97.18%，占据了绝对的主体性地位。从图 3-9 可以直观地看出，资本密集型产业、第三产业出口隐含碳排放的时序变化与出口隐含碳排放总量的演化轨迹高度相似，资源密集型产业、劳动密集型产业的变化动态与总量的阶段性趋势基本拟合。因此，在产业变化趋势的描述过程中，以四大产业作为出口隐含碳排放 I（直接消耗）产业构成的重点，阶段划分的处理方式仍具有适用性。但是，需要指出的是，出口隐含碳排放 I（直接消耗）总量由七大产业加总而来，其变化趋势具有"合成"性质，不同产业之间的同向变化可能因为同向加总而产生"叠加"效应，而其反向变化则可能因为反向抵消而产生"抵消"效应，而使总量表现出总体上的平稳性。因此，需要将出口隐含碳排放 I（直接消耗）的总量变化趋势作为参照基准，对各阶段不同产业之间的具体变化趋势进行探讨，以明确其"叠加"或"抵消"的合成效果。

如图 3-9 所示，在第 I 阶段中，资本密集型产业与第三产业呈小幅波动状态，与总量趋势线基本拟合。相比之下，劳动密集型产业出口隐含碳排放 I（直接消耗）则出现了明显的下降趋势，从 1995 年的 3 623 万吨下降至 2001

年的 1 767 万吨，年均下降量为 309 万吨，总下降幅度高达 51.22%；而资源密集型产业在这一阶段呈"先下降、后上升"的 V 形轨迹，1995 年的左峰值为 4 437 万吨，1999 年的谷值为 2 941 万吨，2001 年的右峰值为 3 978 万吨，下降过程中的年均下降量为 374 万吨，上升过程中的年均增加量为 518.5 万吨。由此可见，第 I 阶段中，资源密集型产业与劳动密集型产业的变化趋势，在 1995—1999 年为同向"叠加"，1999—2001 年则呈反向"抵消"。

在第 II 阶段中，资源密集型产业、资本密集型产业、技术密集型产业、第三产业同时进入了快速攀升阶段，其阶段性增量分别为 1 567 万吨、7 784 万吨、337 万吨、3 247 万吨，阶段性年均增量分别为 261 万吨、1 297 万吨、56 万吨、541 万吨，总攀升幅度分别高达 31.68%、89.21%、93.35%、107.84%，由此形成了攀升过程的同向叠加趋势。相比较而言，劳动密集型产业的隐含碳排放 I 在这一阶段的变化动态更为丰富，形成了"先大幅上升、再小幅下降"的倒 V 形演化轨迹。具体来讲，2002—2005 年劳动密集型产业进入了快速攀升过程之中，这一过程的增量为 1 483 万吨，增幅高达 81.22%；2005—2008 年劳动密集型产业的隐含碳排放 I 进入了小幅下降区间，下跌量为 256 万吨，下降幅度为 7.74%。可见，劳动密集型产业的隐含碳排放 I 在这一阶段的变化动态产生了"先叠加、再抵消"的阶段性合成效果。

在第 III 阶段中，资本密集型产业的时序变化与出口隐含碳排放 I（直接消耗）总量的变化趋势基本一致，在经历 V 形震荡后，开始从快速攀升阶段转入了高位稳定阶段。但是，资源密集型产业、劳动密集型产业、技术密集型产业与第三产业的变化趋势却表现出明显的异质性，集中体现在以下三个方面：第一，资源密集型产业与劳动密集型产业的隐含碳排放 I 在 V 形震荡之后，没有继续保持其平稳趋势，而出现了明显下滑，下跌量分别为 380 万吨、540 万吨，下跌幅度分别为 6.79%、19.8%。第二，与其他产业不同，技术密集型产业的隐含碳排放 I 没有受到 2008 年美国次贷危机的明显扰动，其变化趋势中不存在 V 形震荡，攀升过程表现出了显著的稳定性与连续性；第三，第三产业在 V 形震荡之后，继续进入下一个攀升过程，其阶段性增量达 1 467 万吨，阶段性年均增量为 367 万吨，为前一攀升阶段年均增量（541 万吨）的 67.84%，总攀升幅度高达 27.62%。由此可见，七大产业的隐含碳排放 I 在这一阶段中的变化趋势存在着明显差异性，出口隐含碳排放 I（直接消耗）总量的阶段性平稳趋势具有一定的反向合成性质。

3. 七大产业出口隐含碳排放Ⅰ（直接消耗）的波动状态分析

由上述分析可知，出口隐含碳排放Ⅰ（直接消耗）的时序变化趋势存在着明显的阶段性特征与产业异质性，下面可以通过考察年际增量峰值、谷值的方式，对出口隐含碳排放Ⅰ（直接消耗）的产业异质性情况做出进一步说明。在上述内容的基础上，采用这一处理方式的原因有三：首先，七大产业的时序变化趋势较为复杂，若直接加以描述，会显得累赘与紊乱；其次，年际增量与时序趋势之间存在着对应关系，年际增量的正负符号，可以直接表示出口隐含碳排放的增减趋势；最后，产业之间峰值、谷值出现的年份是否一致，是判定产业出口隐含碳排放变化趋势是否具有内在一致性的基本依据，产业之间峰值、谷值的年份错位，将构成出口隐含碳排放产业异质性的重要佐证。年际增量与年均增量的计算公式分别如下：

$$\Delta K_{jt}^{直接消耗} = \frac{K_{j,\,t+1}^{直接消耗} - K_{j,\,t}^{直接消耗}}{t+1-t} = K_{j,\,t+1}^{直接消耗} - K_{j,\,t}^{直接消耗}$$

$$\Delta \bar{K}_{jt}^{直接消耗} = \frac{K_{jt}^{直接消耗} - K_{j,\,1995}^{直接消耗}}{t-1995}$$

其中，$j = (1), (2), \cdots, (7)$，分别代表七大产业；$t = 1995, 1996, \cdots, 2014$，代表样本期年份。通过年际增量方程计算所得的七大产业年际增量见表3-10与图3-10。

表3-10　出口隐含碳排放Ⅰ（直接消耗）的产业年际增量统计

单位：万吨

年份	第一产业	第二产业					第三产业
		工业				建筑业	
		资源	劳动	资本	技术		
1995—1996	−55	−367	−964	509	−72	−4	−411
1996—1997	−20	68	−110	1 391	−65	−2	182
1997—1998	−26	−931	−367	−929	−38	1	−44
1998—1999	5	−266	−265	−387	13	0	−26
1999—2000	14	950	−68	1 061	−24	2	311
2000—2001	−14	87	−82	−94	−4	1	63
2001—2002	26	968	59	933	58	2	573
2002—2003	37	854	307	2 504	110	2	740

表3-10(续)

| 年份 | 第一产业 | 第二产业 | | | | | 第三产业 |
| | | 工业 | | | | 建筑业 | |
		资源	劳动	资本	技术		
2003—2004	−21	11	1 143	3 093	143	4	867
2004—2005	35	261	33	3	54	3	585
2005—2006	−4	133	−122	−362	−51	2	505
2006—2007	−1	−298	−68	−31	−9	1	217
2007—2008	−94	606	−66	2 577	90	−3	333
2008—2009	6	−2 488	−532	−4 727	1	−4	−1 303
2009—2010	17	1 001	205	2 990	−6	4	1 009
2010—2011	−2	572	−313	1 567	−10	0	384
2011—2012	−13	−125	−19	404	29	2	444
2012—2013	−2	−77	−105	238	31	5	298
2013—2014	8	−178	−103	235	9	−1	341

数据来源：作者根据《中国能源统计年鉴》与世界投入产出数据库（WIOD）有关数据计算获得。

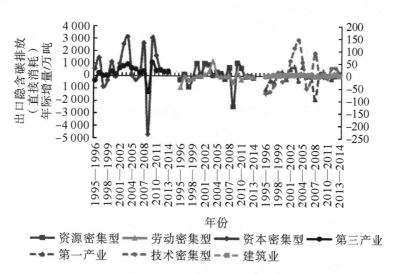

图 3-10　出口隐含碳排放 I（直接消耗）的产业年际增量趋势

根据产业出口隐含碳排放峰值、谷值的出现年份，以及年际增量趋势线的基本形状，可以将七大产业出口隐含碳排放的年际增量概括为以下三种情形：

第一，劳动密集型产业、资本密集型产业的年际增量存在着同向变化趋势。2003—2004 年，两大产业的出口隐含碳排放出现了最大幅的增长，年际增量峰值分别高达 1 143 万吨、3 093 万吨；2008—2009 年，两大产业的出口隐含碳排放出现了最大幅度的下跌，年际增量峰值、谷值分别为-532 万吨、-4 727万吨。比较两大产业的出口隐含碳排放上下涨跌趋势可以发现，劳动密集型产业作为传统型产业，其出口隐含碳排放的变化趋势较为平滑，在外部冲击过程中更具稳健性。

第二，资源密集型产业、第三产业出口隐含碳排放的时序变化具有相似性。2008—2009 年，在美国次贷危机的外部冲击下，两大产业的出口隐含碳排放分别出现了谷值-2 488 万吨、-1 303 万吨；2009—2010 年，两大产业在恢复性增长过程中分别出现了峰值 1 001 万吨、1 009 万吨。

第三，技术密集型产业、第一产业与建筑业所占的出口隐含碳排放比重较小，其年际增量在 [-75，150] 万吨这一区间。其中，技术密集型产业分别于 1995—1996 年、2003—2004 年出现了谷值-72 万吨、峰值 143 万吨；第一产业分别于 2002—2003 年、2007—2008 年出现了峰值 37 万吨、谷值-94 万吨；由于建筑业出口隐含碳排放的历年年际增量都较小，因此不存在可以表征变化趋势的峰值与谷值。

与此同时，由年均增量的计算公式可知：

$$\Delta \bar{K}_{jt}^{直接消耗} = \frac{K_{jt}^{直接消耗} - K_{j,\,1995}^{直接消耗}}{t - 1995}$$

$$\Delta \bar{K}_{j,\,t+1}^{直接消耗} = \frac{(K_{j,\,t+1}^{直接消耗} - K_{jt}^{直接消耗}) + (K_{jt}^{直接消耗} - K_{j,\,1995}^{直接消耗})}{t + 1 - 1995}$$

$$= \frac{(K_{j,\,t+1}^{直接消耗} - K_{jt}^{直接消耗}) + (t - 1995) \cdot \Delta \bar{K}_{jt}^{直接消耗}}{t + 1 - 1995}$$

若 $\Delta \bar{K}_{j,\,t+1}^{直接消耗} > \Delta \bar{K}_{jt}^{直接消耗}$，即年均增量出现递增趋势，则必有（$K_{j,\,t+1}^{直接消耗} - K_{jt}^{直接消耗}$）$> \Delta \bar{K}_{jt}^{直接消耗}$；若 $\Delta \bar{K}_{j,\,t+1}^{直接消耗} < \Delta \bar{K}_{jt}^{直接消耗}$，即年均增量出现递减趋势，则必有（$K_{j,\,t+1}^{直接消耗} - K_{jt}^{直接消耗}$）$< \Delta \bar{K}_{jt}^{直接消耗}$。其经济含义是：若（$t+1$）年平均量>$t$ 年平均量，则必然是（$t+1$）年年际增量大于 t 年平均量，而拉高了（$t+1$）年平均量水平；反之，若（$t+1$）年平均量<t 年平均量，则必然是（$t+1$）年年际增量小于 t 年平均量，而降低了（$t+1$）年平均量水平。

鉴于平均量与边际量的内在关联，产业出口隐含碳排放年均增量与年际增量之间存在明显的互补性。两种指标的配合使用，可以产生互补优势，这主要集中体现在以下三个方面：第一，相较于年际增量只描述相邻2年的变化情况而言，年均增量包含了前面所有年份的信息，指标的信息覆盖面更广，信息含量更丰富；第二，年际增量是相邻年份出口隐含碳排放的差值，其正负符号可以用于判定相邻年份的增减趋势；而年均增量是用具体年份与初始年份出口隐含碳排放之差除以相隔年数，其正负符号直接体现出与基期（1995年）原始状态的比较；第三，年均增量的增减趋势可以用来判定$(t+1)$年年际增量与t年平均量的大小关系，以此判定年际增量究竟是产生向上的推高效应还是向下的拉平效应。通过年均增量方程计算所得的七大产业年均增量如表3-11与图3-11所示。

表3-11　出口隐含碳排放Ⅰ（直接消耗）的产业年际增量统计

单位：万吨

| 年份 | 第一产业 | 第二产业 | | | | | 第三产业 |
| | | 工业 | | | | 建筑业 | |
		资源	劳动	资本	技术		
1995—1996	−55	−367	−964	509	−72	−4	−411
1996—1997	−38	−150	−537	950	−69	−3	−115
1997—1998	−34	−410	−480	324	−58	−2	−91
1998—1999	−24	−374	−427	146	−41	−1	−75
1999—2000	−16	−109	−355	329	−37	−1	2
2000—2001	−16	−77	−309	259	−32	0	13
2001—2002	−10	73	−257	355	−19	0	93
2002—2003	−4	170	−186	624	−3	0	174
2003—2004	−6	153	−39	898	13	1	251
2004—2005	−2	164	−31	808	18	1	284
2005—2006	−2	161	−40	702	11	1	304
2006—2007	−2	123	−42	641	10	1	297
2007—2008	−9	160	−44	790	16	1	300
2008—2009	−8	−29	−79	396	15	0	185
2009—2010	−6	39	−60	569	13	1	240
2010—2011	−6	73	−76	631	12	1	249

表3-11（续）

年份	第一产业	第二产业					第三产业
		工业				建筑业	
		资源	劳动	资本	技术		
2011—2012	−6	61	−72	618	13	1	261
2012—2013	−6	53	−74	597	14	1	263
2013—2014	−5	41	−76	578	14	1	267

数据来源：作者根据《中国能源统计年鉴》与世界投入产出数据库（WIOD）有关数据计算获得。

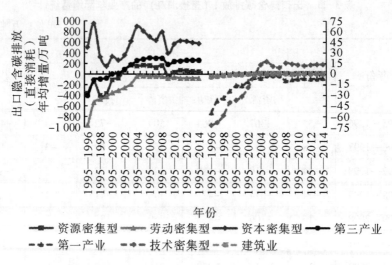

图 3-11　出口隐含碳排放 I（直接消耗）的产业年际增量趋势图

根据趋势线相对位置及其递增或递减的时序趋势，可以将七大产业出口隐含碳排放的年际增量情况概括如下：

图 3-11 中，横坐标轴同时展示了各产业出口隐含碳排放的基期（1995年）初始存量 $K_{j,\,1995}^{直接消耗}$；趋势线与横轴的垂直距离，实际上反映了剔除产业初始水平之后的年际增量水平。根据趋势线的相对位置，可以确定各产业的年际增量排序（按照从高到低顺序）为：资本密集型、第三产业、资源密集型、技术密集型、建筑业、第一产业、劳动密集型产业。具体来看，资本密集型产业趋势线在样本期内始终位于横轴上方，说明其基期后续年份的出口隐含碳排放增量较大，产生了推高效应，使得各年份平均水平都高于基期初始水平；第一产业、劳动密集型产业趋势线始终位于横轴下方，说明其后续年份的出口隐

含碳排放增量较小，产生了拉低效应，使其各年份平均水平都低于基期初始水平；第三产业、资源密集型产业、技术密集型产业分别于 2000 年、2002 年、2004 年开始由横轴下方上升至横轴上方，说明第三产业在 2000 年、2002 年、2004 年的年际增量具有临界性质，使得其后续年份的平均水平开始超越初始水平。

从趋势线的时序趋势来看，劳动密集型产业、技术密集型产业、第三产业、第一产业总体上呈"先上升、后持平"的变化趋势，没有因为受到 1997 年亚洲金融危机与 2008 年美国次贷危机的外部冲击而出现大幅震荡，说明此四类产业的出口隐含碳排放年际增量不仅存在着"先拉高平均量，后持平平均量"的阶段性特征，在抵御外部冲击方面表现出了显著的稳健性。相比较而言，资本密集型产业、资源密集型产业趋势线在两次外部冲击中均出现了明显的 V 形震荡，说明两大产业的出口隐含碳排放的年际增量更具弹性，容易因外部扰动而出现大起大落。建筑业趋势线与横轴近乎重合，说明其出口隐含碳排放的年际增量与年均增量变化相对不显著。

三、中国出口隐含碳排放 II（间接消耗）的产业分布

1. 七大产业出口隐含碳排放 II（间接消耗）的截面水平分析

通过上述公式所获得七大产业的出口隐含碳排放 II（间接消耗）见表 3-12。首先，通过考察七大产业样本期内的出口隐含碳排放 II（间接消耗）总量，明确碳排放产业分布及产业差异的基本情况；其次，比较分析七大产业递增或递减的时序变化趋势，以及产业差异趋于收敛或发散的演变趋势。

表 3-12　七大产业出口隐含碳排放 II（间接消耗）统计

单位：万吨

年份	第一产业	第二产业					第三产业
		工业				建筑业	
		资源	劳动	资本	技术		
1995	1 131	9 434	16 999	11 798	12 707	383	5 857
1996	881	9 178	14 827	13 168	12 085	213	5 049
1997	719	9 505	13 523	16 038	13 646	123	7 305
1998	548	7 993	12 134	14 503	12 242	128	7 495
1999	553	7 188	12 103	14 048	12 596	143	7 299

表3-12(续)

年份	第一产业	第二产业					第三产业
		工业				建筑业	
		资源	劳动	资本	技术		
2000	584	8 446	13 501	15 202	14 502	188	8 536
2001	511	7 805	13 564	15 459	14 317	222	8 976
2002	618	9 164	15 316	17 551	17 192	313	11 165
2003	781	12 740	19 028	24 255	25 449	466	13 618
2004	608	18 035	22 299	30 886	35 698	661	16 510
2005	703	18 482	27 477	38 139	47 125	841	17 930
2006	667	24 692	33 540	43 812	59 519	1 054	19 126
2007	695	23 964	34 229	52 963	63 490	1 159	19 157
2008	561	24 891	31 292	55 603	63 733	1 170	18 508
2009	615	16 040	27 883	46 965	58 238	979	15 498
2010	702	18 284	30 678	55 384	65 863	1 128	18 252
2011	721	20 271	32 561	60 348	65 810	1 185	19 269
2012	738	20 788	33 261	60 554	67 139	1 209	21 046
2013	754	21 260	33 950	60 936	65 161	1 233	25 696
2014	778	22 025	35 016	61 438	64 854	1 271	28 919

数据来源：作者根据《中国能源统计年鉴》与世界投入产出数据库（WIOD）有关数据计算获得。

从表3-12中可知，七大产业在样本期内的出口隐含碳排放Ⅱ（间接消耗）总量依次是13 868万吨、310 185万吨、473 181万吨、709 050万吨、791 366万吨、14 069万吨、295 211万吨。出口隐含碳排放Ⅱ（间接消耗）的产业构成中，技术密集型产业所占比重最大，资本密集型产业、劳动密集型产业、资源密集型产业、第三产业次之，建筑业与第一产业所占比重最小。若将七大产业分别以数值（1）~（7）代表，则七大产业的产业比重及阶梯类型如图3-12所示。

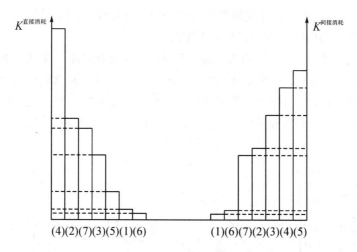

图 3-12　出口隐含碳排放 Ⅱ（间接消耗）的产业比重排序图

按照从大至小的顺序，七大产业出口隐含碳排放 Ⅱ（间接消耗）的产业比重排序依次是：技术密集型产业（5）、资本密集型产业（4）、劳动密集型产业（3）、资源密集型产业（2）、第三产业（7）、建筑业（6）与第一产业（1），其产业比重分别是 30.36%、27.2%、18.15%、11.9%、11.32%、0.54%、0.53%。

如图 3-12 所示，七大产业的垂直距离之差构成六级阶梯，其中，资源密集型产业（2）与建筑业（6）之间的五级阶梯落差最大，碳排放差值为 296 116 万吨，比重之差为 10.78%；资本密集型产业（4）与劳动密集型产业（3）之间的三级阶梯次之，碳排放差值为 235 869 万吨，比重之差为 9.05%；建筑业（6）与第一产业（1）之间的六级阶梯最小，碳排放差值为 201 万吨，比重之差为 0.01%。与出口隐含碳排放 Ⅰ（阶梯消耗）的阶梯差值相比，出口隐含碳排放 Ⅱ（完全消耗）阶梯差值的截面水平相对较高，但产业比重差距相对较小。从具体产业来看，在出口隐含碳排放 Ⅰ（直接消耗）的产业构成中，技术密集型产业、建筑业分别是 2.2%、0.55%；在出口隐含碳排放 Ⅱ（间接消耗）的产业构成中，两大产业的比重分别为 30.36%、0.53%，依次构成两种碳排放差异最显著与最不显著的产业。至此，命题 3.2 已初步得证。

2. 七大产业出口隐含碳排放 Ⅱ（间接消耗）的时序趋势与阶段性特征

为了明确碳排放产业分布及产业差异的基本情况，可以根据表 3-12 中的数据，绘制七大部门出口隐含碳排放 Ⅱ（间接消耗）的时序趋势图，通过产业归类与阶段划分相结合的方式，对七大产业出口隐含碳排放的时序趋势分别进行分析，以揭示出口隐含碳排放 II（间接消耗）的产业构成及阶段性特征，并与出口隐含碳排放 I（直接消耗）做比较分析。

图 3-13 显示，七大产业出口隐含碳排放 II（间接消耗）在截面水平上存在显著差异。由上述内容可知，从样本期总量来看，出口隐含碳排放 II（间接消耗）截面水平最高的产业为技术密集型产业、资本密集型产业，其次是劳动密集型产业、资源密集型产业与第三产业，最低的产业为建筑业与第一产业。

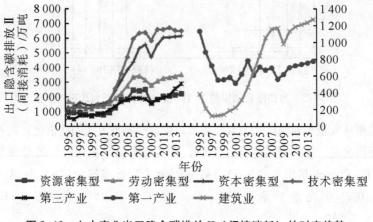

图 3-13　七大产业出口隐含碳排放 II（间接消耗）的时序趋势

从时序趋势来看，各产业的时序变化具有明显的联动性特征。除第一产业与建筑业外，另外五大产业的出口隐含碳排放 II（间接消耗）的基本趋势都可以概括为"低位波动增长→快速攀升增长→V 形震荡→高位稳定增长"的增长演化轨迹。由上述七大产业的产业比重排序可知，技术密集型产业、资本密集型产业、劳动密集型产业、第三产业、资源密集型产业的产业比重位居前五，比重之和高达 98.93%，占据了绝对的主体性地位；第一产业与建筑业的产业比重较小，其变化动态不会对出口隐含碳排放 II（间接消耗）的总量产生趋势性影响。同时，为了方便与出口隐含碳排放 I（直接消耗）做比较分析，这一部分仍以 2001 年中国加入世界贸易组织与 2008 年美国次贷危机为时间节点，将整个样本期划分为三阶段，分别是：1995—2001 年为低位波动增长的 I 阶段，2002—2008 年为快速攀升增长的 II 阶段，2010—2014 为高位稳定增长的 III 阶段（见图 3-14）。在此基础上，还需要对 2008 年美国次贷危机形成的 V 形震荡，即 2008—2009 年冲击下滑阶段与 2009—2010 年恢复性增长阶段分别予以考察。

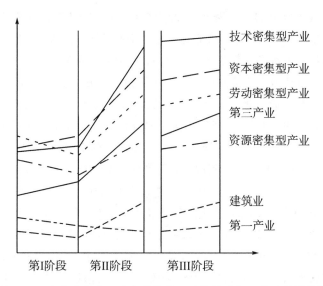

图 3-14 七大产业出口隐含碳排放 II（间接消耗）的阶段性趋势

第 I 阶段（1995—2001 年）中，七大产业出口隐含碳排放 II（间接消耗）的阶段性总量分别为 4 927 万吨、59 549 万吨、96 651 万吨、100 216 万吨、92 095 万吨、1 400 万吨、50 517 万吨，从截面水平来看，资本密集型产业的出口隐含碳排放 II 最大，劳动密集型产业、技术密集型产业次之，资源密集型产业、第三产业再次之，第一产业、建筑业最低。从时序趋势来看，第一产业、资源密集型产业、劳动密集型产业、建筑业出口隐含碳排放 II 呈下降趋势，其出口隐含碳排放 II（间接消耗）分别从 1995 年的 1 131 万吨、9 434 万吨、16 999 万吨、383 万吨，下降至 2001 年的 511 万吨、7 805 万吨、13 564 万吨、222 万吨，下降幅度分别为 54.82%、17.27%、20.21%、42.04%；与此同时，资本密集型产业、技术密集型产业、第三产业的出口隐含碳排放 II（间接消耗）呈递增趋势，分别从 1995 年的 11 798 万吨、12 707 万吨、5 857 万吨，上升至 2001 年 15 459 万吨、14 317 万吨、8 976 万吨，上升幅度分别为 31.03%、12.67%、53.25%。由此可见，第 I 阶段中，出口隐含碳排放 II（间接消耗）下降幅度最大的产业为第一产业，上升幅度最大的产业最第三产业，两者都在 55% 以内，说明各大产业出口隐含碳排放 II 在这一阶段的变动相对平滑，总体上呈小幅增长的基本态势。

第 II 阶段（2002—2008 年）中，七大产业出口隐含碳排放 II（间接消耗）的阶段性总量分别为 4 633 万吨、131 968 万吨、183 181 万吨、263 209 万吨、312 206 万吨、5 664 万吨、116 014 万吨。从截面水平来看，技术密集型产业的出口隐含碳排放 II 最大，资本密集型产业、劳动密集型产业次之，资源密集型产业、第三产业再次之，建筑业、第一产业最低，技术密集型产业在这一阶段的产业排序出现了显著变化。从时序趋势来看，除第一产业外，其他产业的出口隐含碳排放 II（间接消耗）都进入了快速攀升的扩张过程之中。其中，技术密集型产业、资本密集型产业的截面水平最高、攀升趋势最为显著，分别从 2002 年的 17 192 万吨、17 551 万吨，攀升至 2008 年的 63 733 万吨、55 603万吨，年均增量高达 7 757 万吨、6 342 万吨，总攀升幅度高达 270.71%、216.81%。劳动密集型产业、资源密集型产业、第三产业的出口隐含碳排放 II的攀升趋势相对平缓，分别从 2002 年的 15 316 万吨、9 164 万吨、11 165 万吨，攀升至 2008 年的 31 292 万吨、24 891 万吨、18 508 万吨，年均增量分别为 2 663 万吨、2 621 万吨、1 224 万吨，总攀升幅度分别为 104.31%、170.16%、65.76%。相比之下，建筑业出口隐含碳排放 II 的截面水平较低，但攀升趋势较为明显，其出口隐含碳排放 II（间接消耗）从 2002 年的 313 万吨攀升至 2008 年的 1 170 万吨，年均增量仅有 143 万吨，但攀升幅度却高达273.8%。第 II 阶段中，第一产业出口隐含碳排放 II（间接消耗）呈小幅波动状态，阶段性均值为 662 万吨，阶段性峰值、谷值分别为 781 万吨、561 万吨，上下波动幅度均在 20%范围以内。

第 III 阶段为高位稳定增长阶段，技术密集型产业、资本密集型产业的出口隐含碳排放 II（间接消耗）稳定在高位水平上，阶段性均值分别为 65 765万吨、59 732 万吨；劳动密集型产业、资源密集型产业的出口隐含碳排放 II 的截面水平稍低，阶段性均值分别为 33 093 万吨、20 526 万吨，年均增量分别为 935 万吨、1 085 万吨；第三产业的出口隐含碳排放 II 的递增趋势较为明显，从 2010 年的 18 252 万吨增长至 2014 年的 28 919 万吨，阶段性增量高达 10 667万吨，增长幅度达 58.44%。建筑业、第一产业的出口隐含碳排放 II 呈小幅增长的态势，分别从 2010 年的 1 128 万吨、702 万吨，增长至 2014 年的 1 271 万吨、778 万吨，增长幅度分别为 12.68%、9.77%。

在 V 形震荡的冲击下滑过程（2008—2009 年）中，资源密集型产业、资本密集型产业的出口隐含碳排放 II 的下跌量最大，分别高达 8 851 万吨、8 639万吨；技术密集型产业、劳动密集型产业、第三产业、建筑业的出口隐含碳排放 II 的下跌量次之，分别为 5 495 万吨、3 409 万吨、3 010 万吨、191 万吨；在随后的恢复性增长过程（2009—2010 年）中，技术密集型产业的出口隐含碳排放 II 的增长量达 7 625 万吨，超过了震荡中的下跌量，恢复性增长趋势最为显著；资本密集型产业、劳动密集型产业、第三产业、资源密集型产业、建筑业的增长量分别为 8 419 万吨、2 795 万吨、2 754 万吨、2 244 万吨、149 万吨，增长量未超过震荡中的下跌量，因而其震荡后的出口隐含碳排放 II（间接消耗）水平低于冲击前的截面水平。区别于其他产业的变化趋势，第一产业在外部冲击下，其出口隐含碳排放 II（间接消耗）未出现大幅下跌、大幅上升的 V 形震荡趋势。

综上可知，在整个样本期内，出口隐含碳排放 I 的产业构成以资本密集型产业、资源密集型产业、第三产业为主，出口隐含碳排放 II 的产业构成以技术密集型产业、资本密集型产业、劳动密集型产业为主，两者的产业构成始终存在着显著差异。至此，命题 3.2 完全得证。

第五节　中国出口隐含碳排放：基于碳强度的群组分布

一、出口隐含碳排放的群组核算公式释义说明

1. 出口隐含碳排放 I（直接消耗）的群组核算公式释义

由前面出口隐含碳排放 I（直接消耗）的年份部门矩阵可知，21 个部门的部门差异与时序变化情况较为复杂，需要通过列向量加总，即同类部门合并的方式来简化分析。根据直接消耗的碳强度部门排序（从高至低），7 个部门为一组，将 21 个部门归类为高、中、低三个差异性群组，分别是：将部门 2、8、9、11、12、17、20 确定为高碳组，将部门 1、3、4、6、7、16、21 确定为中间组，将部门 5、10、13、14、15、18、19 确定为低碳组。由 j 部门出口隐含碳排放 I（直接消耗）的计算公式可知，高碳组的出口隐含碳排放 I 的核算公式如下：

$$\sum_j K_{高}^{直接消耗} = \overline{\left(\frac{P}{X}\right)}_{高} \cdot \sum_j EX_j ,$$

$$\overline{\left(\frac{P}{X}\right)}_{高} = \omega_2 \cdot \left(\frac{P_2}{X_2}\right) + \omega_8 \cdot \left(\frac{P_8}{X_8}\right) + \cdots + \omega_{20} \cdot \left(\frac{P_{20}}{X_{20}}\right) ,$$

$$\omega_j = \frac{EX_j}{EX_2 + EX_8 + \cdots + EX_{20}} , j = 2, 8, \cdots, 20 。$$

此处，各公式符号的经济含义分别是：

$\sum_j K_{高}^{直接消耗}$ 是高碳组的出口隐含碳排放 I（直接消耗）；

$\overline{(\dfrac{P}{X})}_{高}$ 是高碳组的直接碳强度；

$\dfrac{P_j}{X_j}$ 是 j 部门的直接碳强度；

EX_j 是 j 部门的出口规模；

ω_j 是 j 部门的权重。

以此类推，中间组、低碳组的出口隐含碳排放 I 的计算公式分别如下：

$$\sum_j K_{中}^{直接消耗} = \overline{(\dfrac{P}{X})}_{中} \cdot \sum_j EX_j \,,$$

$$\overline{(\dfrac{P}{X})}_{中} = \omega_1 \cdot (\dfrac{P_1}{X_1}) + \omega_3 \cdot (\dfrac{P_3}{X_3}) + \cdots + \omega_{21} \cdot (\dfrac{P_{21}}{X_{21}}) \,,$$

$$\omega_j = \dfrac{EX_j}{EX_1 + EX_3 + \cdots + EX_{21}} \,, j = 1,\ 3,\ \cdots,\ 21;$$

$$\sum_j K_{低}^{直接消耗} = \overline{(\dfrac{P}{X})}_{低} \cdot \sum_j EX_j \,,$$

$$\overline{(\dfrac{P}{X})}_{低} = \omega_1 \cdot (\dfrac{P_5}{X_5}) + \omega_3 \cdot (\dfrac{P_{10}}{X_{10}}) + \cdots + \omega_{21} \cdot (\dfrac{P_{19}}{X_{19}}) \,,$$

$$\omega_j = \dfrac{EX_j}{EX_5 + EX_{10} + \cdots + EX_{19}} \,, j = 5,\ 10,\ \cdots,\ 19。$$

2. 出口隐含碳排放 II（间接消耗）的群组核算公式释义

同理，根据间接消耗的碳强度部门排序（从高至低），7 个部门为一组，可以将 21 部门归类为高、中、低三个差异性群组，具体说来：将部门 2、8、9、11、12、17、20 确定为高碳组，将部门 1、3、4、6、7、16、21 确定为中间组，将部门 5、10、13、14、15、18、19 确定为低碳组。由 j 部门出口隐含碳排放 II（间接消耗）计算公式可知，高碳组的出口隐含碳排放 II 核算公式如下：

$$\sum_j K_{高}^{间接消耗} = \overline{(\dfrac{P}{Y})}_{高}^{间接消耗} \cdot \sum_j EX_j \,,$$

$$\overline{(\dfrac{P}{Y})}_{高}^{间接消耗} = \omega_2 \cdot (\dfrac{P}{Y})_2^{间接消耗} + \omega_8 \cdot (\dfrac{P}{Y})_8^{间接消耗} + \cdots + \omega_{17} \cdot (\dfrac{P}{Y})_{17}^{间接消耗} \,,$$

$$\omega_j = \dfrac{EX_j}{EX_2 + EX_8 + \cdots + EX_{17}} \,, j = 2,\ 8,\ \cdots,\ 17;$$

此处，各公式符号的经济含义分别是：

$\sum_j K_{\text{高}}^{\text{间接消耗}}$ 是高碳组的出口隐含碳 II（间接消耗）；

$\overline{(\dfrac{P}{Y})}_{\text{高}}$ 是高碳组的间接碳强度；

$(\dfrac{P}{Y})_j^{\text{间接消耗}}$ 是 j 部门的间接碳强度；

EX_j 是 j 部门的出口规模；

ω_j 是 j 部门的权重。

以此类推，中间组、低碳组的出口隐含碳排放 II 的计算公式分别如下：

$$\sum_j K_{\text{中}}^{\text{间接消耗}} = \overline{(\dfrac{P}{Y})}_{\text{中}}^{\text{间接消耗}} \cdot \sum_j EX_j,$$

$$\overline{(\dfrac{P}{Y})}_{\text{中}}^{\text{间接消耗}} = \omega_4 \cdot (\dfrac{P}{Y})_4^{\text{间接消耗}} + \omega_6 \cdot (\dfrac{P}{Y})_6^{\text{间接消耗}} + \cdots + \omega_{18} \cdot (\dfrac{P}{Y})_{18}^{\text{间接消耗}},$$

$$\omega_j = \dfrac{EX_j}{EX_4 + EX_6 + \cdots + EX_{18}}, \ j = 4, \ 6, \ \cdots, \ 18;$$

$$\sum_j K_{\text{低}}^{\text{间接消耗}} = \overline{(\dfrac{P}{Y})}_{\text{低}}^{\text{间接消耗}} \cdot \sum_j EX_j,$$

$$\overline{(\dfrac{P}{Y})}_{\text{低}}^{\text{间接消耗}} = \omega_1 \cdot (\dfrac{P}{Y})_1^{\text{间接消耗}} + \omega_3 \cdot (\dfrac{P}{Y})_3^{\text{间接消耗}} + \cdots + \omega_{21} \cdot (\dfrac{P}{Y})_{21}^{\text{间接消耗}},$$

$$\omega_j = \dfrac{EX_j}{EX_1 + EX_3 + \cdots + EX_{21}}, \ j = 1, \ 3, \ \cdots, \ 21。$$

3. 两种出口隐含碳排放的群组归类说明

从前述内容可知，出口隐含碳排放 I（直接消耗）与出口隐含碳排放 II（间接消耗）群组归类所依据的标准明显不同，出口隐含碳排放 I（直接消耗）依据的是部门直接消耗所产生的碳排放，出口隐含碳排放 II（间接消耗）依据的是部门间接消耗所产生的碳排放，两者之间存在着以下恒等关系：单位产值碳强度（完全消耗）= 单位产值直接碳强度（直接消耗）+ 单位产值间接碳强度（间接消耗）。需要注意的是，出口隐含碳排放 II（间接消耗）与出口隐含碳排放 I（直接消耗）三大群组的部门构成存在着明显差异，如表 3-13 所示。

表 3-13 三大群组的部门构成统计

出口隐含碳排放	群组类型	部门构成·°
出口隐含碳排放 I （直接消耗）	高碳组	部门 17、8、2、11、9、20、12
	中间组	部门 7、21、16、3、1、4、6
	低碳组	部门 19、10、15、13、18、5、14
出口隐含碳排放 II （间接消耗）	高碳组	部门 17、11、12、9、2、8、10
	中间组	部门 18、7、20、13、6、14、4
	低碳组	部门 15、16、5、21、3、19、1

表 3-13 显示，两种出口隐含碳排放群组的部门构成存在着明显变化，以出口比重最大的部门 14 为例，其直接碳强度的部门排序为第 21 位，属于低碳组，但其间接碳强度的部门排序为第 12 位，属于中间组；同时，同一群组的部门序号也存在不同，以部门 8 为例，其直接碳强度的部门排序为高碳组第 2 位，但其间接碳强度的部门排序变更为高碳组的第 6 位。

二、出口隐含碳排放 I（直接消耗）的群组分布

1. 三大群组出口隐含碳排放 I（直接消耗）的演化趋势与阶段性特征

由群组核算公式计算获得的高、中、低碳组的出口隐含碳排放 I（直接消耗），见表 3-14 与图 3-15。首先，对出口隐含碳排放的时序变化情况进行分组与分阶段考察，明确出口隐含碳排放 I（直接消耗）的群组性差异与阶段性特征；其次，根据高碳组、中间组与低碳组的截面水平，明确出口隐含碳排放 I（直接消耗）的阶梯类型，并根据群组的差值及群组的比重之差，确定高、中、低三级阶梯的演变趋势是趋于收敛还是发散。

表 3-14 三大群组出口隐含碳排放 I（直接消耗）统计

年份	三组总量	总量/万吨			比重/%		
		高碳组	中间组	低碳组	高碳组	中间组	低碳组
1995	17 372	11 283	4 685	1 404	64.95	26.97	8.08
1996	16 008	11 207	3 655	1 146	70.01	22.83	7.16
1997	17 452	12 870	3 358	1 224	73.75	19.24	7.01
1998	15 118	10 946	3 075	1 097	72.40	20.34	7.26
1999	14 192	10 353	2 753	1 086	72.95	19.40	7.65

表3-14(续)

年份	三组总量	总量/万吨			比重/%		
		高碳组	中间组	低碳组	高碳组	中间组	低碳组
2000	16 438	12 540	2 842	1 056	76. 29	17. 29	6. 42
2001	16 395	12 588	2 760	1 047	76. 78	16. 83	6. 39
2002	19 014	14 851	3 013	1 150	78. 11	15. 85	6. 05
2003	23 568	18 727	3 406	1 435	79. 46	14. 45	6. 09
2004	28 808	22 214	4 628	1 966	77. 11	16. 06	6. 82
2005	29 782	22 971	4 709	2 102	77. 13	15. 81	7. 06
2006	29 883	23 256	4 568	2 059	77. 82	15. 29	6. 89
2007	29 694	23 209	4 397	2 088	78. 16	14. 81	7. 03
2008	33 137	26 454	4 437	2 246	79. 83	13. 39	6. 78
2009	24 090	18 516	3 601	1 973	76. 86	14. 95	8. 19
2010	29 310	23 096	4 042	2 172	78. 80	13. 79	7. 41
2011	31 508	25 538	3 837	2 133	81. 05	12. 18	6. 77
2012	31 513	25 541	3 838	2 134	81. 05	12. 18	6. 77
2013	31 908	25 797	3 954	2 157	80. 85	12. 39	6. 76
2014	32 188	25 939	4 070	2 179	80. 59	12. 64	6. 77

数据来源：作者根据《中国能源统计年鉴》与世界投入产出数据库（WIOD）有关数据计算获得。

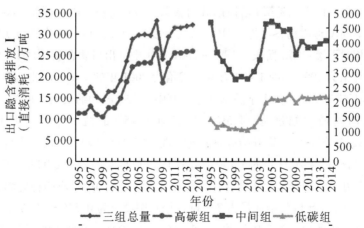

图 3-15　三大群组出口隐含碳排放 I（直接消耗）的时序趋势

表3-14 与图3-15 显示，高碳组、低碳组的出口隐含碳排放 I（直接消耗）与三组总量的变化趋势高度一致，都经历了"低位波动→快速攀升→V形震荡→高位稳定"的演变趋势；中间组出口隐含碳排放的时序变化，则可以概括为"大幅下降→大幅上升→小幅下降→小幅上升"的双 V 形演变轨迹。可见，三大群组变化动态的阶段性特征都较为显著。鉴于高碳组在三大群组中的主体性地位以及低碳组基本相似的变化趋势，这一部分将仍以 2001 年加入世界贸易组织、2008 年美国次贷危机为时间节点，将整个样本期划分为 1995—2001 年 I 阶段、2002—2008 年 II 阶段与 2010—2014 年 III 阶段；中间组则依据双 V 形演变轨迹，直接将其划分为 1995—2007 年与 2008—2014 年两个阶段。通过群组归类与阶段划分的方式，可以对三大群组在三个阶段中的出口隐含碳排放情况分别进行考察，这一处理方式为准确刻画出口隐含碳排放的群组性差异与阶段性特征，提供了极大便利。

从总体趋势来看，高碳组与三组总量的变化趋势几乎完全一致：第 I 阶段（1995—2001 年）呈波动增长状态，第 II 阶段（2002—2008 年）进入快速攀升的扩张过程之中，第 III 阶段（2010—2014 年）在经历 V 形震荡之后，由高速增长阶段转入高位稳定增长阶段。2008 年美国次贷危机形成的外部冲击，虽没有改变高碳组出口隐含碳排放时序递增的基本趋势，但使其截面水平发生了整体性位移，致使样本期末（2014 年）的出口隐含碳排放仍未超越冲击前的最高水平（2008 年），说明美国次贷危机对出口隐含碳排放 I（直接消耗）的时序特征没有产生显著影响，但对截面水平却形成了断点冲击。

相比较而言，低碳组出口隐含碳排放 I（直接消耗）与出口总量的变化趋势基本相似，但无论是第 I 阶段的波动状态、第 II 阶段的攀升过程、2008 年外部冲击下的 V 形震荡，还是第 III 阶段的恢复性增长，其变化趋势与变化幅度都显得相对平缓：第 I 阶段（1995—2001 年）中，出口隐含碳排放 I（直接消耗）的峰值为 1995 年的 1 404 万吨，谷值为 2001 年的 1 047 万吨，整个阶段以 1 224 万吨为中心、呈上下波动状态；其中，向上波动的最大幅为 14.7%，向下波动的最大幅度为 14.5%，两值均在 15% 的范围以内。第 II 阶段（2002—2008 年）中，攀升趋势具有连续性，攀升幅度较大，出口隐含碳排放 I（直接消耗）从 2002 年的 1 150 万吨攀升至 2008 年的 2 246 万吨，年均增量为 182.7 万吨，攀升幅度达到 95.3%。相比之下，第 III 阶段的稳定增长幅度显得十分小，4 年内的增加量为 7 万吨，增长幅度仅为 0.32%。在 V 形震荡过程中，低碳组的出口隐含碳排放 I（直接消耗）2008—2009 年的下跌量为 273 万吨，下降幅度为 13.8%，2009—2010 年的上升量为 199 万吨，上升幅度为

11.9%，震荡幅度较小，震荡过程相对平缓。相较于高碳组而言，低碳组出口隐含碳排放Ⅰ（直接消耗）在"低位波动→快速攀升→V形震荡→高位稳定"的整个样本期内，截面水平相对较低，时序趋势则表现出了明显的稳定性。

与高碳组、低碳组的阶段性变化趋势明显不同，中间组出口隐含碳排放Ⅰ（直接消耗）的变化趋势表现为"大幅下降→大幅上升→小幅下降→小幅上升"的双V形轨迹。其中，第一个V形期为1995—2007年，第二个V形期为2008—2014年，两期的谷值分别出现在1999年与2009年。可以通过考察峰值、谷值与幅值（即最高峰值与谷值之差的绝对值），对两个V形期的变化情况展开比较分析。

在第一个V形期（1995—2007年）中，1995年的左峰值为4 685万吨，2007年的右峰值为4 397万吨，谷值出现在1999年，为2 753万吨。在1995—1999年的下降过程中，中间组的出口隐含碳排放Ⅰ（直接消耗）的总下跌量为1 932万吨，年均下跌量为483万吨，下降幅度高达70.18%；在1999—2007年的上升过程中，中间组的出口隐含碳排放Ⅰ（直接消耗）的总增加量为1 644万吨，年均增量为205.5万吨，上升幅度为59.72%。

与之形成对比的是，在第二个V形期（2008—2014年），2008年的左峰值为4 437万吨，2014年的右峰值为4 070万吨，谷值出现在2009年，为3 601万吨，这一期间的幅值为836万吨，是前一期幅值（1 932万吨）的43.3%。同时，在2008—2009年的下降过程中，中间组的出口隐含碳排放Ⅰ（直接消耗）的下跌量为幅值836万吨，下降幅度为23.2%，是前一期下降幅度（70.18%）的33.06%；在2009—2014年的上升过程中，中间组的出口隐含碳排放Ⅰ（直接消耗）的增加量为469万吨，年均增加量为93.8万吨，上升幅度为13.02%，是前一期上升幅度（59.72%）的21.8%。由此说明，第二个V形期（2008—2014年）的时序变化较第二个V形期（1995—2007年）的变化趋势，更为平缓，中间组的出口隐含碳排放Ⅰ（直接消耗）在样本期内经历了一个从深V形震荡向浅V形震荡的转变过程。

由上述分析可知，在中国出口隐含碳排放Ⅰ（直接消耗）的群组构成中，高碳组占据绝对的主体性地位，对三组总量"低位波动→快速攀升→V形震荡→高位稳定"的演变轨迹起到了决定性作用；中间组次之，其变化动态表现出了不同于总量变化趋势的异质性，在样本期内经历了从深V形震荡向浅V形震荡的转变过程，但鉴于其群组占比，这一转变过程未对总量的变化趋势产生显著影响；中间组的占比最小，总体上表现出了与总量趋势线基本一致的时序特征，但其波动、上升、下降幅度显得更为平滑。

2. 三大群组出口隐含碳排放Ⅰ（直接消耗）的收敛状态判定

在上述变化趋势的基础之上，可以通过比较群组截面水平的方式，直接确定三大群组的阶梯类型。高、中、低三大群组之间差距收敛或发散的演变状态，则需要同时根据群组差值与群组比重之差加以确认：若群组差值与比重之差都扩大，则呈发散状态；若群组差值与比重之差都缩小，则呈绝对收敛状态；若群组差值扩大、比重之差却缩小，则呈相对收敛状态，如图3-16所示。

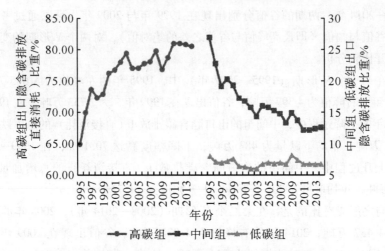

图3-16　出口隐含碳排放Ⅰ（直接消耗）的群组比重图

图3-16显示，从截面维度来看，高碳组的群组比重始终在64%以上，中间组的比重在30%以下，低碳组的比重在6%~8%波动，说明中国出口隐含碳排放Ⅰ（直接消耗）的群组结构呈"高、中、低"三级阶梯，且高碳组与中间组的阶梯落差明显大于中间组与低碳组的阶梯落差。

从变化趋势来看，高碳组呈持续递增的基本趋势，其比重从1995年的64.95%上升至2014年的80.59%；中间组呈持续下降的基本趋势，其比重从期初的26.97%下降至期末的12.64%；低碳组比重长期稳定在7%左右。在样本期内，高碳组与中间组的群组落差从1995年的6 598万吨扩大至2014年的21 869万吨，比重之差从期初的37.98%扩大至期末的67.95%，群组差值与比重之差呈持续扩大的基本趋势，由此说明高碳组与中间组呈发散趋势。同时，中间组与低碳组的群组差值从1995年的3 281万吨缩小至2014年的1 891万吨，群组比重之差从期初的18.89%缩小至2014年5.87%，群组差值与比重之差呈不断缩小的基本趋势，说明两组之间呈绝对收敛的基本趋势。相比较而言，高碳组与低碳组的群组差值从1995年的9 879万吨扩大至2014年的

23 760万吨，群组比重之差从期初的56.87%扩大至期末的73.82%，群组差值与比重之差呈持续扩大的基本趋势，说明高碳组与低碳组之间呈发散趋势。

三、出口隐含碳排放Ⅱ（间接消耗）的群组分布

1. 三大群组出口隐含碳排放Ⅱ（间接消耗）的演化趋势分析

由群组核算公式计算获得的高、中、低碳组的出口隐含碳排放Ⅱ（间接消耗）见表3-15。首先，考察高碳组、中间组与低碳组的截面水平，明确出口隐含碳排放Ⅱ（间接消耗）的阶梯类型，即究竟是"高、中、低"还是"中、高、低"类型，并与出口隐含碳排放Ⅰ（直接消耗）进行比较分析；其次，对出口隐含碳排放的时序变化情况进行分组与分阶段考察，明确出口隐含碳排放Ⅱ（间接消耗）的群组性差异与阶段性特征；最后，根据群组差值及群组比重之差的时序趋势，判定高、中、低三级阶梯的演变趋势是趋于收敛还是发散。

表3-15 三大群组出口隐含碳排放Ⅱ（间接消耗）统计

年份	总量/万吨				比重/%		
	三组总量	高碳组	中间组	低碳组	高碳组	中间组	低碳组
1995	58 309	17 428	30 869	10 012	29.89	52.94	17.17
1996	55 401	18 402	27 849	9 150	33.22	50.27	16.52
1997	60 859	21 375	28 028	11 456	35.12	46.05	18.82
1998	55 043	18 524	25 169	11 350	33.65	45.73	20.62
1999	53 930	17 282	25 443	11 205	32.05	47.18	20.78
2000	60 959	19 028	29 237	12 694	31.21	47.96	20.82
2001	60 854	18 437	29 527	12 890	30.30	48.52	21.18
2002	71 319	20 922	35 049	15 348	29.34	49.14	21.52
2003	96 337	28 534	49 420	18 383	29.62	51.30	19.08
2004	124 697	37 661	66 495	20 541	30.20	53.33	16.47
2005	150 697	42 176	85 022	23 499	27.99	56.42	15.59
2006	182 410	50 978	103 690	27 742	27.95	56.84	15.21
2007	195 657	54 174	112 959	28 524	27.69	57.73	14.58
2008	195 758	56 042	111 124	28 592	28.63	56.77	14.61
2009	166 218	42 256	98 775	25 187	25.42	59.42	15.15
2010	190 291	49 499	111 778	29 014	26.01	58.74	15.25
2011	200 165	55 377	113 989	30 799	27.67	56.95	15.39

表3-15(续)

年份	总量/万吨				比重/%		
	三组总量	高碳组	中间组	低碳组	高碳组	中间组	低碳组
2012	204 735	56 133	117 683	30 919	27.42	57.48	15.10
2013	208 990	56 836	118 068	34 086	27.20	56.49	16.31
2014	214 301	57 461	119 813	37 027	26.81	55.91	17.28

数据来源：作者根据《中国能源统计年鉴》与世界投入产出数据库（WIOD）有关数据计算获得。

由前述内容可知，高碳组、中间组、低碳组在样本期内的出口隐含碳排放Ⅰ（直接消耗）的总量分别是37.79亿吨、7.56亿吨、3.39亿吨，其群组比重分别为77.54%、15.52%、6.94%，这说明出口隐含碳排放Ⅰ（直接消耗）的群组构成中，高碳组最高，中间组次之，低碳组最低，属于"高、中、低"型阶梯。由表3-15可知，从截面水平来看，高碳组、中间组、低碳组在样本期内的出口隐含碳排放Ⅱ（间接消耗）的总量依次是73.85亿吨、143.99亿吨、42.84亿吨，其群组比重分别是28.33%、55.24%、16.43%，中间组最高，高碳组次之，低碳组最低，属于"中、高、低"型阶梯。从阶梯落差来看，出口隐含碳排放Ⅰ（直接消耗）的两级阶梯差值分别为30.23亿吨、4.17亿吨，出口隐含碳排放Ⅱ（间接消耗）的两级阶梯差值高达70.14亿吨、31.01亿吨。由此可见，出口隐含碳排放Ⅱ（间接消耗）的阶梯梯度更大，但出口隐含碳排放Ⅰ（直接消耗）的阶梯落差却更为显著。两种出口隐含碳排放的群组比重所构成的阶梯类型如图3-17所示。

从图3-17中可以直观地发现，出口隐含碳排放Ⅰ（直接消耗）的群组构成更趋集中，高碳组占据了绝对的主体性地位，与中间组之间的一级阶梯落差十分显著，群组比重之差高达62.02%；中间组与低碳组之间的二级阶梯落差相对平缓，群组比重之差仅为8.58%。相比较而言，出口隐含碳排放Ⅱ（间接消耗）的群组构成相对分散均匀，中间组的群组比重最大，与高碳组之间的一级阶梯落差为26.91%，而高碳组与低碳组之间的二级阶梯落差仅为11.9%。由此可知，命题2.3已初步得证。如图3-18所示，通过观察出口隐含碳排放Ⅱ（间接消耗）三大群组的时序趋势，可以对命题2.3做出进一步验证。

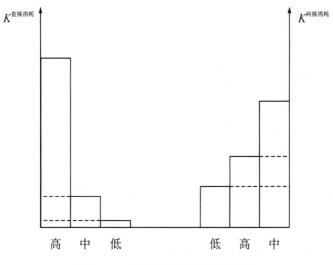

图 3-17　两种碳排放的群组阶梯图

2. 三大群组出口隐含碳排放 II（间接消耗）的阶段性特征分析

一般来说，出口隐含碳排放的群组比较主要集中在横向截面水平与纵向时序趋势两个方面。由前述内容可知，中间组、高碳组、低碳组的出口隐含碳排放 II（间接消耗）呈"中、高、低"三级阶梯，其截面水平存在着显著差异，中间组最高，高碳组次之，低碳组最低。事实上，中间组、高碳组、低碳组的出口隐含碳排放 II（间接消耗）的时序趋势与三组总量的变化趋势却具有明显的一致性，都可以适用于"低位变动→快速攀升→V 形震荡→高位变动"的阶段性分析框架。基于此，下面将继续以 2001 年加入世界贸易组织、2008 年美国次贷危机为时间节点，将整个样本期划分为 1995—2001 年 I 阶段、2002—2008 年 II 阶段与 2010—2014 年 III 阶段，通过结合使用群组归类与阶段划分的方式，对三大群组三个阶段的出口隐含碳排放 II（间接消耗）分别予以考察，并与出口隐含碳排放 I（直接消耗）的群组结构及阶段性特征做出比较，如图 3-18 所示。

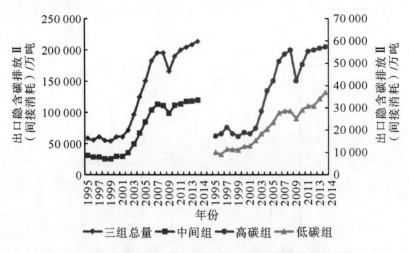

图 3-18　三大群组出口隐含碳排放 II（间接消耗）的时序趋势

从总体趋势来看，三组总量、中间组、高碳组与低碳组的变化趋势基本拟合，都呈"低位波动→快速攀升→V形震荡→高位攀升"的演化轨迹：第 I 阶段（1995—2001 年）在低位水平呈稳定状态，第 II 阶段（2002—2008 年）进入高速攀升的扩张过程，第 III 阶段（2010—2014 年），在经历 V 形震荡之后，在高位水平上继续保持其攀升的基本态势。通过与出口隐含碳排放 I（直接消耗）的比较可以发现，2008 年美国次贷危机对两种出口隐含碳排放的外部冲击仅有截面效应，没有时序效应，即只是对其截面水平出现了整体性下移，却没有中断或改变其时序递增的基本趋势。当然，明显不同的是，出口隐含碳排放 I（直接消耗）在 V 形震荡之后进入了高位稳定阶段，而出口隐含碳排放 II（间接消耗）在高位水平上的攀升态势仍较为显著；与此同时，出口隐含碳排放 I（直接消耗）的群组差异性特征十分突出，而出口隐含碳排放 II（间接消耗）群组之间却存在着明显的联动性趋势。鉴于此，下面将分阶段对三大群组的平稳波动趋势、大幅攀升趋势、V 形震荡趋势及高位攀升趋势展开比较分析。

在第 I 阶段（1995—2001 年）的低位波动过程中，中间组、高碳组与低碳组的阶段性均值分别是 28 017 万吨、18 639 万吨、11 251 万吨，峰值分别是 30 869 万吨、21 375 万吨、12 890 万吨，谷值分别是 25 169 万吨、17 282 万吨、9 150 万吨。第一阶段中，三组以阶段性均值为中心、呈上下波动状态，其中向上波动的最大幅度分别是 10.18%、14.68%、14.57%，向下波动的最大幅度分别是 10.17%、7.28%、18.67%，两种波动幅度均在 20% 以内。从整体上来看，在第 I 阶段中，三大群组的出口隐含碳排放 II（间接消耗）在截面上处于低位水平，在时序上表现出了持续稳定的阶段性特征。同时，通过群组的内部比较可以发现，中间组作为截面水平最高的群组，其变化动态同样最具稳健性；低碳组的出口隐含碳排放 II（间接消耗）的截面水平最低，其波动幅度也最大。由此说明，第 I 阶段中，群组的截面水平与时序稳定性呈同向变化的正相关关系。

在第 II 阶段（2002—2008 年）高速攀升的扩张过程中，中间组、高碳组与低碳组的出口隐含碳排放 II（间接消耗）分别从 2002 年的 35 049 万吨、20 922 万吨、15 348 万吨，攀升至 2008 年的 111 124 万吨、56 042 万吨、28 592 万吨，攀升幅度分别高达 217.05%、167.86%、86.29%，三组的阶段性增量分别为 76 075 万吨、35 120 万吨、13 244 万吨，年均增量分别为 12 679 万吨、5 853 万吨、2 207 万吨。第 II 阶段，通过群组的内部比较可以发现，中间组作为截面水平最高的群组，其阶段性增量与攀升幅度都最大；低碳组的出口隐含碳排放 II（间接消耗）的截面水平最低，其阶段性增量与攀升幅度最小。由此说明，第 II 阶段中，群组的截面水平与扩张幅度呈同向变化的正相关关系。

美国次贷危机所形成的 V 形震荡可以分为 2008—2009 年震荡下跌与 2009—2010 年恢复性增长两个过程：2008—2009 年，中间组、高碳组、低碳组的出口隐含碳排放 II（间接消耗）分别下跌了 12 349 万吨、13 786 万吨、3 405 万吨，下跌幅度分别为 11.11%、24.6%、11.91%；2009—2010 年，三组出口隐含碳排放 II（间接消耗）分别增长了 13 003 万吨、7 243 万吨、3 827 万吨，上升幅度分别为 13.16%、17.14%、15.19%。由此可见，V 形震荡中，震荡幅度最大的群组为高碳组，震荡幅度最小的群组为中间组。中间组作为截面水平最高的群组，其出口隐含碳排放 II（间接消耗）在外部冲击过程中显示出了明显的稳健性。

在第 III 阶段（2010—2014 年）的高位攀升过程中，中间组、高碳组、低碳组的出口隐含碳排放 II（间接消耗）分别从 2010 年的 111 778 万吨、49 499 万吨、29 014 万吨攀升至 2014 年的 119 813 万吨、57 461 万吨、37 027 万吨，上升幅度为 7.19%、16.09%、27.62%。第 III 阶段，三组的阶段性增量分别为 8 035 万吨、7 962 万吨、8 013 万吨，年均增量分别为 2 009 万吨、1 990 万吨、2 003 万吨，是第 II 阶段年均增量 12 679 万吨、5 853 万吨、2 207 万吨的 15.85%、34%、90.76%。由此说明，这一阶段攀升幅度的群组排序出现了根本性逆转，从原来的中间组、高碳组、低碳组转变为低碳组、高碳组、中间组。第 III 阶段中，截面水平最低的低碳组，其出口隐含碳排放 II（间接消耗）的攀升幅度最高；截面水平最高的中间组，其出口隐含碳排放 II（间接消耗）的攀升幅度最低，说明这一阶段群组的截面水平与攀升幅度由原来的正相关关系转变为反向变化的负相关关系。通过上述的三阶段分析，命题 2.3 进一步得证。

3. 三大群组出口隐含碳排放 II（间接消耗）的收敛状态判定

在前述部分，通过比较群组出口隐含碳排放 II（间接消耗）总量的方式，直接确定其群组构成呈"中、高、低"三级阶梯。在此基础之上，可以根据群组差值与群组比重之差的变化趋势，判定出群组阶梯差距是趋于收敛或发散的演变趋势。具体来讲，若两组差值趋势线与比重之差趋势线都出现递增趋势，则两组呈发散趋势；若两组差值趋势线与比重之差趋势线都呈递减趋势，则两组呈绝对收敛趋势；若群组差值、比重之差"一增一减"或"保持相对平稳"，则呈条件收敛趋势，如图 3-19 所示。

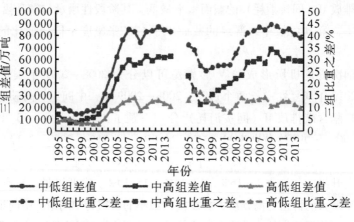

图 3-19　出口隐含碳排放 II（间接消耗）的群组差值与比重差值

从截面水平来看，中间组的群组比重在 45% 以上，高碳组的群组比重在 35% 以下，低碳组的群组比重在 15%~20% 波动，说明中间组在样本期内始终占据主体地位，中国出口隐含碳排放 II（间接消耗）的群组结构呈"中、高、低"三级阶梯，且三组之间的阶梯落差较为接近。在此基础上，群组出口隐含碳排放 II（间接消耗）差距收敛或发散的演化趋势，可以通过比较差值与比重之差的增减趋势，予以判定。

图 3-19 显示，中高组与中低组的演化趋势基本一致，说明其变化动态具有联动性。鉴于中间组与低碳组群组差距的截面水平最高，下面将以中低组为

例，来统一判定中间组与低碳组、高碳组的收敛情况。在第 I 阶段（1995—2001 年），两组差值从 1995 年的 20 857 万吨下降至 2001 年的 16 637 万吨，比重之差则从 1995 年的 35.77% 下降至 1998 年的 25.11%，而后进入平稳状态。在第 II 阶段（2002—2008 年），两组差值、比重之差同时出现大幅攀升的递增趋势，分别从 2002 年的 19 701 万吨、27.62% 攀升至 2008 年的 82 532 万吨、42.16%。此后，在第 III 阶段（2010—2014 年），两组差值稳定在 83 000 万吨左右，比重之差进入了小幅下滑的递减区间。由此说明，中低组、中高组群组差距的收敛状态，在样本期内都经历了"绝对收敛→发散→条件收敛"的阶段性转换过程。

与此同时，高碳组与低碳组群组差距的截面水平较低，其时序趋势也显得相对平滑，群组比重之差在 1996—2001 年出现了一定幅度的下降，随后长期稳定在 [10%，13%] 区间内，没有出现明显的攀升趋势。由此确定高低组的群组差距在样本期内从"绝对收敛"状态向"条件收敛"状态转变，但没有出现明显的发散趋势。

综上所述，样本期内，出口隐含碳排放 I 的群组比重呈"高碳组最高、中间组次之、低碳组最低"式阶梯，阶梯落差大，出口隐含碳排放 II 的群组比重呈"中间组最高、高碳组次之、低碳组最低"式阶梯，阶梯落差相对较小；两者的群组构成与动态演化的收敛趋势存在着显著差异。至此，命题 2.3 完全得证。

第六节　本章小结

从宏观上来说，源于部门消耗的出口隐含碳排放可以界定为基于直接消耗的出口隐含碳排放 I 与基于间接消耗的出口隐含碳排放 II。经过这一章节的分析可以发现，基于完全消耗的出口隐含碳排放具有"合成"性质，可以分解为源于直接消耗的出口隐含碳排放 I，与源于间接消耗的出口隐含碳排放 II。两种碳排放具有各自独立的性质与含义，并分别反映了碳排放的来源渠道。通过比较分析发现，从截面上来说，出口隐含碳排放 II 的截面水平显著高于出口隐含碳排放 I，构成出口隐含碳排放的主要来源；从时序趋势来说，出口隐含碳排放 I 与出口隐含碳排放 II 具有明显的阶段性特征与联动性趋势，其变化动态都适用于"低位变动→快速攀升→V 形震荡→高位变动"的演化轨迹，2001 年中国加入世界贸易组织与 2008 年美国次贷危机构成时间节点，将整个样本期区分为低位变动的 I 阶段（1995—2001 年）、快速攀升的 II 阶段（2002—2008 年）、高位稳定的 III 阶段（2010—2014 年）。

相比较而言，出口隐含碳排放 I 与出口隐含碳排放 II 之间存在多重的结构异质性，部门构成、产业构成与群组构成之间都存在明显差异：首先，根据世界投入产出数据库、《中国能源统计年鉴》统计口径而自动生成的部门结构来看，出口隐含碳排放 I 的部门分布为"双峰"型，部门 8、部门 12 所占比重分别为 19.96%、14.72%，出口隐含碳排放的部门分布呈"单峰"型，部门 14 的比重高达 30.36%；两种出口隐含碳排放的峰值部门交叉重叠程度偏低，存在明显的"错位"趋势。同时，从根据要素密集度归并而成的产业结构来看，出口隐含碳排放 I 的产业构成以资本密集型产业、资源密集型产业、第三产业为主，出口隐含碳排放 II 的产业构成以技术密集型产业、资本密集型产业、劳动密集型产业为主，产业比重显著不同。其次，从根据部门直接碳强度（或间接碳强度）归并而成的群组结构来看，出口隐含碳排放 I 的群组比重呈"高碳组最高、中间组次之、低碳组最低"式阶梯，阶梯落差大；出口隐含碳排放 II 的群组比重呈"中间组最高、高碳组次之、低碳组最低"式阶梯，阶梯落差相对较小；两者的群组构成存在显著差异。

基于总量、趋势、结构三个层面，本章对出口隐含碳排放 I 与出口隐含碳排放 II 的现状展开了比较分析，并提出命题 1 至命题 3。命题 1 至命题 3 及其子命题内容，构成这一章节的核心观点，命题提出的先后顺序及总命题与子命题之间的包含关系，表征了本章的结构框架及逻辑主线。对出口隐含碳排放总量水平、时序趋势与结构构成的具体考察，可作为上述命题验证的基本依据与佐证。

第四章　出口隐含碳排放形成机制：因子组合与二元边际

第一节　因子组合：出口隐含碳排放的横向传导机制

一、研究命题4的提出与因子组合原理释义

由前述内容可知，作为出口隐含碳排放的影响因子，碳强度与出口规模之间具有完全可替代性，两者之间可能因为"此消彼长"的结构性变化，而使出口隐含碳排放总量保持不变。从截面维度来看，部门出口隐含碳排放 I（或出口隐含碳排放 II）较大这一结果，既可能源于部门直接碳强度（或间接碳强度）较高，也可能源于部门出口规模较大，或者源于两者的联合作用。事实上，即使出口隐含碳排放完全相等的 2 个国家或部门，其背后的驱动因素也可能存在着本质差异。若以出口规模为横坐标，以直接碳强度（或间接碳强度）为纵坐标，则任一量的部门出口隐含碳排放均可以构成一条凸向坐标原点的无差异曲线，无差异曲线上任一点 (X, Y) 即代表了 $\dfrac{P}{X}$ 与 EX 的一种组合形式。

如图 4-1 所示，出口隐含碳排放量相等的 A（X_A，Y_A）、B（X_B，Y_B）、C（X_C，Y_C）三点位于同一条无差异曲线。其中，$X_A < X_B < X_C$，$Y_A > Y_B > Y_C$，$X_A \times Y_A = X_B \times Y_B = X_C \times Y_C$，即三点的横坐标依次增大，纵坐标依次减少，坐标乘积所表示的图形面积完全相等。三点坐标分别表示（出口规模较大，直接碳强度较低），（出口规模居中，直接碳强度居中），（出口规模较小，直接碳强度较高）三种基本情形。

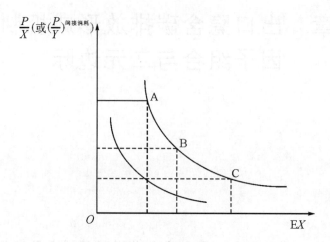

图 4-1　出口隐含碳无差异曲线图

由此可知，直接碳强度（或间接碳强度）与出口规模的组合方式，实质上构成了出口隐含碳排放及其内部部门差异的一个形成机制。从宏观层面来看，出口隐含碳排放水平的高低可以从影响因子组合方式的角度加以解释，即因子组合是偏向于（出口规模大，碳强度大），（出口规模小，碳强度低）的"叠加"组合，还是偏向于（出口规模大，碳强度低），（出口规模小，碳强度高）的"错位"组合。基于此，本书提出命题4。

命题4：从双因素组合来看，出口隐含碳排放Ⅰ（直接消耗）与出口隐含碳排放Ⅱ（间接消耗）影响因子的组合方式存在明显差异：出口隐含碳排放Ⅰ偏向于（出口规模大，直接碳强度低），（出口规模小，直接碳强度高）的"错位"组合；出口隐含碳排放Ⅱ偏向于（出口规模大，间接碳强度高），（出口规模小，间接碳强度低）的"叠加"组合。

命题4构成本章乃至全书的核心命题，需要从"峰值部门""区间分布""概率分布"三个层面分别加以验证与说明。

二、同向叠加 VS 反向错位：基于"峰值部门"的考察

1. 出口隐含碳排放Ⅰ（直接消耗）"峰值部门"的组合形态

由前述内容可知，出口隐含碳排放的年份部门矩阵数据较为复杂，需要对样本期所有年份与部门的数据进行加总或加权，以构造出年份总量层面的截面数据与部门总量层面的面板数据。但是，值得注意的是，由矩阵元素的经济含义可知，j部门历年的出口隐含碳排放量、出口值属于绝对指标，指标值可以直接加总，单位产出碳强度作为部门直接碳排放量与产出的比值，具有相对指标的性质，指标值需要根据历年单位产出碳强度做加权处理。

鉴于出口隐含碳排放 I（直接消耗）、直接碳强度与出口规模之间的乘积关系，样本期内 j 部门出口隐含碳排放 I（直接消耗）的总量可以通过乘积方式表示如下：

$$\sum_{t=1995}^{2014} K_{tj}^{\text{直接消耗}} = \overline{\left(\frac{P}{X}\right)}_j \cdot \sum_{t=1995}^{2014} EX_{tj},$$

$$\overline{\left(\frac{P}{X}\right)}_j = \xi_1 \cdot \left(\frac{P_{1995,j}}{X_{1995,j}}\right) + \xi_2 \cdot \left(\frac{P_{1996,j}}{X_{1996,j}}\right) + \cdots + \xi_{20} \cdot \left(\frac{P_{2014,j}}{X_{2014,j}}\right),$$

其中，权重组为 $[\xi_{1995}, \xi_{1996} \cdots \xi_{2014}]$，满足 $\sum_{t=1995}^{2014} \xi_t = 1$。

事实上，由年份部门矩阵的性质可知，j 部门出口隐含碳排放总量是历年出口隐含碳排放之和，还可以通过加总方式表示如下：

$$\sum_{t=1995}^{2014} K_{tj}^{\text{直接消耗}} = \sum_{t=1995}^{2014} \left(\frac{P_{tj}}{X_{tj}} \cdot EX_{tj}\right) = \sum_{t=1995}^{2014} \left(\frac{P_{tj}}{X_{tj}} \cdot \frac{EX_{tj}}{\sum_{t=1995}^{2014} EX_{tj}}\right) \cdot \sum_{t=1995}^{2014} EX_{tj},$$

$$\overline{\left(\frac{P}{X}\right)}_j = \left(\frac{P_{1995,j}}{X_{1995,j}}\right) \cdot \left(\frac{EX_{1995,j}}{\sum_{t=1995}^{2014} EX_{tj}}\right) + \left(\frac{P_{1996,j}}{X_{1996,j}}\right) \cdot \left(\frac{EX_{1996,j}}{\sum_{t=1995}^{2014} EX_{tj}}\right) + \cdots +$$

$$\left(\frac{P_{2014,j}}{X_{2014,j}}\right) \cdot \left(\frac{EX_{2014,j}}{\sum_{t=1995}^{2014} EX_{tj}}\right),$$

由此说明 $\xi_t = \dfrac{EX_{tj}}{\sum_{t=1995}^{2014} EX_{tj}}$，即确定权重为年份出口占出口总量的比重。

此处，各公式符号的经济含义分别是：

$\sum_{t=1995}^{2014} K_{tj}^{\text{直接消耗}}$ 是 1995—2014 年 j 部门的出口隐含碳排放 I（直接消耗）之和；

$\dfrac{P_{tj}}{X_{tj}}$ 是 t 年 j 部门的直接碳强度；

EX_{tj} 是 t 年 j 部门的出口规模；

$\sum_{t=1995}^{2014} EX_{tj}$ 是 1995—2014 年 j 部门的出口总量；

$\overline{\left(\dfrac{P}{X}\right)}_j$ 是 j 部门的年均直接碳强度；

ξ_t 是 t 年权重。

通过上述公式计算获得的 j 部门出口隐含碳排放总量 $\sum\limits_{t=1995}^{2014} K_{tj}^{\text{直接消耗}}$、年均直接碳强度 $\sum\limits_{j=1}^{21} EX_j$ 与出口总量 $\sum\limits_{t=1995}^{2014} EX_{tj}$ 见表 4-1。鉴于三次产业与 21 部门之间的包含关系，可以从三次产业与 21 部门两个层面，对表 4-1 中的数据加以分析：首先，对三次产业的出口隐含碳排放总量、年均直接碳强度、出口值总量进行整体性描述，明确其具体的产业分布形态，并为 21 部门分析提供一个参照基准。其次，分别对 $\sum\limits_{j=1}^{21} EX_j$、$\sum\limits_{t=1995}^{2014} EX_{tj}$ 与 $\sum\limits_{t=1995}^{2014} K_{tj}^{\text{直接消耗}}$ 的峰值部门进行重点考察，从而对"是高碳部门大量出口，还是低碳部门大量出口"这一核心问题做出初步回答。具体步骤如下：第一，考察直接碳强度的峰值部门，通过直接碳强度"高、低"的部门比较，区分产出环节的高碳部门与低碳部门；第二，考察出口值的峰值部门，通过出口总值"大、小"的部门比较，识别出口的主体核心部门及其贡献份额；第三，比较直接碳强度的峰值部门、出口值峰值与出口隐含碳排放 I（直接消耗）峰值部门的重叠情况，明确中国出口隐含碳排放 I（直接消耗）的部门分布究竟是偏向于（直接碳强度高，出口值大），（直接碳强度低，出口值小）的同向"叠加"组合，还是偏向于（直接碳强度高，出口值小），（直接碳强度低、出口值大）的反向"错位"组合，从而对中国出口隐含碳排放（直接消耗）的"碳偏向性"做出初步判定。

表 4-1 直接碳强度与出口规模的部门总量统计

部门	出口隐含碳排放 I 总量/万吨	直接碳强度/万吨·百万美元$^{-1}$	出口规模/百万美元	部门	出口隐含碳排放 I 总量/万吨	直接碳强度/万吨·百万美元$^{-1}$	出口规模/百万美元
1	2 705	0.014 0	193 454	12	71 918	0.057 4	1 252 630
2	27 597	0.186 0	148 378	13	5 801	0.004 8	1 219 715
3	7 394	0.014 9	496 036	14	11 913	0.001 8	6 573 907
4	28 337	0.011 7	2 424 730	15	3 848	0.004 9	779 843
5	1 462	0.002 8	523 450	16	13 304	0.019 9	668 907
6	924	0.007 7	119 506	17	17 433	0.861 3	20 241
7	4 046	0.042 0	96 261	18	236	0.003 0	77 867
8	97 516	0.690 8	141 171	19	7 303	0.006 8	1 066 629
9	70 269	0.071 2	987 014	20	60 405	0.063 9	944 625
10	4 493	0.007 0	638 638	21	18 919	0.023 1	819 284
11	32 756	0.127 3	257 360	总计	488 579	—	19 449 646

数据来源：作者根据《中国能源统计年鉴》与世界投入产出数据库（WIOD）有关数据计算获得。

从表4-1中可以发现，从总体上来看，第一、二、三产业的出口隐含碳排放 I（直接消耗）分别为0.27亿吨、39.92亿吨、8.66亿吨，第二产业的产业比重达81.7%，占据了绝对的主体地位，说明中国出口隐含碳排放是以第二产业作为主体产业，三次产业出口隐含碳排放的分布形态，呈"二、三、一"式三级阶梯，阶梯差值分别高达31.26吨、8.39吨。与此同时，第一、二、三产业的单位产出碳强度分别为0.014万吨/百万美元、0.024万吨/百万美元、0.031万吨/百万美元，三次产业的单位产出碳强度依次递增，构成"三、二、一"式阶梯形态，阶梯落差较为平滑，差值仅为0.007万吨/百万美元、0.01万吨/百万美元。相对应地，第一、二、三产业的出口值分别为0.19万亿美元、16.43万亿美元、2.83万亿美元，三次产业比重分别为0.98%、84.47%、14.55%，第二产业构成出口的主体性产业，表明出口值的产业分布与出口隐含碳排放的产业分布具有内在一致性，产业分布形态均呈现为"二、三、一"式阶梯，且阶梯落差十分明显，阶梯差值分别达到13.6万亿美元、2.64万亿美元。从影响因子组合方式来看，三次产业的单位产出碳强度呈"三、二、一"式阶梯，出口规模呈"二、三、一"式阶梯，因子组合方式存在明显的"错位"趋势；从影响强度来看，相比于"单位产出碳强度"而言，"出口规模"对出口隐含碳排放的影响更为显著，构成决定碳排放产业分布形态的主导性因素。

从部门单位产出碳强度来看，部门17（电力、燃气及水的生产和供应业）、部门8（石油加工、炼焦及核燃料加工业）的单位产出碳强度分别为0.861万吨/百万美元、0.691万吨/百万美元，显著高于其他部门，而部门2（采掘业）、部门11（非金属矿物制品业）、部门9（化学品及化学制品制造业）、部门20（交通运输、仓储和邮政业）、部门12（基本金属制造及金属制品制造业）的单位产出碳强度分别为0.186万吨/百万美元、0.127万吨/百万美元、0.071万吨/百万美元、0.064万吨/百万美元、0.057万吨/百万美元，这七大部门的单位产出碳强度位于前七，构成21部门中的高碳部门。相比于高碳部门，部门5（皮革、皮毛、羽毛、羽绒及其制造业）、部门14（电气机械、通信设备、仪器仪表及文化办公机械制造业）的单位产出碳强度仅为0.0028万吨/百万美元、0.0018万吨/百万美元，构成典型的低碳部门。

从部门出口规模来看，部门14（电气机械、通信设备、仪器仪表及文化办公机械制造业）出口值"独占鳌头"，达6.57万亿美元，单个部门的出口值比重高达40%，部门4（纺织、服装、鞋、帽制造业）出口值分别为2.42万亿美元，两部门出口的差值为4.15万亿美元。部门12（基本金属制造及金属制品制造业）、部门 13（通用、专用设备制造业）、部门 19（批发、零售业和住宿、餐饮业）、部门 9（化学品及化学制品制造业）、部门 20（交通运输、仓储和邮政业）的出口值分别为 2.42 万亿、1.25 万亿、1.22 万亿、1.07 万亿、0.99 万亿、0.94 万亿、0.82 万亿、0.78 万亿美元，七大部门的出口比重为 74.4%，构成出口的主导部门。

从部门出口隐含碳排放 I（直接消耗）来看，出口隐含碳排放的"峰值"部门依次是部门 8（石油加工、炼焦及核燃料加工业）、部门 12（基本金属制造及金属制品制造业）、部门 9（化学品及化学制品制造业）、部门 20（交通运输、仓储和邮政业）、部门 11（非金属矿物制品业）、部门 4（纺织、服装、鞋、帽制造业）、部门 2（采掘业）的出口隐含碳排放分别为 9.75 亿吨、7.19 亿吨、7.03 亿吨、6.04 亿吨、3.28 亿吨、2.83 亿吨、2.76 亿吨，七大部门出口隐含碳排放的比重高达 79.6%，占据了主体地位，构成出口隐含碳排放的主导部门。再从"峰值"部门的内部差距来看，七大部门的部门差值分别为 2.56 亿吨、0.16 亿吨、0.99 亿吨、2.76 亿吨、0.45 亿吨、0.07 亿吨，说明部门 8 与部门 12、部门 20 与部门 11 之间的部门差距较为明显。

通过比较可以发现，直接碳强度的高碳部门依次是部门 17、部门 8、部门 2、部门 11、部门 9、部门 20，出口值的主导部门分别是部门 14、部门 4、部门 12、部门 13、部门 19、部门 9、部门 20，两者位于前五位的"峰值"部门均不相同，仅有部门 9、部门 20 出现重叠，说明单位产出碳强度的高碳部门与出口的主导部门之间，呈现出明显的"错位"组合态势，中国出口隐含碳排放 I（直接消耗）主导部门，在整体上更偏向于（出口规模小，直接碳强度高），（出口规模大，直接碳强度低）的"错位"组合形态。

2. 出口隐含碳排放 II（间接消耗）"峰值部门"的组合形态分析

年均间接碳强度与单位产出年均直接碳强度的公式推导原理基本一致。鉴于出口隐含碳排放 II（间接消耗）、间接碳强度与出口规模之间的乘积关系，样本期内 j 部门出口隐含碳排放 II（间接消耗）总量可以通过乘积方式表示如下：

$$\sum_{t=1995}^{2014} K_{tj}^{间接消耗} = \overline{(\frac{P}{Y})}_j^{间接消耗} \cdot \sum_{t=1995}^{2014} EX_{tj},$$

$$\overline{(\frac{P}{Y})}_j^{间接消耗} = \psi_1 \cdot (\frac{P}{Y})_{1995,j}^{间接消耗} + \psi_2 \cdot (\frac{P}{Y})_{1996,j}^{间接消耗} + \cdots + \psi_{20} \cdot (\frac{P}{Y})_{2014,j}^{间接消耗},$$

其中，权重组为 $[\psi_{1995}, \psi_{1996}, \cdots, \psi_{2014}]$，满足 $\sum_{t=1995}^{2014} \psi_t = 1$。

事实上，由年份部门矩阵的性质可知，j 部门出口隐含碳排放总量是历年出口隐含碳排放之和，还可以通过加总方式表示如下：

$$\sum_{t=1995}^{2014} K_{tj}^{间接消耗} = \sum_{t=1995}^{2014} \left[\left(\frac{P}{Y}\right)_{tj}^{间接消耗} \cdot EX_{tj} \right] = \sum_{t=1995}^{2014} \left[\left(\frac{P}{Y}\right)_{tj}^{间接消耗} \cdot \frac{EX_{tj}}{\sum\limits_{t=1995}^{2014} EX_{tj}} \right] \cdot \sum_{t=1995}^{2014} EX_{tj},$$

即 $\overline{\left(\frac{P}{Y}\right)_{j}^{间接消耗}} = \left(\frac{P}{Y}\right)_{1995,j}^{间接消耗} \cdot \left(\frac{EX_{1995,j}}{\sum\limits_{t=1995}^{2014} EX_{tj}}\right) + \left(\frac{P}{Y}\right)_{1996,j}^{间接消耗} \cdot \left(\frac{EX_{1996,j}}{\sum\limits_{t=1995}^{2014} EX_{tj}}\right) + \cdots +$

$\left(\frac{P}{Y}\right)_{2014,j}^{间接消耗} \cdot \left(\frac{EX_{2014,j}}{\sum\limits_{t=1995}^{2014} EX_{tj}}\right),$

由此说明 $\psi_t = \dfrac{EX_{tj}}{\sum\limits_{t=1995}^{2014} EX_{tj}}$，即确定权重为年份出口占出口总量的比重。

此处，各公式符号的经济含义分别是：

$\sum\limits_{t=1995}^{2014} K_{tj}^{间接消耗}$ 是 1995—2014 年 j 部门的出口隐含碳排放 II（间接消耗）之和；

$\left(\dfrac{P}{Y}\right)_{tj}^{间接消耗}$ 是 t 年 j 部门的间接碳强度；

EX_{tj} 是 t 年 j 部门的出口规模；

$\sum\limits_{t=1995}^{2014} EX_{tj}$ 是 1995—2014 年 j 部门的出口总量；

$\overline{\left(\dfrac{P}{Y}\right)_{j}^{间接消耗}}$ 是 j 部门的年均间接碳强度；

ψ_t 是 t 年权重。

由上述公式计算得出的 j 部门出口隐含碳排放总量 $\sum\limits_{t=1995}^{2014} K_{tj}^{间接消耗}$、年均间接碳强度 $\overline{\left(\dfrac{P}{Y}\right)_{j}^{间接消耗}}$ 与出口总量 $\sum\limits_{t=1995}^{2014} EX_{tj}$ 见表 4-2。鉴于三次产业与 21 部门之间的包含关系，下面先对三次产业的出口隐含碳排放 II、间接碳强度进行整体性描述，明确出口隐含碳排放 II 的产业分布形态，同时为 21 部门分析提供一个参照基准；在此基础上，通过比较 $\overline{\left(\dfrac{P}{Y}\right)_{j}^{间接消耗}}$、$\sum\limits_{t=1995}^{2014} EX_{tj}$ 与 $\sum\limits_{t=1995}^{2014} K_{tj}^{直接消耗}$ 峰值部门的重叠情况，明确中国出口隐含碳排放 II（间接消耗）的部门分布究竟是偏向于（出口规模大，间接碳强度高）的同向"叠加"组合，还是偏向于（出口规模小，间接碳强度高），（出口规模大，间接碳强度低）的反向"错位"组合，从而对中国出口隐含碳排放 II（间接消耗）的"碳偏向性"做出初步判定，如表4-2所示。

表4-2　间接碳强度与出口规模的部门总量统计

部门	出口隐含碳排放 II 总量 /万吨	间接碳强度 /万吨·百万美元^-1	出口规模 /百万美元	部门	出口隐含碳排放 II 总量 /万吨	间接碳强度 /万吨·百万美元^-1	出口规模 /百万美元
1	13 868	0.071 7	193 454	12	281 129	0.224 4	1 252 630
2	29 056	0.195 8	148 378	13	174 659	0.143 2	1 219 715
3	42 711	0.086 1	496 036	14	791 366	0.120 2	6 573 907
4	290 981	0.120 0	2 424 730	15	90 973	0.116 7	779 843
5	51 638	0.098 7	523 450	16	72 288	0.108 1	668 907
6	15 563	0.130 2	119 506	17	7 208	0.356 2	20 241
7	15 078	0.156 6	96 261	18	14 069	0.180 6	77 867
8	26 614	0.188 5	141 171	19	85 759	0.080 4	1 066 629
9	214 947	0.217 8	987 014	20	138 271	0.146 4	944 625
10	119 264	0.186 7	638 638	21	71 181	0.086 9	819 284
11	60 307	0.234 3	257 360	总计	2 606 930	—	19 449 646

数据来源：作者根据《中国能源统计年鉴》与世界投入产出数据库（WIOD）有关数据计算获得。

从表4-2中可以发现，从总体上来看，第一、二、三产业的出口隐含碳排放 II（间接消耗）分别为1.39亿吨、229.79亿吨、29.52亿吨，出口隐含碳排放 II 的三次产业比重为0.53%、88.42%、11.05%，第二产业的产业占据了绝对主体地位，说明出口隐含碳排放 II 以第二产业为主体产业，产业分布形态呈"二、三、一"式三级阶梯，阶梯落差十分明显，差值分别高达200.27亿吨、28.13亿吨。从单个影响因子来看，样本期内，三次产业单位产值间接碳强度均值分别为0.072万吨/百万美元、0.139万吨/百万美元、0.104万吨/百万美元，阶梯落差较为平滑；三次产业的出口规模分别为0.19万亿美元、16.43万亿美元、2.83万亿美元，差值仅为0.035万吨/百万美元、0.032万吨/百万美元。由此可见，两个影响因子在样本期内均呈"二、三、一"式阶梯形态，因子组合方式存在显著的同向叠加趋势。同时，从影响强度来看，由于"单位产值间接碳强度"部门差异较小，而"出口规模"的部门差异较为显著，因此构成了决定碳排放产业分布形态的主导性因素。

从部门单位产值间接碳强度来看，部门 17（电力、燃气及水的生产和供应业）、部门 11（非金属矿物制品业）的单位产值间接碳强度分别为 0.356 万吨/百万美元、0.234 万吨/百万美元，显著高于其他部门，而部门 12（基本金属制造业）、部门 9（化学品及化学制品制造业）、部门 2（采掘业）、部门 8（石油加工、炼焦及核燃料加工业）、部门 10（橡胶和塑料制品制造业）的单位产值间接碳强度分别为 0.224 万吨/百万美元、0.218 万吨/百万美元、0.196万吨/百万美元、0.189 万吨/百万美元、0.181 万吨/百万美元，其单位产值间接碳强度位于前七，构成 21 部门中的高碳部门。相比于高碳部门，部门 19（批发、零售业和住宿、餐饮业）、部门 1（农、林、牧、渔业）的单位产值间接碳强度仅为 0.08 万吨/百万美元、0.07 万吨/百万美元，构成典型的低碳部门。

从部门出口隐含碳排放 II（间接消耗）来看，出口隐含碳排放的"峰值"部门依次是部门 14、部门 4、部门 12、部门 9、部门 13、部门 20、部门 10，其出口隐含碳排放分别为 79.14 亿吨、29.09 亿吨、28.11 亿吨、21.49 亿吨、17.47 亿吨、13.83 亿吨、11.93 亿吨，七大部门出口隐含碳排放的比重高达77.1%，占据了主体地位，构成出口隐含碳排放的主导部门。再从"峰值"部门的内部差距来看，七大部门的部门差值分别为 50.04 亿吨、0.99 亿吨、6.62亿吨、4.03 亿吨、3.64 亿吨、1.9 亿吨，说明部门 14 与部门 4、部门 12 与部门 9 之间的部门差距较为明显。

通过比较可以发现，间接碳强度的高碳部门依次是部门 17、部门 11、部门 12、部门 9、部门 2、部门 8、部门 10，出口值的主导部门分别是部门 14、部门 4、部门 12、部门 13、部门 19、部门 9、部门 20。其中，居于前位的部门 12 与部门 9 出现重叠，说明单位产值间接碳强度的高碳部门与出口的主导部门之间，呈现出明显的"叠加"组合态势，相比于出口隐含碳排放 I（直接消耗）而言，出口隐含碳排放 II（间接消耗）在整体上更偏向于（出口规模大，间接碳强度高）的"叠加"组合形态。至此，命题 4 已初步得证。

二、单因素主导 VS 双因素联合：基于"区间分布"的考察

1. 出口隐含碳排放 I（直接消耗）的部门差异：基于"部门比重"的考察

前述部分对出口隐含碳排放、碳强度、出口值"峰值"部门的分布情况进行了纵向报告，初步识别了单位产出碳强度与出口值之间存在着的"错位"

组合情形。但是，发生"错位"的部门数量以及"错位"程度，还有待进一步分析。为了增强直接碳强度与出口值之间的横向可比性，下面从"部门构成"的角度，对直接碳强度与出口规模的区间分布情况进行考察，根据单因素（直接碳强度或出口规模）的主导性作用或双因素的联合性作用，对 21 部门出口隐含碳排放情况做出具体的类型划分。为了便于观测并比较 21 部门影响因子的组合情况，可将上述 j 部门的出口隐含碳排放 I（直接消耗）计算公式变换为

$$K_j^{\text{直接消耗}} = \frac{P_j}{X_j} \cdot EX_j = \sum_{j=1}^{21}(\frac{P_j}{X_j}) \cdot \rho_j \cdot \sum_{j=1}^{21} EX_j \cdot r_j = \sum_{j=1}^{21}(\frac{P_j}{X_j}) \cdot \sum_{j=1}^{21} EX_j \cdot \rho_j \cdot r_j,$$

即 $K_j^{\text{直接消耗}} = \sum_{j=1}^{21} K_j^{\text{直接消耗}} \cdot k_j^{\text{直接消耗}} = \sum_{j=1}^{21}(\frac{P_j}{X_j}) \cdot \sum_{j=1}^{21} EX_j \cdot \rho_j \cdot r_j,$

其中，$k_j^{\text{直接消耗}} = \dfrac{K_j^{\text{直接消耗}}}{\sum\limits_{j=1}^{21} K_j^{\text{直接消耗}}}$, $\rho_j = \dfrac{\dfrac{P_j}{X_j}}{\sum\limits_{j=1}^{21}(\dfrac{P_j}{X_j})}$, $r_j = \dfrac{EX_j}{\sum\limits_{j=1}^{21} EX_j}$。

此处，各公式符号的经济含义如下：

$K_j^{\text{直接消耗}}$ 是 j 部门的出口隐含碳排放 I（直接消耗）；

$\dfrac{P_j}{X_j}$ 是 j 部门的直接碳强度；

EX_j 是 j 部门的出口规模；

$\sum\limits_{j=1}^{21} K_j^{\text{直接消耗}}$ 是 21 部门出口隐含碳排放 I（直接消耗）之和；

$\sum\limits_{j=1}^{21}(\dfrac{P_j}{X_j})$ 是 21 部门直接碳强度之和；

$\sum\limits_{j=1}^{21} EX_j$ 是 21 部门出口规模之和；

$k_j^{\text{直接消耗}}$ 是出口隐含碳排放 I（直接消耗）的 j 部门比重；

ρ_j 是直接碳强度的 j 部门比重；

r_j 是出口规模的 j 部门比重。

由于 $\sum\limits_{j=1}^{21} K_j^{\text{直接消耗}}$、$\sum\limits_{j=1}^{21}(\dfrac{P_j}{X_j})$、$\sum\limits_{j=1}^{21} EX_j$ 是各部门的公共项，可视其为截面维度上的常量，因而上述公式可以分解为

$$\sum_{j=1}^{21} K_j^{\text{直接消耗}} = \sum_{j=1}^{21}(\frac{P_j}{X_j}) \cdot \sum_{j=1}^{21} EX_j \cdot \frac{1}{\lambda},$$

$$k_j^{直接消耗} = \rho_j \cdot r_j \cdot \lambda,$$

上述公式表明，直接碳强度 $\sum_{j=1}^{21}(\dfrac{P_j}{X_j})$ 与出口值 $\sum_{j=1}^{21} \mathrm{EX}_j$ 的"部门比重"——ρ_j 与 r_j 的组合方式，实际上构成了出口隐含碳排放量部门差异的一个形成机制。λ 作为组合方式的常数系数，$\lambda \in ((\dfrac{1}{\rho_j})_{\min}, (\dfrac{1}{\rho_j})_{\max})$，从理论上来说，若出口值越趋向于全部集中于直接碳强度最高的部门，则 λ 越趋向于 $(\dfrac{1}{\rho_j})_{\min}$；若出口值越趋向于全部集中于直接碳强度最低的部门，则 λ 越趋于 $(\dfrac{1}{\rho_j})_{\max}$，鉴于 λ 数值与组合"错位"程度之间的单调对应关系，可将其作为衡量出口隐含碳排放"碳偏向性"的一个反向判定系数。

根据表 4-3，可以直接绘制图 4-2。图 4-2 左边部分是直接碳强度与出口规模的 21 部门比重，从中可以直接观察两种"峰值"部门"重叠"或"错位"的组合情况；图 4-2 右边部分是出口隐含碳排放（直接消耗）的 21 部门比重，可以视为是组合方式作用效果的一种直观量化。左右部分的对照分析，还可以追溯到出口隐含碳排放的关键性影响因素并量化其作用强度，明确"峰值"部门究竟源于单因素（单位产出碳强度高或出口值大）的主导性作用，还是源于双因素的"联合"作用。

表 4-3　出口隐含碳排放 I 的因子部门比重统计　（$\lambda = 80.48$）

部门	$k_j^{直接消耗}$ /%	ρ_j /%	r_j /%	部门	$k_j^{直接消耗}$ /%	ρ_j /%	r_j /%
1	0.54	0.67	0.99	12	14.42	2.78	6.44
2	4.16	6.77	0.76	13	1.46	0.29	6.27
3	1.42	0.69	2.55	14	2.61	0.10	33.80
4	5.60	0.56	12.47	15	0.94	0.29	4.01
5	0.29	0.13	2.69	16	3.07	1.11	3.44
6	0.16	0.35	0.61	17	2.90	34.57	0.10
7	0.77	1.93	0.49	18	0.05	0.16	0.40
8	19.99	34.22	0.73	19	1.50	0.34	5.48
9	15.62	3.82	5.07	20	12.72	3.26	4.86
10	0.93	0.32	3.28	21	3.99	1.18	4.21
11	6.88	6.46	1.32	总计	100	100	100

数据来源：作者根据《中国能源统计年鉴》与世界投入产出数据库（WIOD）有关数据计算获得。

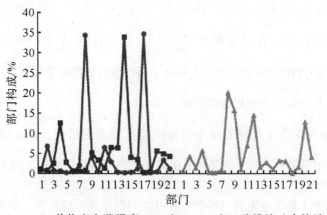

図4-2 出口隐含碳排放Ⅰ的因子比重图

通过对图4-2的直观观察可以发现，直接碳强度、出口值与出口隐含碳排放Ⅰ（直接消耗）都具有明显的"峰值"部门，分别构成了双峰型、单峰型与驼峰型的基本形状。为了准确描述"峰值"部门与其他部门的分布情况，可以分区间依次进行讨论：首先，可将总区间定义为［0，40%］，分别以20%、10%、5%、1%为节点，将总区间细分为最高"峰值"区间［20%，40%］、次高"峰值"区间［10%，20%）、中间区间［5%，10%）、中下区间［1%，5%）、底层区间［0，1%）五个子区间，并计算落入区间的部门数量；其次，对出口隐含碳排放的子区间实施单位化处理，即将落入子区间的部门数量除以子区间长度，获得各子区间的部门分布密度，从而识别"直接碳强度"与"出口规模"的作用强度，并量化组合方式的影响效果。

从图4-2左边部分可以直观地看到，单位产出碳强度存在着2个最高"峰值"部门17、部门8，峰值所代表的部门比重高达34.57%、34.22%，但是次高"峰值"区间出现了"断层"，21部门中没有任何部门落入这一区间；部门2与部门11的比重分别为6.77%、6.46%，与最高"峰值"部门的部门比重落差高达28%。另有6部门分布在区间［1%，5%），还有11部门集中分布在区间［0，1%）。相应地，出口值最高"峰值"部门为部门14，部门比重高达33.8%，次高"峰值"部门为部门4，部门比重为12.47%；最高"峰值"部门与次高"峰值"部门的落差为11.4%。同时，部门12、部门13、部门19、部门9的部门比重分别是6.44%、6.27%、5.48%、5.07%，分布在区间［5%，10%），另还有8个部门分布在区间［1%，5%），7个部门分布在区间［0，1%）。相比较而言，出口隐含碳排放的"峰值"部门相对平滑，没有部

中国出口隐含碳排放影响因素——基于反事实法的分析

门落入最高"峰值"区间，部门8、部门9、部门12、部门20，部门比重分别是19.99%、15.62%、14.42%、12.72%，集中分布在次高"峰值"区间 [10%，20%）内。与此同时，部门4、部门11部门比重分别为5.6%、6.88%，分布在区间 [5%，10%）。另有8个部门分布在区间 [1%，5%），7个部门分布在区间 [0，1%）。

综上所述，出口隐含碳排放、直接碳强度与出口值在5个子区间的部门分布数量情况以及出口隐含碳排放的区间部门分布密度见表4-4。

表4-4　出口隐含碳排放I的部门区间分布统计表

单位：个（部门数量）

位置	区间	出口隐含碳排放I（直接消耗）	直接碳强度	出口规模	部门分布密度	
顶部	[20%，40%]	0	2(部门17、8)	1(部门14)	0	13.33
	[10%，20%）	4(部门8、9、12、20)	0	1(部门4)	40	
中部	[5%，10%）	2	2	4	40	40
底部	[1%，5%）	8	6	8	200	300
	[0，1%）	7	11	7	700	

从表4-4中可以发现，出口隐含碳排放I五个子区间的部门分布密度分别为0、40、40、200、700，依次单调递增，而顶部、中部、底部区间的部门分布密度分别为13.33、40、300，呈"顶部尖、中间小、底部大"金字塔式形态；同时，出口隐含碳排放I(直接消耗)不存在最高"峰值"部门，说明单位产出碳强度与出口值的组合方式在宏观层面上偏向于(出口规模小，单位产出碳强度高)、(出口规模大，单位产出碳强度低)的"错位"式组合，出口隐含碳排放I(直接消耗)在宏观上具有"低碳偏向性"特征。

从"峰值"部门的区间分布来看，单位产出碳强度有2个最高"峰值"部门——部门17、部门8，出口值出现了1个最高"峰值"部门——部门14，但是两者的"峰值"部门明显"错位"，直接导致了出口隐含碳排放最高"峰值"区间的部门空缺，说明21部门中(出口值大，直接碳强度高，出口隐含碳排放量大)的组合状态缺失；再从次高"峰值"区间来看，单位产出碳强度出现了部门断层，出口值仅有1个次高"峰值"部门4，但出口隐含碳排放I(直接消耗)却出现了4个次高"峰值"部门，说明直接碳强度与出口值的组合方式在顶部区间同时产生了"下移"与"上拉"的双重性影响。

组合方式的归类存在多重标准。首先，从自变量"直接碳强度"与"出口规模"的角度来看,依据影响因子的部门比重,可以将组合方式区分为单因素主导型与双因素联合作用型两种基本情况,并扩展为"单量"主导型、"规模"主导型、联合作用型三种类型。其次,从因变量"出口隐含碳排放 I(直接消耗)"的角度来看,依据出口隐含碳排放 I(直接消耗)的部门比重,可将 21 部门划分为推高型与拉低型两种类型。基于此,通过两种归类标准的结合使用,可将组合方式细分为六种基本类型,如下所示:

$k_j^{\overline{直接消耗}} > \overline{k^{直接消耗}}$, $\rho_j > \bar{\rho}$, $r_j < \bar{r}$,为"单量"推高型;

$k_j^{\overline{直接消耗}} > \overline{k^{直接消耗}}$, $\rho_j < \bar{\rho}$, $r_j > \bar{r}$,为"规模"推高型;

$k_j^{\overline{直接消耗}} > \overline{k^{直接消耗}}$, $\rho_j \geqq \bar{\rho}$, $r_j \geqq \bar{r}$,为"叠加"推高型;

$k_j^{\overline{直接消耗}} \leqq \overline{k^{直接消耗}}$, $\rho_j < \bar{\rho}$, $r_j > \bar{r}$,为"单量"拉低型;

$k_j^{\overline{直接消耗}} \leqq \overline{k^{直接消耗}}$, $\rho_j > \bar{\rho}$, $r_j < \bar{r}$,为"规模"拉低型;

$k_j^{\overline{直接消耗}} \leqq \overline{k^{直接消耗}}$, $\rho_j \leqq \bar{\rho}$, $r_j \leqq \bar{r}$,为"联合"拉低型。

此处,各公式符号的经济含义如下:

$\overline{k^{直接消耗}}$ 是出口隐含碳排放 I(直接消耗)的部门平均比重;

$\bar{\rho}$ 是直接碳强度的部门平均比重;

$\bar{r}$ 是出口规模的部门平均比重。

其中,$\overline{k^{直接消耗}} = \bar{\rho} = \bar{r} = \dfrac{100}{21} = 4.76$。根据上述标准,21 部门的组合方式可以归类为如表 4-5 所示的情况。

表 4-5　出口隐含碳排放 I 组合方式归类统计

组合类型	推高型			拉低型		
	"单量"推高型	"规模"推高型	叠加推高型	"单量"拉低型	"规模"拉低型	"联合"拉低型
部门	4、8、11	9、12、20	无	13、14、19	2、17	1、3、5、6、7、10、15、16、18、21

表 4-5 显示,从影响因子组合效果来看,出口隐含碳排放 I 叠加推高型组合方式空缺,出口隐含碳排放 I 的四大次高峰值部门 8 属于"单量"推高型,部门 9、12、20 属于"规模"推高型,属于典型的单因素主导型,说明出口隐含碳排放 I 的因子组合方式缺乏联动性与组合效应,"错位"趋势较为明显,由此形成了出口隐含碳排放 I(直接消耗)的"低碳偏向性"特征。

2. 出口隐含碳排放 II(间接消耗)的部门差异:基于"部门比重"的考察

前述部分对出口隐含碳排放 II(间接消耗)、间接碳强度、出口规模"峰值"部门的分布情况进行了纵向报告,初步识别了间接碳强度与出口规模之间存在着的"叠加"组合情形。但是,发生"叠加"联合作用的部门数量以及"叠加"程度,还有待进一步分析。为了增强间接碳强度与出口规模之间的横向可比性,下面从"部门构成"的角度对间接碳强度与出口规模的区间分布情况进行考察,根据单因素(间接碳强度或出口规模)的主导性作用与双因素的联合性作用,对 21 部门出口隐含碳排放情况作出具体的类型划分。为了便于观测并比较 21 部门影响因子的组合情况,可将上述 j 部门出口隐含碳排放 II(间接消耗)的计算公式变换为

$$K_j^{间接消耗} = \begin{bmatrix} \dfrac{P_1}{X_1} \cdots \dfrac{P_j}{X_j} \cdots \dfrac{P_{21}}{X_{21}} \end{bmatrix} \cdot \begin{bmatrix} b_{1j} \\ \vdots \\ b_{jj}-1 \\ \vdots \\ b_{21,j} \end{bmatrix} \cdot EX_j = \left(\dfrac{P}{Y}\right)_j^{间接消耗} \cdot EX_j = \sum_{j=1}^{21}$$

$$\left(\dfrac{P}{Y}\right)_j^{间接消耗} \cdot \varphi_j \cdot \sum_{j=1}^{21} EX_j \cdot r_j = \sum_{j=1}^{21} \left(\dfrac{P}{Y}\right)_j^{间接消耗} \cdot \sum_{j=1}^{21} EX_j \cdot \varphi_j \cdot r_j ,$$

即 $K_j^{间接消耗} = \sum_{j=1}^{21} K_j^{间接消耗} \cdot k_j^{间接消耗} = \sum_{j=1}^{21} \left(\dfrac{P}{Y}\right)_j^{间接消耗} \cdot \sum_{j=1}^{21} EX_j \cdot \varphi_j \cdot r_j ,$

其中, $k_j^{间接消耗} = \dfrac{K_j^{间接消耗}}{\sum\limits_{j=1}^{21} K_j^{间接消耗}}$, $\varphi_j = \dfrac{\left(\dfrac{P}{Y}\right)_j^{间接消耗}}{\sum\limits_{j=1}^{21} \left(\dfrac{P}{Y}\right)_j^{间接消耗}}$, $r_j = \dfrac{EX_j}{\sum\limits_{j=1}^{21} EX_j}$ 。

此处,各公式符号的经济含义分别如下:

$K_j^{间接消耗}$ 是 j 部门的出口隐含碳排放 II(间接消耗);

$\left(\dfrac{P}{Y}\right)_j^{间接消耗}$ 是 j 部门的间接碳强度;

EX_j 是 j 部门的出口规模;

$\sum\limits_{j=1}^{21} K_j^{间接消耗}$ 是 21 部门出口隐含碳排放 II(间接消耗)之和;

$= \sum\limits_{j=1}^{21} \left(\dfrac{P}{Y}\right)_j^{间接消耗}$ 是 21 部门间接碳强度之和;

$\sum\limits_{j=1}^{21} EX_j$ 是 21 部门出口规模之和;

$k_j^{间接消耗}$ 是出口隐含碳排放 II(间接消耗)的 j 部门比重;

φ_j 是间接碳强度的 j 部门比重;

r_j 是出口规模的 j 部门比重。

由于 $\sum_{j=1}^{21} K_j^{间接消耗}$、$\sum_{j=1}^{21} (\frac{P}{Y})_j^{间接消耗}$、$\sum_{j=1}^{21} EX_j$ 是各部门的公共项,可视其为截面维度上的常量,因而上述公式可以分解为

$$\sum_{j=1}^{21} K_j^{间接消耗} = \sum_{j=1}^{21} (\frac{P}{Y})_j^{间接消耗} \cdot \sum_{j=1}^{21} EX_j \cdot \frac{1}{\vartheta},$$

$$k_j^{间接消耗} = \varphi_j \cdot r_j \cdot \vartheta,$$

上述公式表明,直接碳强度 $\sum_{j=1}^{21} (\frac{P}{Y})_j^{间接消耗}$ 与出口规模 $\sum_{j=1}^{21} EX_j$ 的"部门比重"——φ_j 与 r_j 的组合方式,实际上构成了出口隐含碳排放量部门差异的一个形成机制。ϑ 作为组合方式的常数系数,$\vartheta \in ((\frac{1}{\varphi_j})_{min}, (\frac{1}{\varphi_j})_{max})$,从理论上来说,若出口值越趋向于全部集中于间接碳强度最高的部门,则 ϑ 越趋于 $(\frac{1}{\varphi_j})_{min}$;若出口值越趋向于全部集中于间接碳强度最低的部门,则 ϑ 越趋于 $(\frac{1}{\varphi_j})_{max}$。鉴于 ϑ 数值与组合"错位"程度之间的单调对应关系,可将其作为衡量出口隐含碳排放"碳偏向性"的一个反向判定系数。同时,ϑ 与 λ 作为出口隐含碳排放 I 与出口隐含碳排放 II 的反向判定系数,指标值具有显著的可比性,可以作为两种隐含碳"碳偏向性"的初步判定依据。

根据表 4-6,可以直接绘制图 4-3。图 4-3 左边部分是间接碳强度与出口规模的 21 部门比重,从中可以直接观察两种"峰值"部门"重叠"或"错位"的组合情况;图 4-3 右边部分是出口隐含碳排放 II(间接消耗)的 21 部门比重,可以视为组合方式作用效果的一种直观量化。左右部分的对照分析,还可以追溯到出口隐含碳排放的关键性影响因素并量化其作用强度,明确"峰值"部门究竟是源于单因素(间接碳强度高或出口值大)的主导性作用,还是源于两因素的"联合"作用。

表 4-6　出口隐含碳排放 II 的因子部门比重统计　($\vartheta = 24.24$)

部门	$k_j^{间接消耗}$ /%	φ_j /%	r_j /%	部门	$k_j^{间接消耗}$ /%	φ_j /%	r_j /%
1	0.53	2.21	0.99	12	10.78	6.91	6.44

表4-6(续)

部门	$k_j^{间接消耗}$ /%	φ_j /%	r_j /%	部门	$k_j^{间接消耗}$ /%	φ_j /%	r_j /%
2	1.11	6.03	0.76	13	6.70	4.41	6.27
3	1.64	2.65	2.55	14	30.36	3.70	33.80
4	11.16	3.69	12.47	15	3.49	3.59	4.01
5	1.98	3.04	2.69	16	2.77	3.33	3.44
6	0.60	4.01	0.61	17	0.28	10.96	0.10
7	0.58	4.82	0.49	18	0.54	5.56	0.40
8	1.02	5.80	0.73	19	3.29	2.47	5.48
9	8.25	6.70	5.07	20	5.30	4.51	4.86
10	4.57	5.75	3.28	21	2.73	2.67	4.21
11	2.31	7.21	1.32	总共	100	100	100

数据来源:作者根据《中国能源统计年鉴》与世界投入产出数据库(WIOD)有关数据计算获得。

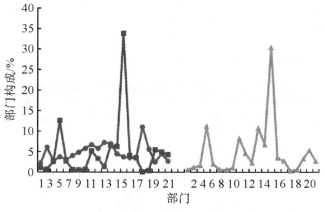

图4-3 出口隐含碳排放 II 的因子比重

从图4-3可以发现,出口规模与出口隐含碳排放 II(间接消耗)存在明显的"峰值"部门,间接碳强度的部门分布显得相对均匀。为了准确描述"峰值"部门与其他部门的分布情况,可以分区间依次进行讨论:首先,可将总区间定义为[0,40%],分别以20%、10%、5%、1%为节点,将总区间细分为最高"峰值"区间[20%,40%]、次高"峰值"区间[10%,20%)、中间区间[5%,10%)、中下区间

[1%,5%)、底层区间[0,1%)五个子区间,并计算落入区间的部门数量;其次,对出口隐含碳排放的子区间实施单位化处理,即将落入子区间的部门数量除以子区间长度,获得各子区间的部门分布密度,从而识别"间接碳强度"与"出口规模"的作用强度,并量化组合方式的影响效果。

从图4-3左边部分可知,间接碳强度不存在最高"峰值"部门,仅有唯一的次高"峰值"部门17,其峰值所代表的部门比重为10.96%;同时,部门11、部门12、部门9、部门2、部门8、部门10、部门18分布在区间[5%,10%)内,与次高"峰值"部门的比重落差分别为3.75%、4.05%、4.26%、4.93%、5.16%、5.21%、5.4%。另外13个部门均分布在中下区间[1%,5%)。与单位产出碳强度明显不同的是,21部门中,没有任何一个部门落入底层区间[0,1%)。观察图4-3右边部分可以发现,出口隐含碳排放Ⅱ(间接消耗)与出口规模的部门分布具有显著相似性:部门14作为最高"峰值"部门,比重高达30.36%;部门4、部门12作为次高"峰值"部门,比重分别为11.16%、10.78%,与最高"峰值"部门的比重落差分别高达19.2%、19.58%。同时,部门9、部门13、部门20分布在中间区间[5%,10%),比重分别为8.25%、6.7%、5.3%;另有10个部门落入中下区间[1%,5%),5个部门分布于底层区间[0,1%)。

综上所述,出口隐含碳排放Ⅱ、间接碳强度与出口规模在5个子区间的部门分布数量情况以及出口隐含碳排放Ⅱ的区间部门分布密度见表4-7。

表4-7　出口隐含碳排放Ⅱ的部门区间分布统计表

位置	区间	出口隐含碳排放Ⅱ(间接消耗)	间接碳强度	出口规模	部门分布密度	
顶部	[20%,40%]	1个(部门14)	0	1个(部门14)	5	10
	[10%,20%)	2个(部门4、12)	1个(部门17)	1个(部门4)	20	
中部	[5%,10%)	3个	7个	4个	60	60
底部	[1%,5%)	10个	13个	8个	250	300
	[0,1%)	5个	0个	7个	500	

数据来源:根据上述图表内容直接计算获得。

由前述内容可知,出口隐含碳排放Ⅰ、出口隐含碳排放Ⅱ的反向判定系数满足:$\vartheta < \lambda$,说明从宏观层面来说,出口隐含碳排放Ⅱ(间接消耗)对高碳部门的偏斜程度更为显著。表4-7进一步显示,出口隐含碳排放Ⅱ与出口隐含碳排放Ⅰ的区间分布明显不同,集中体现在以下三个方面:首先,出口隐含碳排放Ⅰ(直接消耗)的区间部门数量为0、4、2、8、7,出口隐含碳排放Ⅱ(间接消耗)的部门数

量为1、2、3、10、5，出口隐含碳排放 II 的区间分布具有明显的"上移"趋势；其次，出口隐含碳排放 I 的最高峰值部门空缺，出口隐含碳排放 II 出现了最高"峰值"部门，且其部门比重高达30.36%；最后，与出口隐含碳排放 I 因子"错位"趋势形成鲜明的对比，出口隐含碳排放 II 的最高"峰值"部门14、次高"峰值"部门4与出口规模的峰值部门出现了交叉重叠趋势，说明间接碳强度与出口规模的组合方式偏向于（出口规模大，间接碳强度高）的"叠加"式组合，出口隐含碳排放 II（间接消耗）"碳偏向性"特征更为突出。

在此基础上，与出口隐含碳排放 I 组合方式类似，出口隐含碳排放 II 组合方式的归类同样存在着多重标准。首先，从自变量"间接碳强度"与"出口规模"的角度来看，依据影响因子的部门比重，可以将组合方式区分为单因素主导型与双因素联合作用型两种基本情况，并扩展为"单量"主导型、"规模"主导型、联合作用型三种类型。其次，从因变量"出口隐含碳排放 II（间接消耗）"的角度来看，依据出口隐含碳排放 II（间接消耗）的部门比重，可将21部门划分为推高型与拉低型两种类型。基于此，通过两种归类标准的结合使用，可将组合方式细分为六种基本类型，如下所示：

$k_j^{\text{间接消耗}} > \overline{k^{\text{间接消耗}}}$，$\varphi_j > \overline{\varphi}$，$r_j < \overline{r}$，为"单量"推高型；

$k_j^{\text{间接消耗}} > \overline{k^{\text{间接消耗}}}$，$\varphi_j < \overline{\varphi}$，$r_j > \overline{r}$，为"规模"推高型；

$k_j^{\text{间接消耗}} > \overline{k^{\text{间接消耗}}}$，$\varphi_j \geqslant \overline{\varphi}$，$r_j \geqslant \overline{r}$，为"叠加"推高型；

$k_j^{\text{间接消耗}} \leqslant \overline{k^{\text{间接消耗}}}$，$\varphi_j < \overline{\varphi}$，$r_j > \overline{r}$，为"单量"拉低型；

$k_j^{\text{间接消耗}} \leqslant \overline{k^{\text{间接消耗}}}$，$\varphi_j > \overline{\varphi}$，$r_i < \overline{r}$，为"规模"拉低型；

$k_j^{\text{间接消耗}} \leqslant \overline{k^{\text{间接消耗}}}$，$\varphi_j \leqslant \overline{\varphi}$，$r_j \leqslant \overline{r}$，为"联合"拉低型。

此处，各公式符号的经济含义分别如下：

$\overline{k^{\text{间接消耗}}}$ 是出口隐含碳排放 II（间接消耗）的部门平均比重；

$\overline{\varphi}$ 是间接碳强度的部门平均比重；

$\overline{r}$ 是出口规模的部门平均比重。

其中，$\overline{k^{\text{间接消耗}}} = \overline{\varphi} = \overline{r} = \dfrac{100}{21} = 4.76$。

根据上述标准，21部门的组合方式如表4-8所示。

表 4-8　　出口隐含碳排放 II 组合方式归类统计

组合类型	推高型			拉低型		
	"单量"推高型	"规模"推高型	叠加推高型	"单量"拉低型	"规模"拉低型	"联合"拉低型
部门	无	4、13、14、20	9、12	19	2、7、8、10、11、17、18	1、3、5、6、15、16、21

表 4-7 显示,从影响因子组合效果来看,出口隐含碳排放 II 的最高"峰值"部门 14、次高"峰值"部门 4 与次高"峰值"部门 12 分别属于"规模"推高型、叠加推高型组合,峰值部门同时出现了单因素主导型与双因素联合型组合方式。这说明相比于出口隐含碳排放 I 而言,出口隐含碳排放 II 的影响因子之间具有一定的联动性趋势,因子组合方式更偏向于(出口规模大,间接碳强度高)的"叠加"式组合,出口隐含碳排放 II(间接消耗)的"碳偏向性"特征也更为突出。命题 4 进一步得证。

三、平行组合、梯次组合与错位组合:基于"概率分布"的考察

1. 部门排序与概率分布模型设定

上述部分通过讨论区间的部门分布情况,对出口隐含碳排放、直接碳强度与出口规模"峰值"部门及其组合方式,进行了初步探讨。下面将在部门排序的基础上,对组合方式做出进一步分类,即区分为平行组合、梯次组合与错位组合,并将研究对象从"峰值"部门扩展至 21 部门。

由于部门构成情况通常是采用百分比进行描述,这一部分在部门比重的基础上构建部门排序模型,以此确认 21 部门的直接碳强度与出口值的具体组合方式。具体步骤如下:首先,以部门直接碳强度为纵轴,以出口规模为横轴,根据部门占比大小,将 21 部门按从小至大进行排列,并依次赋值为 $1,2,\cdots,21$,构建起与各部门相对应的 2 维坐标 (X,Y);将 21 部门直接碳强度的赋值 Y 与出口值的赋值 X 相减,获得差值 $Z,Z \in [-20,20]$;差值 Z 具有丰富的经济含义:根据差值大小,可以将组合方式区分为平行组合 i、梯次组合 ii 与错位组合 iii;根据差值的正、负或为零,可以将组合方式区分为规模推动型①、单量推动型②、联合推动型③。根据差值的正负符号与数值大小,可以将组合方式区分为七种不同形态,如下所示:

$Z \in [-6,0)$,为"规模"推动型"平行"组合 i①;

$Z = 0$,为联合推动型"平行"组合 i③;

$Z \in (0,6]$,为"单量"推动型"平行"组合 i②;

$Z \in [-13, -7]$，为"规模"推动型"梯次"组合 ii①；

$Z \in [7,13]$，为"单量"推动型"梯次"组合 ii②；

$Z \in [-20, -14]$，为"规模"推动型"错位"组合 iii①；

$Z \in [14,20]$，为"单量"推动型"错位"组合 iii②。

事实上，上述部门排序模型内含了 21×21 种可能的组合形态，若将这 21×21 种组合形态视为样本空间，将部门直接碳强度与出口值采用平行组合、梯次组合、错位组合视为三个互不相容的子事件 A_1、A_2、A_3（三个子事件之和，即为样本空间），则其发生概率分别是：

$$P(A_1) = \frac{3C_7^1 \cdot C_7^1 + 21 + 42 + 21}{C_{21}^1 \cdot C_{21}^1} = \frac{33}{63};$$

$$P(A_2) = \frac{2C_7^1 \cdot C_7^1 + 28}{C_{21}^1 \cdot C_{21}^1} = \frac{22}{63};$$

$$P(A_3) = \frac{2 \cdot 28}{C_{21}^1 \cdot C_{21}^1} = \frac{8}{63}。$$

上述概率分布模型表明从理论上说，部门采用平行组合、梯次组合与错位组合的发生概率之比为 $\frac{33}{63} : \frac{22}{63} : \frac{8}{63}$。这一比值具有重要的应用价值，为评价三种组合的部门分布情况，提供了一个合理的参照基准。由概率分布模型的对称性质可知，若实际的部门分布偏向于平行组合、梯次组合，则说明中国出口偏向于"高碳部门大量出口"，影响因子的组合方式具有"高碳偏向性"；若实际的部门分布偏向于错位组合，则说明中国出口偏向于"低碳部门大量出口"，影响因子的组合方式具有"低碳偏向性"；若实际部门分布与参照基准保持完全一致，说明从碳含量的角度来说，"中国出口的部门构成相对均衡"，影响因子组合方式具有相应的"碳中性"。

2. 出口隐含碳排放 I（直接消耗）：部门排序与概率分布

鉴于此，出口隐含碳排放 I（直接消耗）按照上述步骤获得的 21 部门排序赋值、排序赋值差值 Z 及差值所表征的组合方式见表 4-9。

表 4-9　出口隐含碳排放 I 的部门排序赋值统计

部门	$k_j^{直接消耗}$	$Y(\rho_j)$	$X(r_j)$	差值 Z	组合方式
1	4	10	7	3	i②
2	15	19	6	13	ii②
3	8	11	9	2	i②

表4-9(续)

部门	$k_j^{\text{直接消耗}}$	$Y(\rho_j)$	$X(r_j)$	差值 Z	组合方式
4	16	9	20	-11	ii①
5	3	2	10	-8	ii①
6	2	8	4	4	i②
7	5	14	3	11	ii②
8	21	20	5	15	iii②
9	20	17	16	1	i②
10	6	6	11	-5	i①
11	17	18	8	10	ii②
12	19	15	19	-4	i①
13	9	4	18	-14	iii①
14	11	1	21	-20	iii①
15	7	5	13	-8	ii①
16	13	12	12	0	i③
17	12	21	1	20	iii②
18	1	3	2	1	i②
19	10	7	17	-10	ii①
20	18	16	15	1	i②
21	14	13	14	-1	i①

从表4-9中可知,部门1、3、6、9、10、12、16、18、20、21采用了平行组合方式,部门2、4、5、7、11、15、19为梯次组合方式,部门8(石油加工、炼焦及核燃料加工业)、13(通用、专用设备制造业)、14(电气机械、通信设备、仪器仪表及文化办公机械制造业)、17(电力、燃气及水的生产和供应业)为错位组合方式,平行组合、梯次组合与错位组合的部门数量之比为10∶7∶4。从概率分布模型的理论比值($\frac{33}{63}$∶$\frac{22}{63}$∶$\frac{8}{63}$)可知,实际情况中采用平行组合的部门数量偏少,梯次组合的部门数量较为吻合,而采用错位组合的部门数量偏多,是理论值1.5倍。由此说明,类似于"峰值"部门组合特征,21部门整体上的组合状态,明显偏向于错位组合,而偏离于平行组合。这表明,出口隐含碳排放 I 影响因子的组合方式具有

"低碳偏向性",出口的部门构成具有明显"高级化"趋势。

为了便于直观观察,还可以部门直接碳强度赋值 Y 为纵坐标,以出口值赋值 X 为横坐标,绘制 21 部门坐标分布图。分布图的基点坐标 $(1,1)$、$(1,21)$、$(21,1)$、$(21,21)$,分别代表(出口规模最小,直接碳强度最低)、(出口规模最小,直接碳强度最高)、(出口规模最大,直接碳强度最低)、(出口规模最大,直接碳强度最高)四种组合方式。连接"基点"坐标 $(1,1)$ 与 $(21,21)$ 获得的右对角线可以将图形区域均分为二,两区域的经济含义是:落入左上方区域的部门是"单量"推动型,落入右下方区域的部门是"规模"推动型,位于右对角线的部门为"联合"推动型。同时,部门坐标距离右对角线越近,表明其组合方式越偏向于"平行"组合,反之越远,则其组合方式越偏向于"错位"组合。可见,部门坐标与右对角线的垂直距离构成了"错位"程度的一个判定指标(见图 4-4)。

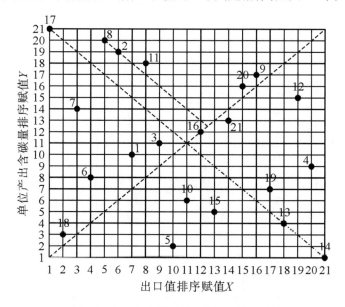

图 4-4　出口隐含碳排放Ⅰ的部门排序赋值

对图 4-4 分布区域的考察可以发现,部门 1、2、3、6、7、8、9、11、17、20 位于左上方区域,为"单量"推动型;部门 4、5、10、12、13、14、15、18、19、21 位于右下方区域,为"规模"推动型;仅部门 16 位于右对角线上,为联合推动型。同时,值得特别注意的是,部门 14 $(21,1)$ 与部门 17 $(1,21)$ 恰好位于"基点"位置,说明两部门分别为(出口值最小,直接碳强度最高)与(出口值最大,直接碳强度最低)的完全"错位"组合形态。由此可知,组合方式对出口隐含碳排放Ⅰ存在着"部门数量"与"错位程度"双重作用机制,两种作用机制的作用方向具有一致性,都是抑制了出口隐含碳排放 I 总量的增长与部门内部差异的扩大。

3. 出口隐含碳排放 II（间接消耗）：部门排序与概率分布

鉴于出口隐含碳排放 I 与出口隐含碳排放 II 的对称性质，若将"间接碳强度"置换为"直接碳强度"，即可获得出口隐含碳排放 II 的部门排序赋值情况，如表 4-10 所示。

表 4-10　出口隐含碳排放 II 的部门排序赋值统计

部门	$k_j^{间接消耗}$	$Y(\varphi_j)$	$X(r_j)$	差值 Z	组合方式
1	2	1	7	−6	i①
2	7	17	6	11	ii②
3	8	3	9	−6	i①
4	20	8	20	−12	ii①
5	9	5	10	−5	i①
6	5	10	4	6	i②
7	4	13	3	10	ii②
8	6	16	5	11	ii②
9	18	18	16	2	i②
10	15	15	11	4	i②
11	10	20	8	12	ii②
12	19	19	19	0	i③
13	17	11	18	−7	ii①
14	21	9	21	−12	ii①
15	14	7	13	−6	i①
16	12	6	12	−6	i①
17	1	21	1	20	iii②
18	3	14	2	12	ii②
19	13	2	17	−15	iii①
20	16	12	15	−3	i②
21	11	4	14	−10	ii①

由表 4-10 可知，部门 1、3、5、6、9、10、12、15、16、20 采用了平行组合方式，部门 2、4、7、8、11、13、14、18、21 为梯次组合方式，部门 17 与部门 19 为错位组合方式，平行组合、梯次组合与错位组合的部门数量之比为 10：9：2。通过与概率

分布模型的理论比值($\frac{33}{63}:\frac{22}{63}:\frac{8}{63}$)比较可知,实际情况中采用平行组合与错位组合的部门数量偏少,采用梯次组合的部门数量偏多;通过与出口隐含碳排放 I 的比值(10∶7∶4)比较可知,出口隐含碳排放 II 因子组合方式存在明显的叠加效应,出口隐含碳排放 II(间接消耗)的"碳偏向性"特征更为显著。

为了便于直观观察,还可以部门间接碳强度赋值 Y 为纵坐标,以出口值赋值 X 为横坐标,绘制 21 部门坐标分布图。分布图的基点坐标(1,1)、(1,21)、(21,1)、(21,21),分别代表(出口规模最小,间接碳强度最低)、(出口规模最小,间接碳强度最高)、(出口规模最大,间接碳强度最低)、(出口规模最大,间接碳强度最高)四种组合方式。连接"基点"坐标(1,1)与(21,21)获得的右对角线可以将图形区域均分为二,两区域的经济含义是:落入左上方区域的部门是"单量"推动型,落入右下方区域的部门是"规模"推动型,位于右对角线的部门为"联合"推动型。同时,部门坐标距离右对角线越近,表明其组合方式越偏向于"平行"组合,反之越远,则其组合方式越偏向于"错位"组合,可见,部门坐标与右对角线的垂直距离构成了"错位"程度的一个判定指标(见图4-5)。

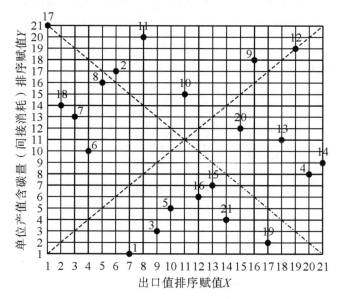

图4-5 出口隐含碳排放 II 的部门排序赋值

对照图4-5的分布区域可知,部门 2、6、7、8、9、10、11、17、18 位于左上方区域,为"单量"推动型;部门 1、3、4、5、13、14、15、16、19、20、21 位于右下方区域,为"规模"推动型;部门 12 位于右对角线上,为联合推动型。由前述内容可知,出口规模位居前四的部门14、部门4、部门12、部门13,直接碳强度的部门排序是部门1、9、15、4,而间接碳强度的部门排序为部门9、8、19、11,出现了明显的"上移"趋势,关键部门与右对角线的垂直距离明显缩短。由此说明,相比于出口隐含碳排放 I 而言,出口隐含碳排放 II 的因子组合方式偏向于(出口规模大,间接碳强度高)的叠加组合,"同向叠加"趋势更为突出。至此,命题4完全得证。

第二节 "碳转移":出口隐含碳排放的横向调节机制

一、研究命题5的提出与"碳转移"平衡表原理释义

由前述投入产出表的性质可知,部门之间存在着"相互提供、相互消耗"的投入产出关联,由此产生了部门之间输出、输入的"碳转移"现象,并形成了出口隐含碳排放部门差异的一个平滑机制。基于此,提出以下命题5。

命题5:作为"碳转移"来源的净输出部门属于典型的高碳部门,"此消彼长"的"碳转移"对部门碳排放产生了"削峰填谷"的调节效应,使得碳排放的部门分布更趋均衡,由此构成了出口隐含碳排放部门差异的一个调节机制。

由前述内容可知,出口隐含碳排放 I 与出口隐含碳排放 II 分别来源于部门出口的直接消耗与间接消耗,其表达式可表示为

$$
K^{\text{直接消耗}} = [\delta_1, \delta_2, \cdots, \delta_7] \cdot \begin{bmatrix} p_{11} & p_{12} & \cdots & p_{1,21} \\ p_{21} & p_{22} & \cdots & p_{2,21} \\ \vdots & \vdots & \ddots & \vdots \\ p_{71} & p_{72} & \cdots & p_{7,21} \end{bmatrix} \cdot \begin{bmatrix} \dfrac{1}{X_1} & 0 & \cdots & 0 \\ 0 & \dfrac{1}{X_2} & \cdots & 0 \\ \vdots & \vdots & \ddots & \vdots \\ 0 & 0 & \cdots & \dfrac{1}{X_{21}} \end{bmatrix} \cdot \begin{bmatrix} EX_1 \\ EX_2 \\ \vdots \\ EX_{21} \end{bmatrix}
$$

$$
= [P_1, P_2, \cdots, P_{21}] \cdot \begin{bmatrix} \dfrac{EX_1}{X_1} \\ \dfrac{EX_2}{X_2} \\ \vdots \\ \dfrac{EX_{21}}{X_{21}} \end{bmatrix}
$$

$$K^{\text{间接消耗}} = [\delta_1, \delta_2, \cdots, \delta_7] \cdot \begin{bmatrix} p_{11} & p_{12} & \cdots & p_{1,21} \\ p_{21} & p_{22} & \cdots & p_{2,21} \\ \vdots & \vdots & \ddots & \vdots \\ p_{71} & p_{72} & \cdots & p_{7,21} \end{bmatrix} \cdot \begin{bmatrix} \dfrac{1}{X_1} & 0 & \cdots & 0 \\ 0 & \dfrac{1}{X_2} & \cdots & 0 \\ \vdots & \vdots & \ddots & \vdots \\ 0 & 0 & \cdots & \dfrac{1}{X_{21}} \end{bmatrix} \cdot$$

$$\begin{bmatrix} b_{11} - 1 & b_{12} & \cdots & b_{1,21} \\ b_{21} & b_{22} - 1 & \cdots & b_{2,21} \\ \vdots & \vdots & \ddots & \vdots \\ b_{21,1} & b_{21,2} & \cdots & b_{21,21} - 1 \end{bmatrix} \cdot \begin{bmatrix} EX_1 \\ EX_2 \\ \vdots \\ EX_{21} \end{bmatrix}$$

$$= \left[\frac{P_1}{X_1}, \frac{P_2}{X_2}, \cdots, \frac{P_{21}}{X_{21}} \right] \cdot \begin{bmatrix} b_{11} - 1 & b_{12} & \cdots & b_{1,21} \\ b_{21} & b_{22} - 1 & \cdots & b_{2,21} \\ \vdots & \vdots & \ddots & \vdots \\ b_{21,1} & b_{21,2} & \cdots & b_{21,21} - 1 \end{bmatrix} \cdot \begin{bmatrix} EX_1 \\ EX_2 \\ \vdots \\ EX_{21} \end{bmatrix}$$

从上述表达式可知,出口隐含碳排放 I(直接消耗)的部门之间具有独立性,各部门出口隐含碳排放量仅源于本部门的碳排放量 P_j,直接依据部门出口在部门产出中的比重 $\dfrac{EX_j}{X_j}$ 等比例分配,与其他部门的碳排放量不产生任何关联,部门之间不存在输出、输入的"碳转移"现象。而出口隐含碳排放 II(间接消耗)的部门之间则存在显著的交互作用,部门出口隐含碳排放量存在两个来源渠道: 是消耗本部门产出所产生的碳排放 $\dfrac{P_j}{X_j} \cdot (b_{jj} - 1)$;二是消耗其他部门产出所产生

的碳排放 $\left[\dfrac{P_1}{X_1}, \dfrac{P_2}{X_2} \cdots \dfrac{P_{21}}{X_{21}} \right] \cdot \begin{bmatrix} b_{1j} \\ \vdots \\ b_{j-1,j} \\ 0 \\ b_{j+1,j} \\ \vdots \\ b_{21,j} \end{bmatrix}$;任何一部门的最终产值消耗其他部门的初

始产出,同时,该部门的初始产出都为其他部门的最终产值提供消耗供给,部门之间存在着"相互提供、相互消耗"的投入产出关联,由此形成了部门之间的"碳

转移"机制,如表4-11所示。

表4-11 部门"碳转移"平衡表

部门来源	部门去向				碳输出量 M
	部门1	部门2	……	部门21	
部门1	$P_1/X_1*(b_{11}-1)$	P_1/X_1*b_{12}	……	$P_1/X_1*b_{1,21}$	$P_1/X_1*\sum b_{1j}-P_1/X_1$
部门2	P_2/X_2*b_{21}	$P_2/X_2*(b_{22}-1)$	……	$P_2/X_2*b_{2,21}$	$P_2/X_2*\sum b_{1j}-P_2/X_2$
……	……	……	……	……	……
部门21	$P_{21}/X_{21}*b_{21,1}$	$P_{21}/X_{21}*b_{21,2}$	……	$P_{21}/X_{21}*(b_{21,21}-1)$	$P_{21}/X_{21}*\sum b_{1j}-P_{21}/X_{21}$
碳输入量 N	$\sum P_j/X_j*b_{1j}$ $-P_1/X_1$	$\sum P_j/X_j*b_{2j}$ $-P_2/X_2$	……	$\sum P_j/X_j*b_{21,j}$ $-P_{21}/X_{21}$	

由表4-11可知,部门 j 的碳输出量 M 、碳输入量 N 可以表示为

$$M_j = \frac{P_j}{X_j} \cdot \left(\sum_{i=1}^{21} b_{ij} - 1 \right), \quad N_j = \left[\frac{P_1}{X_1}, \frac{P_2}{X_2} \cdots \frac{P_{21}}{X_{21}} \right] \cdot \begin{bmatrix} b_{1j} \\ \vdots \\ b_{j-1,j} \\ b_{jj}-1 \\ b_{j+1,j} \\ \vdots \\ b_{21,j} \end{bmatrix} 。$$

其中, N_j 即为 j 部门单位产值间接碳强度。根据部门"碳转移"平衡表的编制原理可知,"碳转移"平衡表元素具有如下性质:

(1) 21部门碳输出总量与碳输入总量必然相等,即 $\sum_{j=1}^{21} M_j = \sum_{j=1}^{21} N_j$ 。需要说明的是,单个部门的碳输出量与碳输入量未必相等,即 $M_j = N_j$ 未必成立。

(2) 部门"碳净输出量" $M_j - N_j$,是部门间接消耗系数 $\begin{bmatrix} b_{1j} \\ \vdots \\ b_{j-1,j} \\ b_{jj}-1 \\ b_{j+1,j} \\ \vdots \\ b_{21,j} \end{bmatrix}$ 的函数,但与本部门消耗量 ($b_{jj}-1$) 无关。

(3) 从整体上来看,部门之间的"碳转移"不对碳排放总量产生任何影响,不具有总量效应;从21部门内部来看,"碳转移"使各部门碳排放发生

"此消彼长"的结构调整，具有显著的结构效应。

由此，通过比较部门碳输出量与碳输入量的大小关系，可以将21部门区分为"碳净输出"部门、"碳净输入"部门与"碳平衡"部门，如下所示：

$$M_j - N_j \begin{cases} > 0 \Rightarrow \text{部门} j \text{为碳净输出部门}; \\ = 0 \Rightarrow \text{部门} j \text{为碳平衡部门}; \\ < 0 \Rightarrow \text{部门} j \text{为碳净输入部门}. \end{cases}$$

部门"碳转移"平衡表与"碳净输出"测算公式具有显著的应用价值，通过测算公式获得的"碳净输出"量是区分"碳转移"来源部门与"碳转移"去向部门的基本依据。来源部门碳强度的考察，也构成"碳转移"平滑效应或极化效应存在性的重要佐证。

二、部门"碳转移"平衡表的核算结果与分析

由部门"碳转移"平衡表的性质可知，从总量上来看，任一年份部门的碳净输出总量必然等于0，但单个部门的碳净输出量存在正负之分，由此可将21部门区分为"碳转移"来源部门与"碳转移"去向部门，如表4-12所示。

表4-12　1995—2014年单位产值部门"碳净输出量"统计

单位：万吨/百万美元

年份	部门1	部门2	部门3	部门4	部门5	部门6	部门7	部门8	部门9	部门10	部门11
1995	-0.088	0.524	-0.154	-0.208	-0.224	-0.271	-0.247	0.889	0.260	-0.411	-0.146
1996	-0.082	0.523	-0.140	-0.181	-0.199	-0.245	-0.227	0.739	0.227	-0.378	-0.152
1997	-0.074	0.581	-0.132	-0.157	-0.175	-0.215	-0.206	0.609	0.114	-0.340	-0.154
1998	-0.064	0.505	0.121	-0.147	-0.163	-0.208	-0.182	0.612	0.118	-0.317	-0.147
1999	-0.064	0.450	-0.119	-0.148	-0.158	-0.202	0.171	0.647	0.082	-0.298	-0.149
2000	-0.063	0.356	-0.117	-0.147	-0.146	-0.189	-0.152	0.698	0.072	-0.274	-0.152
2001	-0.058	0.350	-0.108	-0.142	-0.138	-0.182	-0.142	0.621	0.045	-0.260	-0.158
2002	-0.057	0.315	-0.105	-0.144	-0.134	-0.183	-0.138	0.593	0.035	-0.256	-0.172
2003	-0.053	0.364	-0.102	-0.150	-0.134	-0.180	-0.149	0.572	0.013	-0.264	-0.192
2004	-0.036	0.114	-0.097	-0.145	-0.134	-0.165	-0.138	0.741	-0.038	-0.250	-0.157
2005	-0.029	0.128	-0.091	-0.144	-0.129	-0.156	-0.134	0.678	-0.024	-0.243	-0.163
2006	-0.024	0.092	-0.084	-0.134	-0.118	-0.145	-0.130	0.673	-0.045	-0.228	-0.169
2007	-0.023	0.091	-0.072	-0.118	-0.103	-0.123	-0.114	0.561	-0.047	-0.199	-0.151
2008	-0.031	0.082	-0.053	-0.093	-0.083	-0.101	-0.092	0.454	-0.020	-0.165	-0.111
2009	-0.031	0.096	-0.053	-0.091	-0.083	-0.103	-0.093	0.451	-0.031	-0.168	-0.122
2010	-0.028	0.091	-0.048	-0.082	-0.074	-0.090	-0.081	0.431	-0.037	-0.146	-0.113
2011	-0.026	0.070	-0.043	-0.074	-0.065	-0.079	-0.073	0.372	-0.028	-0.129	-0.101

表4-12(续)

年份	部门1	部门2	部门3	部门4	部门5	部门6	部门7	部门8	部门9	部门10	部门11
2012	-0.026	0.074	-0.044	-0.075	-0.067	-0.082	-0.075	0.384	-0.030	-0.133	-0.103
2013	-0.027	0.078	-0.045	-0.076	-0.068	-0.083	-0.076	0.393	-0.032	-0.135	-0.105
2014	-0.026	0.073	-0.044	-0.075	-0.066	-0.081	-0.074	0.380	-0.030	-0.132	-0.102

年份	部门12	部门13	部门14	部门15	部门16	部门17	部门18	部门19	部门20	部门21	
1995	0.084	-0.347	-0.360	-0.348	-0.299	2.076	-0.490	-0.184	-0.136	0.080	
1996	0.037	-0.316	-0.336	-0.328	-0.268	2.010	-0.449	-0.159	-0.124	0.049	
1997	0.004	-0.284	-0.273	-0.295	-0.226	1.837	-0.401	-0.143	-0.059	-0.008	
1998	-0.022	-0.276	-0.274	-0.274	-0.210	1.753	-0.369	-0.129	-0.039	-0.045	
1999	-0.020	-0.268	-0.244	-0.254	-0.200	1.649	-0.345	-0.122	-0.022	-0.045	
2000	-0.035	-0.243	-0.204	-0.225	-0.182	1.490	-0.304	-0.115	-0.019	-0.049	
2001	-0.041	-0.228	-0.187	-0.203	-0.171	1.445	-0.281	-0.106	-0.018	-0.039	
2002	-0.059	-0.225	-0.174	-0.193	-0.167	1.496	-0.273	-0.103	-0.019	-0.038	
2003	-0.074	-0.226	-0.172	-0.189	-0.167	1.577	-0.284	-0.101	-0.041	-0.045	
2004	-0.086	-0.210	-0.161	-0.178	-0.159	1.584	-0.280	-0.098	-0.055	-0.051	
2005	-0.070	-0.204	-0.156	-0.172	-0.151	1.510	-0.265	-0.089	-0.048	-0.047	
2006	-0.077	-0.188	-0.147	-0.158	-0.138	1.430	-0.244	-0.079	-0.044	-0.043	
2007	-0.062	-0.159	-0.128	-0.134	-0.117	1.236	-0.206	-0.063	-0.034	-0.036	
2008	-0.044	-0.135	-0.112	-0.114	-0.097	0.986	-0.176	-0.053	-0.020	-0.020	
2009	-0.044	-0.139	-0.117	-0.117	-0.097	1.010	-0.176	-0.050	-0.023	-0.018	
2010	-0.028	-0.122	-0.101	-0.102	-0.085	0.854	-0.153	-0.045	-0.023	-0.017	
2011	-0.027	-0.105	-0.089	-0.088	-0.074	0.767	-0.133	-0.040	-0.019	-0.016	
2012	-0.027	-0.108	-0.092	-0.091	-0.076	0.785	-0.137	-0.041	-0.020	-0.016	
2013	-0.027	-0.111	-0.094	-0.093	-0.078	0.798	-0.140	-0.042	-0.020	-0.017	
2014	-0.027	-0.107	-0.091	-0.090	-0.076	0.779	-0.135	-0.041	-0.019	-0.016	

数据来源：作者根据《中国能源统计年鉴》与世界投入产出数据库（WIOD）有关数据计算获得。

表4-12直接报告了样本期内21部门的"碳净输出"动态情况，由此可将21部门区分为：1995—2014年，部门17、部门8、部门2始终作为"碳净输出"部门，样本期"净输出"均值分别为1.353 5万吨/百万美元、0.574 9万吨/百万美元、0.247 812万吨/百万美元，构成"碳转移"的主要来源部门；部门9在样本期内的"碳转移"状态发生过转变，2004年从"碳净输出"部门转变为"碳净输入"部门，其样本期"净输出"均值为0.030 2万吨/百万美元，构成"碳转移"的次要来源部门。同时，部门12、部门21分别于1998年、1997年由"碳净输出"部门转变为"碳净输入"部门，样本期"净

输出"均值-0.032 2万吨/百万美元、-0.021 9万吨/百万美元，构成"碳转移"的次要去向部门；其他15个部门在样本期内的"碳转移"状态始终为负，作为"碳净输入"部门，构成部门"碳转移"的主要去向部门。至此，命题5初步得证。

结合前述内容可知，直接碳强度的部门排序与单位产值"碳净输出量"的部门排序基本一致。"碳净输出"主要来源部门17、部门8、部门2单位产出碳强度的排序分别位居前三，其"净输出"均值分别高达1.353 5万吨/百万美元、0.574 9万吨/百万美元、0.247 812万吨/百万美元，次要来源部门9居于第5位，"净输出"均值仅为0.030 2万吨/百万美元，四大输出部门均属于典型的高碳部门，向其他低碳部门实施"碳净输出"，不仅降低了本部门的碳排放密集度，而且提高了其他部门的"碳强度"水平，由此构成了碳转移的一个实现机制。至此，命题5完全得证。

第三节　二元边际：出口隐含碳排放的横向传导机制

一、研究命题6的提出与"二元边际"释义

从变化方向来看，$(\frac{P}{X})_t$ $[(\frac{P}{Y})_t^{间接消耗}]$ 与 EX_t 存在着递增或递减基本趋势，由此可以产生 $(\frac{P}{X})_t$ $[(\frac{P}{Y})_t^{间接消耗}]$ 与 EX_t 同向递增、同向递减、$(\frac{P}{X})_t$（或 $(\frac{P}{Y})_t^{间接消耗}$）递增且 EX_t 递减、$(\frac{P}{X})_t$（或 $(\frac{P}{Y})_t^{间接消耗}$）递减且 EX_t 递增四种类型。在 $(\frac{P}{X})_t$（或 $(\frac{P}{Y})_t^{间接消耗}$）与 EX_t 同向递增或同向递减的情形下，可以直接判定出口隐含碳排放必然会增加或减少；但在 $(\frac{P}{X})_t$ $[(\frac{P}{Y})_t^{间接消耗}]$ 与 EX_t 出现一增一减的情形下，由于两者之间反向的替代性作用，导致出口隐含碳排放的增减趋势难以直接判定。

基于此，需要根据 $(\frac{P}{X})_t$ $[(\frac{P}{Y})_t^{间接消耗}]$ 与 EX_t 的变化幅度，将 $(\frac{P}{X})_t$ $[(\frac{P}{Y})_t^{间接消耗}]$ 与 EX_t 反向变化的情形作出进一步细分：$(\frac{P}{X})_t$ $[(\frac{P}{Y})_t^{间接消耗}]$

递增幅度大于 EX_t 递减幅度，$\left(\dfrac{P}{X}\right)_t\left[\left(\dfrac{P}{Y}\right)_t^{\text{间接消耗}}\right]$ 递增幅度小于 EX_t 递减幅度，$\left(\dfrac{P}{X}\right)_t\left[\left(\dfrac{P}{Y}\right)_t^{\text{间接消耗}}\right]$ 递减幅度小于 EX_t 递增幅度，$\left(\dfrac{P}{X}\right)_t\left[\left(\dfrac{P}{Y}\right)_t^{\text{间接消耗}}\right]$ 递减幅度大于 EX_t 递增幅度。出口隐含碳排放时序变化特征的六种基本类型如表4-13 所示。

表 4-13　组合方式变化类型统计

基本类型	出口隐含碳排放	直接碳强度 （或间接碳强度）	出口规模
类型①	↗	↗	↗
类型②	↘	↘	↘
类型③	↗	↗	↘
类型④	↘	↗	↘
类型⑤	↗	↗	↗
类型⑥	↘	↘	↗

注：↗表示递增；↘表示递减。

在此基础上，若将直接碳强度（或间接碳强度）在样本期内的变化轨迹构成"强度边际"，将出口规模的变化轨迹构成"规模边际"，根据二元边际的时序演化趋势，可以推导出口隐含碳排放无差异曲线扩展线，如图4-6所示。

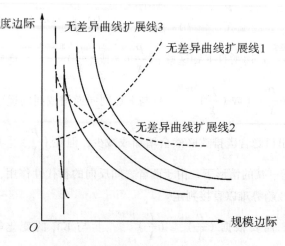

图 4-6　出口隐含碳排放二元边际

如图 4-6 所示，出口隐含碳排放无差异曲线扩展线 1、扩展线 2 与扩展线 3 分别代表影响因子 $(\frac{P}{X})_t$ $[(\frac{P}{Y})_t^{间接消耗}]$ 与 EX_t 组合状态的 6 种基本类型：若影响因子 $(\frac{P}{X})_t$ $[(\frac{P}{Y})_t^{间接消耗}]$ 与 EX_t 呈同向增加，出口隐含碳排放将沿着无差异曲线扩展线 1 扩张；若影响因子 $(\frac{P}{X})_t$ $[(\frac{P}{Y})_t^{间接消耗}]$ 与 EX_t 呈同向减少，出口隐含碳排放将沿着无差异曲线扩展线 1 收缩。相应地，若影响因子 $(\frac{P}{X})_t$ $[(\frac{P}{Y})_t^{间接消耗}]$ 减少，EX_t 增加，且 EX_t 增加幅度超过 $(\frac{P}{X})_t$ $[(\frac{P}{Y})_t^{间接消耗}]$ 减少幅度，出口隐含碳排放将沿着无差异曲线扩展线 2 扩张；若影响因子 $(\frac{P}{X})_t$ $[(\frac{P}{Y})_t^{间接消耗}]$ 减少，EX_t 增加，且 $(\frac{P}{X})_t$ $[(\frac{P}{Y})_t^{间接消耗}]$ 下降幅度超过 EX_t 增加幅度，出口隐含碳排放将沿着无差异曲线扩展线 2 收缩。同理，若影响因子 $(\frac{P}{X})_t$ $[(\frac{P}{Y})_t^{间接消耗}]$ 增加，EX_t 减少，且 $(\frac{P}{X})_t$ $[(\frac{P}{Y})_t^{间接消耗}]$ 增加幅度超过 EX_t 减少幅度，出口隐含碳排放将沿着无差异曲线扩展线 3 扩张；若影响因子 $(\frac{P}{X})_t$ $[(\frac{P}{Y})_t^{间接消耗}]$ 增加，EX_t 减少，且 EX_t 减少幅度超过 $(\frac{P}{X})_t$ $[(\frac{P}{Y})_t^{间接消耗}]$ 增加幅度，出口隐含碳排放将沿着无差异曲线扩展线 3 收缩。

据此，由第三章的分析可知，中国出口隐含碳排放在样本期内呈时序递增的基本趋势，二元边际及出口隐含碳排放的时序趋势可以概括为命题 6。

命题 6：中国出口隐含碳排放的扩张过程表现为沿着单量边际收缩、沿着规模边际扩张的过程，规模边际扩张幅度大于单量边际的收缩幅度，出口隐含碳排放在样本期内的变化轨迹为向右下方倾斜的无差异曲线扩展线，如图 4-7 所示。

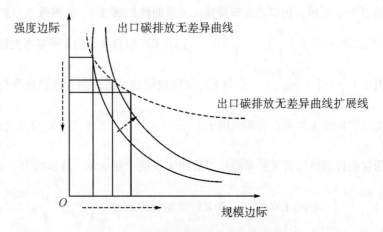

图 4-7　出口隐含碳排放二元边际趋势

命题 6 是以概括形式给出的，鉴于第三章（现状描述部分）"部门分布、产业分布与群组分布"的结构安排，命题 6 的验证过程需要分解为以下三个基本步骤：首先，从"部门分布"角度对单位值碳强度（包括直接碳强度与间接碳强度）与出口规模变化轨迹所形成的二元边际进行考察，对命题 6 做出初步验证；其次，从"产业分布"角度对影响因子替代率做出分析，对命题 6 进行进一步验证；最后，从"群组分布"角度开展基于单量效应与规模效应的结构分解，对命题做出更进一步的验证。下面将对命题 6 进行检验，并从多个层面对其内容进行丰富与扩展。

二、强度边际 VS 规模边际：基于"部门分布"的考察

1. 出口隐含碳排放 I（直接消耗）：基于二元边际的分析

由前述年部门矩阵的元素性质可知，出口隐含碳排放、出口规模属于绝对指标，部门指标值可以直接加总，单位产出碳强度具有相对指标的性质，指标值需要根据部门单位产出碳强度做出加权处理。鉴于出口隐含碳排放 I（直接消耗）、单位产出碳强度与出口规模之间的乘积关系，t 年出口隐含碳排放（直接消耗）总量可以通过乘积方式表示为

$$\sum_{j=1}^{21} K_{tj}^{\text{直接消耗}} = \sum_{j=1}^{21} \left(\frac{P_{tj}}{X_{tj}} \cdot EX_{tj} \right) = \overline{\left(\frac{P}{X} \right)}_t \cdot \sum_{j=1}^{21} EX_{tj}$$

$$\overline{\left(\frac{P}{X} \right)}_t = \eta_1 \cdot \left(\frac{P_{t1}}{X_{t1}} \right) + \eta_2 \cdot \left(\frac{P_{t2}}{X_{t2}} \right) + \cdots + \eta_{21} \cdot \left(\frac{P_{t,21}}{X_{t,21}} \right)$$

其中，权重组为 $[\eta_1, \eta_2, \cdots, \eta_{21}]$，满足 $\sum_{j=1}^{21} \eta_j = 1$。事实上，由年份部门矩

阵的性质可知，t 年出口隐含碳排放（直接消耗）总量作为 21 部门出口隐含碳排放的加总之和还可以通过加总方式表示为

$$\sum_{j=1}^{21} K_{tj}^{\text{直接消耗}} = \sum_{j=1}^{21} \left(\frac{P_{tj}}{X_{tj}} \cdot EX_{tj} \right) = \sum_{j=1}^{21} \left(\frac{P_{tj}}{X_{tj}} \cdot \frac{EX_{tj}}{\sum\limits_{j=1}^{21} EX_{tj}} \right) \cdot \sum_{j=1}^{21} EX_{tj}$$

$$\overline{\left(\frac{P}{X} \right)_t} = \left(\frac{P_{t,1}}{X_{t,1}} \right) \cdot \left(\frac{EX_{t,1}}{\sum\limits_{j=1}^{21} EX_{tj}} \right) + \left(\frac{P_{t,2}}{X_{t,2}} \right) \cdot \left(\frac{EX_{t,2}}{\sum\limits_{j=1}^{21} EX_{tj}} \right) + \cdots + \left(\frac{P_{t,21}}{X_{t,21}} \right) \cdot \left(\frac{EX_{t,21}}{\sum\limits_{j=1}^{21} EX_{tj}} \right)$$

由此说明 $\eta_j = \dfrac{EX_{tj}}{\sum\limits_{j=1}^{21} EX_{tj}}$，即确定权重为部门出口占出口总量的比重。

此处，各公式符号的经济含义如下：

$\sum\limits_{j=1}^{21} K_{tj}^{\text{直接消耗}}$ 是 t 年 21 部门的出口隐含碳排放 I（直接消耗）之和；

$\dfrac{P_{tj}}{X_{tj}}$ 是 t 年 j 部门的直接碳强度；

EX_{tj} 是 t 年 j 部门的出口规模；

$\sum\limits_{j=1}^{21} EX_{tj}$ 是 t 年 21 部门的出口总量；

$\overline{\left(\dfrac{P}{X} \right)_t}$ 是 t 年的直接碳强度；

η_t 是 t 年权重。

通过上述公式计算获得的 t 年出口隐含碳排放总量 $\sum\limits_{j=1}^{21} K_{tj}^{\text{直接消耗}}$、直接碳强度 $\overline{\left(\dfrac{P}{X} \right)_t}$ 与出口总量 $\sum\limits_{j=1}^{21} EX_{tj}$，如表 4-14 所示。

表 4-14　直接碳强度与出口规模的年份总量统计表

年份	出口隐含碳排放 I /万吨	直接碳强度 /万吨·百万美元$^{-1}$	出口 /百万美元	年份	出口隐含碳排放 I /万吨	直接碳强度 /万吨·百万美元$^{-1}$	出口 /百万美元
1995	17 371	0.103 4	167 974	2 005	29 780	0.035 6	836 719
1996	16 009	0.093 2	171 683	2 006	29 884	0.028 2	1 061 578
1997	17 452	0.084 2	207 239	2 007	29 695	0.022 1	1 342 004

表4-14(续)

年份	出口隐含碳排放 I /万吨	直接碳强度 /万吨·百万美元$^{-1}$	出口 /百万美元	年份	出口隐含碳排放 I /万吨	直接碳强度 /万吨·百万美元$^{-1}$	出口 /百万美元
1998	15 117	0.072 9	207 431	2 008	33 138	0.021 0	1 581 533
1999	14 194	0.065 0	218 501	2 009	24 090	0.018 1	1 333 217
2000	16 438	0.058 8	279 547	2 010	29 308	0.016 8	1 743 486
2001	16 397	0.054 8	299 419	2 011	31 508	0.015 1	2 086 189
2002	19 012	0.052 0	365 404	2 012	31 716	0.014 6	2 172 345
2003	23 568	0.048 6	485 016	2 013	31 886	0.014 2	2 245 493
2004	28 808	0.043 9	655 829	2 014	32 187	0.013 9	2 315 612

数据来源：作者根据《中国能源统计年鉴》与世界投入产出数据库（WIOD）有关数据计算获得。

从表4-14可以看出，21部门的直接碳强度在样本期内严格单调递减，从1995年的0.103 4万吨/百万美元下降至2014年的0.013 9万吨/百万美元，总体下降幅度为643.9%，年均下降量为0.004 7万吨/百万美元。与此同时，21部门的出口值严格单调递增，从期初的1 679.74亿美元，增加至期末的23 156.12亿美元，总体增加幅度高达1 378.6%，年均增量为1 130.33亿美元。相应地，出口隐含碳排放 I（直接消耗）在整体上呈递增趋势，从1995年的1.737 1亿吨上升至2014年的3.218 7亿吨，总体上升幅度为85.3%，年均增量为779万吨。从整个样本期来看，出口值的增加幅度超过了直接碳强度的减少幅度，导致出口隐含碳排放 I（直接消耗）呈时序递增的基本趋势。

从具体年份来看，直接碳强度的递减趋势相对平稳，但出口规模与出口隐含碳排放 I（直接消耗）的阶段性特征却十分显著。本书以2001年中国加入世界贸易组织与2008年美国次贷危机为时间节点，将整个样本期细分为三个阶段，分别是：1995—2001年 I 阶段、2002—2008年 II 阶段与2010—2014年 III 阶段，以识别出口隐含碳排放 I（直接消耗）时序变动的内在驱动因素及其作用强度。

在第 I 阶段内，出口值增长幅度较小，6年间的增幅为78.3%，年均增量为219.07亿美元，是样本期年均增量1 130.33亿美元的19.38%；直接碳强度的下降趋势较为明显，6年间的降幅达88.69%，年均减量为0.008 1万吨/百万美元，是样本期年均减量0.004 7万吨/百万美元的172.34%。直接碳强度

的降幅与出口值的增幅较为接近，导致出口隐含碳排放 I（直接消耗）出现了
递增与递减的交替性变化趋势。

第 II 阶段内，出口值出现了迅猛增长，6 年间的增长幅度高达 428.2%，
年均增量为 2 026.88 亿美元，是样本期年均增量 1 130.33 亿美元的 179%；而
直接碳强度的降幅为 160.95%，年均减量为 0.004 8 万吨/百万美元，是样本
期年均减量 0.004 7 万吨/百万美元的 102.73%。这一阶段，由于出口值的增
加幅度明显大于直接碳强度的减少幅度，因而推动出口隐含碳排放 I（直接消
耗）进入了快速的攀升过程之中。

在经历快速攀升与大幅震荡之后，出口值进入了高位稳定增长的第 III 阶
段，4 年间的增长幅度仅为 32.8%，年均增量仅为 143.03 亿美元，是样本期
年均增量 1 130.33 亿美元的 12.65%；与此同时，直接碳强度的降幅为
20.86%，年均减量为 0.000 7 万吨/百万美元，是样本期年均减量 0.004 7 万吨/
百万美元的 15.43%。这一阶段，出口值的增长幅度与单位产出碳强度的减少
幅度均较小，但增幅大于降幅，故出口隐含碳排放 I（直接消耗）仍呈现为单
调递增的基本趋势。2008 年后，由于遭遇了美国次贷危机的外部冲击，出口
值与出口隐含碳排放 I（直接消耗）的递增趋势都出现了断点，断点没有终止
或改变两者的递增趋势，但却对其截面水平产生了不同影响，如图 4-8 所示。

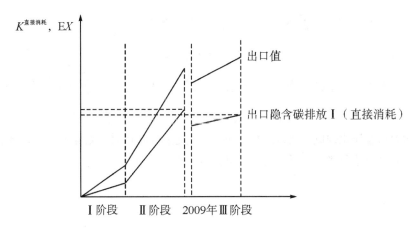

图 4-8　出口隐含碳排放 I（直接消耗）的断点冲击

首先，从出口值来看，2008—2009 年，出口值直接下降了 2 483.16 亿美
元，下降幅度为 18.63%，但 2009—2010 年，又迅速出现了恢复性增长，且增
长额高达 4 102.69 亿美元，增长幅度高达 30.77%，不仅直接扭转了下跌趋
势，还超过了危机冲击前（2008 年）的最高水平，且此后继续保持了递增趋

势。相比较而言，2008—2009年，出口隐含碳排放Ⅰ（直接消耗）直接下降了9 048万吨，下降幅度高达37.6%，2009—2010年，虽然也出现了恢复性增长，但增长量仅为5 218万吨，其后出口隐含碳排放Ⅰ（直接消耗）虽然保持了递增趋势，但增幅更为平缓，至样本期末仍未超越冲击前的最高水平。由此可见，出口隐含碳排放Ⅰ（直接消耗）在恢复性增长的基础之上，从快速攀升阶段转入了高位稳定阶段。

在上述部分中，出口隐含碳排放Ⅰ（直接消耗）、直接碳强度、出口规模属于性质不同的绝对指标，仅具备纵向的时序可比性。下面可以通过出口隐含碳排放Ⅰ（直接消耗）计算公式的形式变换，将直接碳强度与出口值转换为百分比的表示形式，以增强其横向可比性。具体如下：

$$K_t^{\text{直接消耗}} = \frac{P_t}{X_t} \cdot \text{EX}_t = \sum_{t=1995}^{2014} \left(\frac{P_t}{X_t}\right) \cdot \rho_t \cdot \sum_{t=1995}^{2014} \text{EX}_t \cdot r_t = \sum_{t=1995}^{2014} \left(\frac{P_t}{X_t}\right) \cdot \sum_{t=1995}^{2014} \text{EX}_t \cdot \rho_t \cdot r_t$$

$$K_t^{\text{直接消耗}} = \sum_{t=1995}^{2014} K_t^{\text{直接消耗}} \cdot k_t^{\text{直接消耗}} = \sum_{t=1995}^{2014} \left(\frac{P_t}{X_t}\right) \cdot \sum_{t=1995}^{2014} \text{EX}_t \cdot \rho_t \cdot r_t$$

由于 $\sum_{t=1995}^{2014} K_t^{\text{直接消耗}}$、$\sum_{t=1995}^{2014} \left(\frac{P_t}{X_t}\right)$、$\sum_{t=1995}^{2014} \text{EX}_t$ 是各部门的公共项，可视其为截面维度上的常量，因而上述公式可以分解为

$$\sum_{t=1995}^{2014} K_t^{\text{直接消耗}} = \sum_{t=1995}^{2014} \left(\frac{P_t}{X_t}\right) \cdot \sum_{t=1995}^{2014} \text{EX}_t \cdot \frac{1}{\mu}$$

$$k_t^{\text{直接消耗}} = \rho_t \cdot r_t \cdot \mu,$$

μ 为某一固定常数，上述公式表明：$\sum_{t=1995}^{2014} \left(\frac{P_t}{X_t}\right)$、$\sum_{t=1995}^{2014} \text{EX}_t$ "年份比重"——ρ_t 与 r_t 在样本期内的变化轨迹分别构成强度边际与规模边际，二元边际的动态演化构成了出口隐含碳排放Ⅰ（直接消耗）时序趋势的一个形成机制。通过上述公式计算所得的结果见图4-9和表4-15。

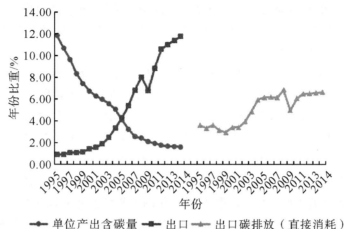

图4-9　出口隐含碳排放Ⅰ（直接消耗）因子年份比重

表4-15　出口隐含碳排放Ⅰ的因子年份比重统计（$\mu = 35.56$）

年份	$k_t^{直接消耗}$/%	ρ_t/%	r_t/%	年份	$k_t^{直接消耗}$/%	ρ_t/%	r_t/%
1995	3.56	11.80	0.85	2005	6.11	4.06	4.23
1996	3.28	10.64	0.87	2006	6.13	3.22	5.37
1997	3.58	9.61	1.05	2007	6.09	2.52	6.79
1998	3.10	8.32	1.05	2008	6.80	2.40	8.00
1999	2.91	7.42	1.10	2009	4.94	2.07	6.74
2000	3.37	6.71	1.41	2010	6.01	1.92	8.82
2001	3.36	6.25	1.51	2011	6.46	1.71	10.55
2002	3.90	5.93	1.85	2012	6.47	1.66	10.98
2003	4.84	5.55	2.45	2013	6.54	1.62	11.35
2004	5.91	5.01	3.32	2014	6.60	1.59	11.71

　　从图4-9及表4-15可知，单位产出碳强度在样本期内呈严格单调递减的趋势，年份比重从期初的11.8%下降至期末的1.59%，因而出口隐含碳排放Ⅰ（直接消耗）因子组合方式的动态变化中，不存在类型①、类型③与类型④。出口值仅在遭遇美国次贷危机的冲击下出现了递减，年份比重从2008年的8%下降至2009年的6.74%，因而仅有2008—2009年的出口隐含碳排放Ⅰ（直接消耗）属于类型②。除2008—2009年，其他年份的直接碳强度与出口值呈反

向变化，但两种变化幅度的差值情况较为复杂，需要分阶段进行说明。

第 I 阶段中，出口值的增加幅度相对较小，年份比重从 1995 年的 0.85% 上升至 2001 年的 1.51%，上升幅度为 77.65%；相应地，单位产出碳强度从 1995 年的 11.8% 下降至 2001 年的 6.25%，下降幅度为 88.8%，两种变化幅度较为接近，且其差值存在着正负交替性，按照上述六种基本类型的归类标准，1996—1997 年、1999—2000 年直接碳强度减少幅度小于出口值增加幅度，属于类型⑤；1995—1996 年、1997—1998 年、1998—1999 年、2000—2001 年直接碳强度减少幅度大于出口值增加幅度，属于类型⑥。

第 II 阶段中，直接碳强度与出口规模的变化情况相对较为直观，出口规模进入快速攀升阶段，年份比重从 2002 年的 1.85% 上升至 2008 年的 8%，增幅高达 332.43%；直接碳强度的年份比重从 2002 年的 5.93% 下降至 2008 年的 2.4%，降幅为 147.08%，由于出口值的增加幅度显著大于直接碳强度的下降幅度，出口隐含碳排放 I（直接消耗）呈严格单调递增趋势，因而第 II 阶段中所有年份都属于类型⑤。

第 III 阶段中，出口值的年份比重从 2010 年的 8.82% 上升至 2014 年的 11.71%，上升幅度为 32.76%；直接碳强度的年份比重从 2010 年的 1.92% 下降至 2014 年的 1.59%，下降幅度为 20.75%。相比于第 I、II 阶段，这一阶段两者的变化幅度都明显收缩，说明出口隐含碳排放 I（直接消耗）在经历外部冲击之后，开始从高速增长阶段转入高位稳定阶段。当然，由于出口值的增加幅度仍大于直接碳强度的减少幅度，因而这一阶段所有年份仍都属于类型⑤。

综上所述，直接碳强度下降、出口值增加，直接碳强度的下降幅度小于出口值的增加幅度，导致出口隐含碳排放 I（直接消耗）单调递增的类型⑤，构成样本期内出口隐含碳排放 I（直接消耗）时序变化的一个基本事实与典型特征。

2. 出口隐含碳排放 II（间接消耗）：基于二元边际的分析

由前述年份部门矩阵的元素性质可知，出口隐含碳排放、出口规模属于绝对指标，部门指标值可以直接加总，间接碳强度具有相对指标的性质，指标值需要根据部门间接碳强度做出加权处理。首先，鉴于出口隐含碳排放 II（间接消耗）、间接碳强度与出口规模之间的乘积关系，t 年出口隐含碳排放 II（间接消耗）总量可以通过乘积方式表示为

$$\sum_{j=1}^{21} K_{tj}^{间接消耗} = \sum_{j=1}^{21} \left[\left(\frac{P}{Y}\right)_{ij}^{间接消耗} \cdot EX_{tj} \right] = \overline{\left(\frac{P}{Y}\right)_{t}^{间接消耗}} \cdot \sum_{j=1}^{21} EX_{tj}$$

$$\overline{\left(\frac{P}{Y}\right)}_t^{\text{间接消耗}} = \delta_1 \cdot \left(\frac{P}{Y}\right)_{t1}^{\text{间接消耗}} + \delta_2 \cdot \left(\frac{P}{Y}\right)_{t2}^{\text{间接消耗}} + \cdots + \delta_{21} \cdot \left(\frac{P}{Y}\right)_{t,21}^{\text{间接消耗}}$$

其中，权重组为 $[\delta_1, \delta_2, \cdots, \delta_{21}]$，满足 $\sum\limits_{j=1}^{21} \delta_j = 1$。

事实上，由年份部门矩阵的性质可知，t 年出口隐含碳排放 II（间接消耗）总量作为 21 部门间接碳排放的加总之和还可以通过加总方式表示为

$$\sum_{j=1}^{21} K_{tj}^{\text{间接消耗}} = \sum_{j=1}^{21} \left[\left(\frac{P}{Y}\right)_{tj}^{\text{间接消耗}} \cdot EX_{tj} \right] = \sum_{j=1}^{21} \left[\left(\frac{P}{Y}\right)_{tj}^{\text{间接消耗}} \cdot \frac{EX_{tj}}{\sum\limits_{j=1}^{21} EX_{tj}} \right] \cdot \sum_{j=1}^{21} EX_{tj}$$

$$\overline{\left(\frac{P}{X}\right)}_t = \left(\frac{P_{t,1}}{X_{t,1}}\right) \cdot \left(\frac{EX_{t,1}}{\sum\limits_{j=1}^{21} EX_{tj}}\right) + \left(\frac{P_{t,2}}{X_{t,2}}\right) \cdot \left(\frac{EX_{t,2}}{\sum\limits_{j=1}^{21} EX_{tj}}\right) + \cdots + \left(\frac{P_{t,21}}{X_{t,21}}\right) \cdot \left(\frac{EX_{t,21}}{\sum\limits_{j=1}^{21} EX_{tj}}\right)$$

由此说明 $\delta_j = \dfrac{EX_{tj}}{\sum\limits_{j=1}^{21} EX_{tj}}$，即确定权重为部门出口占出口总量的比重。

此处，各公式符号的经济含义如下：

$\sum\limits_{j=1}^{21} K_{tj}^{\text{间接消耗}}$ 是 t 年 21 部门的出口隐含碳排放 II（间接消耗）之和；

$\left(\dfrac{P}{Y}\right)_{tj}^{\text{间接消耗}}$ 是 t 年 j 部门的间接碳强度；

EX_{tj} 是 t 年 j 部门的出口规模；

$\sum\limits_{j=1}^{21} EX_{tj}$ 是 t 年 21 部门的出口总量；

$\overline{\left(\dfrac{P}{Y}\right)}_t^{\text{间接消耗}}$ 是 t 年的间接碳强度；

δ_t 是 t 年权重。

通过上述公式计算获得的 t 年出口隐含碳排放总量 $\sum\limits_{j=1}^{21} K_{tj}^{\text{间接消耗}}$、间接碳强度 $\overline{\left(\dfrac{P}{Y}\right)}_t^{\text{间接消耗}}$ 与出口总量 $\sum\limits_{j=1}^{21} EX_{tj}$ 如表4-16所示。

表 4-16　间接碳强度与出口规模的年份总量统计

年份	出口隐含碳排放 II /万吨	间接碳强度 /万吨·百万美元⁻¹	出口 /百万美元	年份	出口隐含碳排放 II /万吨	间接碳强度 /万吨·百万美元⁻¹	出口 /百万美元
1995	58 309	0.347 1	167 974	2 005	150 697	0.180 1	836 719
1996	55 401	0.322 7	171 683	2 006	182 410	0.171 8	1 061 578
1997	60 859	0.293 7	207 239	2 007	195 657	0.145 8	1 342 004
1998	55 043	0.265 4	207 431	2 008	195 758	0.123 8	1 581 533
1999	53 930	0.246 8	218 501	2 009	166 218	0.124 7	1 333 217
2000	60 959	0.218 1	279 547	2 010	190 291	0.109 1	1 743 486
2001	60 854	0.203 2	299 419	2 011	200 165	0.095 9	2 086 189
2002	71 319	0.195 2	365 404	2 012	204 735	0.094 2	2 172 345
2003	96 337	0.198 6	485 016	2 013	208 990	0.093 1	2 245 493
2004	124 697	0.190 1	655 829	2 014	214 301	0.092 5	2 315 612

数据来源：作者根据《中国能源统计年鉴》与世界投入产出数据库（WIOD）有关数据计算获得。

从表 4-16 可以看出，与直接碳强度的变化趋势相同，21 部门的间接碳强度在样本期内严格单调递减，从 1995 年的 0.347 1 万吨/百万美元下降至 2014 年的 0.092 5 万吨/百万美元，总体下降幅度为 275.2%，年均下降量为 0.013 4 万吨/百万美元。与此同时，21 部门的出口规模呈严格单调递增，从期初的 1 679.74 亿美元，增加至期末的 23 156.12 亿美元，总体增加幅度高达 1 378.6%，年均增量为 1 130.33 亿美元。相应地，出口隐含碳排放 II（间接消耗）在整体上呈递增趋势，从 1995 年的 5.930 9 亿吨上升至 2014 年的 21.430 1亿吨，总体上升幅度为 261.3%，年均增量为 8 157 万吨。从影响因子的作用强度来看，出口规模的增加幅度超过了间接碳强度的减少幅度，导致出口隐含碳排放 II（间接消耗）呈时序递增的基本趋势。

从具体年份来看，间接碳强度的递减趋势较为显著，但出口规模与出口隐含碳排放 II（间接消耗）的阶段性特征却十分显著。本书以 2001 年中国加入世界贸易组织与 2008 年美国次贷危机为时间节点，将整个样本期细分为三个阶段，分别是：1995—2001 年 I 阶段、2002—2008 年 II 阶段与 2010—2014 年 III 阶段。

第 I 阶段内，出口规模增长幅度较小，6 年间的增幅为 78.3%，年均增量为 219.07 亿美元，是样本期年均增量 1 130.33 亿美元的 19.38%；间接碳强度的下降趋势较为明显，6 年间的降幅达 41.46%，年均减量为 0.023 9 万吨/百万美元，是样本期年均减量 0.012 7 万吨/百万美元的 188.19%。间接碳强度的降幅与出口规模的增幅较为接近，导致出口隐含碳排放 II（间接消耗）在低位水平上呈小幅波动状态。

第 II 阶段内，出口规模出现了迅猛增长，6 年间的增长幅度高达 428.2%，年均增量为 2 026.88 亿美元，是样本期年均增量 1 130.33 亿美元的 179%；而间接碳强度的降幅为 36.58%，年均减量为 0.011 9 万吨/百万美元，是样本期年均减量 0.012 7 万吨/百万美元的 93.7%。这一阶段，由于出口规模的增加幅度明显大于间接碳强度的减少幅度，因而推动出口隐含碳排放 II（间接消耗）进入了快速的攀升过程之中。

在经历快速攀升与大幅震荡之后，出口值进入了高位稳定增长的第 III 阶段，4 年间的增长幅度仅为 32.8%，年均增量仅为 143.03 亿美元，是样本期年均增量 1 130.33 亿美元的 12.65%；同时，间接碳强度的降幅为 3.55%，年均减量为 0.001 1 万吨/百万美元，是样本期年均减量 0.012 7 万吨/百万美元的 8.67%。这一阶段，出口规模的增长幅度与间接碳强度的下降幅度均较小，但增幅大于降幅，故出口隐含碳排放 II（间接消耗）仍呈单调递增的基本趋势。2008 年美国次贷危机所造成的 V 形震荡，对出口规模与出口隐含碳排放 II（间接消耗）的截面水平产生了断点冲击，但没有终止或改变两者的递增趋势，如图 4-10 所示。

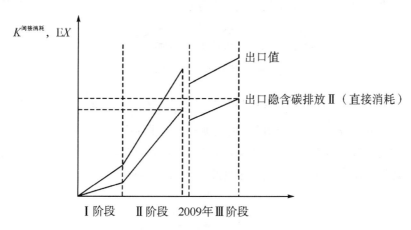

图 4-10　出口隐含碳排放 II（间接消耗）的断点冲击

从图 4-10 可知，出口规模的震荡幅度大于出口隐含碳排放 II（间接消耗）的波动幅度。首先，从 V 形震荡的下滑过程（2008—2009 年）来看，出口规模与出口隐含碳排放 II（间接消耗）分别下降了 2 483.16 亿美元、2.95 亿吨，下降幅度高达 18.63%、15.09%。其次，在随后的恢复增长期（2009—2010 年）中，出口规模出现了大幅反弹式增长，增长额高达 4 102.69 亿美元，不仅直接扭转了下跌趋势，还超过危机冲击前的最高水平；出口隐含碳排放 II（间接消耗）增幅相对平缓，增量为 2.43 亿吨，于 2011 年超越危机冲击前截面水平，并从快速攀升阶段转入了高位稳定阶段，由此说明出口隐含碳排放 II 的递增趋势更具稳健性与持续性。

在上述部分中，出口隐含碳排放 II（间接消耗）、间接碳强度、出口规模属于性质不同的绝对指标，仅具备纵向的时序可比性。下面可以通过出口隐含碳排放 II（间接消耗）计算公式的形式变换，将间接碳强度与出口规模转换为百分比的表示形式，以增强其横向可比性。具体如下：

$$K_t^{间接消耗} = \left(\frac{P}{Y}\right)_t^{间接消耗} \cdot \mathrm{EX}_t = \sum_{t=1995}^{2014}\left(\frac{P}{Y}\right)_t^{间接消耗} \cdot \varphi_t \cdot \sum_{t=1995}^{2014}\mathrm{EX}_t \cdot r_t$$

$$= \sum_{t=1995}^{2014}\left(\frac{P}{Y}\right)_t^{间接消耗} \cdot \sum_{t=1995}^{2014}\mathrm{EX}_t \cdot \varphi_t \cdot r_t$$

即 $$K_t^{间接消耗} = \sum_{t=1995}^{2014}K_t^{间接消耗} \cdot k_t^{间接消耗} = \sum_{t=1995}^{2014}\left(\frac{P}{Y}\right)_t^{间接消耗} \cdot \sum_{t=1995}^{2014}\mathrm{EX}_t \cdot \varphi_t \cdot r_t$$

由于 $\sum_{t=1995}^{2014}K_t^{间接消耗}$、$\sum_{t=1995}^{2014}\left(\frac{P}{Y}\right)_t^{间接消耗}$、$\sum_{t=1995}^{2014}\mathrm{EX}_t$ 是各部门的公共项，可视其为截面维度上的常量，因而上述公式可以分解为

$$\sum_{t=1995}^{2014}K_t^{间接消耗} = \sum_{t=1995}^{2014}\left(\frac{P}{Y}\right) \cdot \sum_{t=1995}^{2014}\mathrm{EX}_t \cdot \frac{1}{\theta}$$

$$k_t^{间接消耗} = \varphi_t \cdot r_t \cdot \theta,$$

θ 为某一固定常数，上述公式表明：$\sum_{t=1995}^{2014}\left(\frac{P}{Y}\right)_t^{间接消耗}$、$\sum_{t=1995}^{2014}\mathrm{EX}_t$ 的"年份比重"——φ_t 与 r_t 在样本期内的变化轨迹分别构成强度边际与规模边际，二元边际的动态演化构成了出口隐含碳排放 II（间接消耗）时序趋势的一个形成机制。通过上述公式计算所得的结果见图 4-11 和表 4-17。

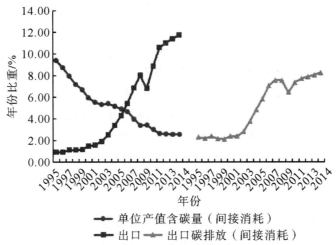

图 4-11　出口隐含碳排放 II（间接消耗）因子年份比重

表 4-17　出口隐含碳排放 II 的因子年份比重统计表　　（$\theta = 28.16$）

年份	$k_t^{间接消耗}$ /%	φ_t /%	r_t /%	年份	$k_t^{间接消耗}$ /%	φ_t /%	r_t /%
1995	2.24	9.35	0.85	2005	5.78	4.85	4.23
1996	2.13	8.69	0.87	2006	7.00	4.63	5.37
1997	2.33	7.91	1.05	2007	7.51	3.93	6.79
1998	2.11	7.15	1.05	2008	7.51	3.33	8.00
1999	2.07	6.65	1.10	2009	6.38	3.36	6.74
2000	2.34	5.87	1.41	2010	7.30	2.94	8.82
2001	2.33	5.48	1.51	2011	7.68	2.58	10.55
2002	2.74	5.26	1.85	2012	7.85	2.54	10.98
2003	3.70	5.35	2.45	2013	8.02	2.51	11.35
2004	4.78	5.12	3.32	2014	8.22	2.49	11.71

从图 4-11 及表 4-17 可知，间接碳强度在样本期内呈严格单调递减的趋势，年份比重从期初的 9.35% 下降至期末的 2.49%，因而出口隐含碳排放 II（间接消耗）组合方式的动态变化中，不存在类型①、类型③与类型④。出口规模仅在遭遇 2008 年美国次贷危机的冲击下出现了递减，年份比重从 2008 年的 8% 下降至 2009 年的 6.74%，因而仅有 2008—2009 年的出口隐含碳排放 II（间接消耗）的因子组合方式属于类型②。除 2008—2009 年外，其他年份的间

接碳强度与出口规模呈反向变化，但两种变化幅度的差值情况存在阶段性特征，需要进行说明。

第 I 阶段中，出口规模的增加幅度相对较小，年份比重从 1995 年的 0.85%上升至 2001 年的 1.51%，上升幅度为 77.65%；相应地，间接碳强度从 1995 年的 9.35%下降至 2001 年的 5.48%，下降幅度为 70.6%，两种变化幅度较为接近，导致出口隐含碳排放 II（间接消耗）呈波动状态，按照上述六种基本类型的归类标准，1995—1996 年、1997—1998 年、2000—2001 年单位产出碳强度减少幅度大于出口规模增加幅度，属于类型⑥；1996—1997 年、1998—1999 年、1999—2000 年直接碳强度减少幅度小于出口规模增加幅度，属于类型⑤。

第 II 阶段中，间接碳强度与出口规模的变化情况较为直观，出口规模进入快速攀升阶段，年份比重从 2002 年的 1.85%上升至 2008 年的 8%，增幅高达 332.43；间接碳强度的年份比重从 2002 年的 5.26%下降至 2008 年的 3.33%，降幅为 157.96%。由于出口规模的增加幅度显著大于间接碳强度的下降幅度，出口隐含碳排放 II（间接消耗）呈严格单调递增趋势，因而第 II 阶段所有年份都属于类型⑤。

第 III 阶段中，出口值的年份比重从 2010 年的 8.82%上升至 2014 年的 11.71%，上升幅度为 32.76%；间接碳强度的年份比重从 2010 年的 2.94%下降至 2014 年的 2.49%，下降幅度为 15.31%。相比于第 I、II 阶段，这一阶段两者的变化幅度都明显收缩，说明出口隐含碳排放 II（间接消耗）在经历外部冲击之后，开始从高速增长阶段转入高位稳定阶段。当然，由于出口值的增加幅度仍高于单位产值间接碳强度的减少幅度，因而这一阶段所有年份仍都属于类型⑤。

综上所述，间接碳强度下降、出口规模增加，间接碳强度的下降幅度小于出口规模的增加幅度，导致出口隐含碳排放 II（间接消耗）单调递增的类型⑤，构成样本期内出口隐含碳排放 II（间接消耗）时序变化的一个基本事实与典型特征。至此，命题 6 初步得证。

三、两种消耗的出口替代率：基于"产业分布"的考察

1. 产业出口替代率的测算原理释义

由前述内容可知，出口隐含碳排放 I（直接消耗）与出口隐含碳排放 II（间接消耗）总量具有合成性质，可以表示为产业出口隐含碳排放的加总之和。

$$K^{直接消耗} = \sum_{i=(1)}^{(7)} K_{ti}^{直接消耗} = \sum_{i=(1)}^{(7)} \left[\left(\frac{P}{X} \right)_{ti} \cdot EX_{ti} \right]$$

$$K^{间接消耗} = \sum_{i=(1)}^{(7)} K_{ti}^{间接消耗} = \sum_{i=(1)}^{(7)} \left[\left(\frac{P}{Y} \right)_{ti}^{间接消耗} \cdot EX_{ti} \right]$$

其中，$i = (1), (2), \cdots, (7)$，分别表示第一产业、资源密集型产业……第三产业。

在直接碳强度（或间接碳强度）保持不变的前提下，产业出口规模变动而生成的出口隐含碳排放增量可以表示为

$$\Delta K^{直接消耗} = \left(\frac{P}{X} \right)_{t(1)} \cdot \Delta EX_{t(1)} + \left(\frac{P}{X} \right)_{t(2)} \cdot \Delta EX_{t(2)} + \cdots + \left(\frac{P}{X} \right)_{t(7)} \cdot \Delta EX_{t(7)}$$

$$\Delta K^{间接消耗} = \left(\frac{P}{Y} \right)_{t(1)}^{间接消耗} \cdot \Delta EX_{t(1)} + \left(\frac{P}{Y} \right)_{t(2)}^{间接消耗} \cdot \Delta EX_{t(2)} + \cdots + \left(\frac{P}{X} \right)_{t(7)}^{间接消耗} \cdot$$
$\Delta EX_{t(7)}$

分别令 $\Delta K^{直接消耗} = 0$，$\Delta K^{间接消耗} = 0$，即出口隐含碳排放总量保持不变，则有：

$$\left(\frac{P}{X} \right)_{t(1)} \cdot \Delta EX_{t(1)} + \left(\frac{P}{X} \right)_{t(2)} \cdot \Delta EX_{t(2)} + \cdots + \left(\frac{P}{X} \right)_{t(7)} \cdot \Delta EX_{t(7)} = 0$$

$$\left(\frac{P}{Y} \right)_{t(1)}^{间接消耗} \cdot \Delta EX_{t(1)} + \left(\frac{P}{Y} \right)_{t(2)}^{间接消耗} \cdot \Delta EX_{t(2)} + \cdots + \left(\frac{P}{X} \right)_{t(7)}^{间接消耗} \cdot \Delta EX_{t(7)} = 0$$

上述方程较为复杂，可以通过采用两种产业形式进行简化说明：（m）产业增加 $\Delta EX_{t(m)}$ 单位出口，（n）产业减少 $\Delta EX_{t(n)}$ 单位出口，若出口隐含碳排放保持不变，则产业出口的变化量必然满足：

$$\frac{\Delta EX_{t(m)}}{\Delta EX_{t(n)}} = \frac{\left(\frac{P}{X} \right)_{t(n)}}{\left(\frac{P}{X} \right)_{t(m)}}$$

$$\frac{\Delta EX_{t(m)}}{\Delta EX_{t(n)}} = \frac{\left(\frac{P}{Y} \right)_{t(n)}^{间接消耗}}{\left(\frac{P}{Y} \right)_{t(m)}^{间接消耗}}$$

上述方程即为出口隐含碳排放总量不变的结构调整方程。若对（n）产业的变化量实施单位化处理，令 $\Delta EX_{t(n)} = 1$，即可获得（m）、（n）产业之间的出口替代比率，如下所示：

$$\Delta EX_{t(m)} = \frac{(\frac{P}{X})_{t(n)}}{(\frac{P}{X})_{t(m)}}$$

$$\Delta EX'_{t(m)} = \frac{(\frac{P}{Y})^{间接消耗}_{t(n)}}{(\frac{P}{Y})^{间接消耗}_{t(m)}}。$$

事实上，出口替代率作为产业之间碳强度的比值，具有相对指标的性质，通过选择"基准"产业，可以自动排除不同年份之间通货膨胀、需求冲击等外部因素的干扰，增强指标的时序可比性。结合前文分析，七大产业中，我们可以将（n）产业确定为技术密集型产业，原因有四：其一，技术密集型产业出口在出口总量中占据主体性地位，其产业比重长期在30%以上，且其直接碳强度最低，属于典型的低碳产业；其二，样本期内，出口产业结构中，技术密集型产业比重存在显著的递增趋势，选取技术密集型产业作为基准产业，可以在出口产业结构高级化的宏观背景下观测出口边际替代率的变化规律；其三，技术密集型产业直接碳强度与间接碳强度的变化差距最小，有利于增强两种出口替代率的可比性，减少因为"基准"产业差异选择带来的扰动。

2. 两种产业出口替代率的结果与分析

通过上述公式计算获得的出口隐含碳排放 I（直接消耗）与出口隐含碳排放 II（间接消耗）的产业出口替代率 I 与产业出口替代率 II 见图 4-12 和表 4-18。

表 4-18　产业出口替代率 I 与产业出口替代率 II

年份	产业出口替代率 I						产业出口替代率 II					
	一产	资源	劳动	资本	建筑	三产	一产	资源	劳动	资本	建筑	三产
1995	2.11	17.79	3.90	16.90	0.70	8.28	0.45	1.47	0.71	1.24	1.31	0.80
1996	2.20	19.04	3.45	18.17	0.70	8.67	0.44	1.49	0.67	1.23	1.30	0.78
1997	2.82	22.80	4.14	21.74	0.73	6.86	0.40	1.36	0.57	1.11	1.15	0.61
1998	3.42	24.39	4.57	24.57	1.18	7.49	0.46	1.59	0.66	1.29	1.31	0.70
1999	3.85	26.29	4.33	25.21	1.11	8.03	0.50	1.68	0.72	1.36	1.37	0.74
2000	5.73	37.66	5.25	35.50	1.84	10.59	0.56	1.71	0.80	1.43	1.45	0.80
2001	5.88	40.85	5.10	35.27	1.85	10.29	0.58	1.70	0.83	1.49	1.46	0.81
2002	6.34	45.74	4.97	36.55	1.84	10.61	0.61	1.80	0.89	1.56	1.53	0.83
2003	7.03	46.76	5.52	39.85	1.85	12.48	0.59	1.93	0.92	1.61	1.62	0.85

表4-18(续)

年份	产业出口替代率 I						产业出口替代率 II					
	一产	资源	劳动	资本	建筑	三产	一产	资源	劳动	资本	建筑	三产
2004	8.39	36.04	8.29	43.36	2.11	14.64	0.57	1.91	0.96	1.59	1.71	0.89
2005	10.41	43.73	8.36	42.45	2.45	17.95	0.54	1.85	0.96	1.57	1.67	0.86
2006	13.50	46.25	8.75	45.88	2.81	23.06	0.52	1.94	0.97	1.52	1.65	0.82
2007	14.25	47.83	9.33	42.50	3.00	27.00	0.50	1.79	0.95	1.49	1.59	0.81
2008	6.31	38.00	7.46	36.92	2.00	22.23	0.45	1.65	0.87	1.41	1.54	0.75
2009	5.71	35.29	6.36	29.79	1.64	19.50	0.43	1.64	0.82	1.39	1.47	0.71
2010	6.73	42.45	7.00	35.09	2.09	22.64	0.45	1.65	0.84	1.40	1.49	0.74
2011	6.89	44.67	6.22	37.78	2.11	24.33	0.45	1.60	0.83	1.38	1.46	0.73
2012	6.78	43.78	5.89	35.89	2.11	23.56	0.44	1.60	0.76	1.39	1.47	0.71
2013	7.38	46.50	6.00	39.63	2.25	25.88	0.44	1.63	0.76	1.48	1.53	0.72
2014	8.29	51.14	6.29	41.14	2.43	29.00	0.43	1.66	0.75	1.53	1.54	0.69

①数据来源：作者根据《中国能源统计年鉴》与世界投入产出数据库（WIOD）有关数据计算获得。

②表格中"一产"为第一产业，"三产"为第三产业。

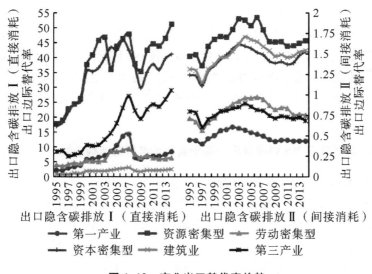

图4-12 产业出口替代率趋势

图4-12左边部分与右边部分分别报告了出口隐含碳排放 I（直接消耗）与出口隐含碳排放 II（间接消耗）的产业出口替代率情况。从左边部分来看，出口隐含碳排放 I（直接消耗）第一产业、资源密集型产业、劳动密集型产

业、资本密集型产业、建筑业、第三产业与技术密集型产业的出口平均替代率分别为 6.701、37.851、6.059、34.209、1.841、16.655，替代率的整体截面水平较高，由此说明：在出口隐含碳排放Ⅰ（直接消耗）保持不变的前提下，减少1单位资源密集型产品或资本密集型产品的出口，可以分别增加 37.851单位或34.209单位技术密集型产品的出口，分别获得36.851单位或33.209单位的出口增量；同理，减少1单位劳动密集型产品或建筑业产品的出口，可以分别增加6.701单位或1.841单位技术密集型产品的出口，分别获得5.701单位或0.841单位的出口增量。由于产业出口替代率的截面水平较高，且不同产业出口替代率的差异较为显著，因此，对于出口隐含碳排放Ⅰ（直接消耗）而言，出口的产业结构调整，能够产生显著的碳减排效果。

从右边部分来看，出口隐含碳排放Ⅱ（间接消耗）第一产业、资源密集型产业、劳动密集型产业、资本密集型产业、建筑业、第三产业与技术密集型产业的出口平均替代率分别为 0.491、1.683、0.812、1.424、1.481、0.768，替代率的整体截面水平较低，部分产业的替代率水平小于1，由此说明：在出口隐含碳排放Ⅱ（间接消耗）保持总量不变的前提下，减少1单位资源密集型产品或资本密集型产品的出口，仅可增加1.683单位或1.424单位技术密集型产品的出口，获得的出口增量仅为0.683或0.424；同时，若减少1单位劳动密集型产品或第三产业产品，仅可增加0.812单位或0.768单位技术密集型产品的出口，出口空间将被压缩0.188单位或0.232单位。由于产品出口替代率的截面水平较低，且不同产业出口替代率差异较小，因此，对于出口隐含碳排放Ⅱ（间接消耗）而言，出口的总量规模控制，能够产生更为显著的碳减排效果。通过上述分析可以发现，命题6已进一步得证，其命题内容还从多个层面得到了有效扩展。

四、规模效应 VS 强度效应：基于差异性群组的结构分解

1. 差异性群组结构分解原理释义

由前述分析可知，群组结构是出口隐含碳排放结构构成的重要组成部分。样本期内，出口隐含碳排放Ⅰ（直接消耗）的群组结构呈"高碳组最高、中间组次之、低碳组最低"三级阶梯；出口隐含碳排放Ⅱ（间接消耗）的群组结构呈"中间组最高、高碳组次之、低碳组最低"的阶梯式分布状态。阶梯落差源于直接碳强度（或间接碳强度）差异、出口规模差异的联合作用，群组总效应可以分解为规模效应与强度效应两大部分，如下所示：

$$K_{高}^{直接消耗} - K_{中}^{直接消耗} = \left(\frac{P}{X}\right)_{高} \cdot EX_{高} - \left(\frac{P}{X}\right)_{中} \cdot EX_{中}$$

$$= \left[\left(\frac{P}{X} \right)_{高} \cdot EX_{高} - \left(\frac{P}{X} \right)_{中} \cdot EX_{高} \right] + \left[\left(\frac{P}{X} \right)_{中} \cdot EX_{高} - \left(\frac{P}{X} \right)_{中} \cdot EX_{中} \right]$$

$$= \underbrace{\left[\left(\frac{P}{X} \right)_{高} - \left(\frac{P}{X} \right)_{中} \right] \cdot EX_{高}}_{强度效应} + \underbrace{\left(\frac{P}{X} \right)_{中} \cdot \left[EX_{高} - EX_{中} \right]}_{规模效应}$$

$$K_{中}^{直接消耗} - K_{低}^{直接消耗} = \left(\frac{P}{X} \right)_{中} \cdot EX_{中} - \left(\frac{P}{X} \right)_{低} \cdot EX_{低}$$

$$= \left[\left(\frac{P}{X} \right)_{中} \cdot EX_{中} - \left(\frac{P}{X} \right)_{低} \cdot EX_{中} \right] + \left[\left(\frac{P}{X} \right)_{低} \cdot EX_{中} - \left(\frac{P}{X} \right)_{低} \cdot EX_{低} \right]$$

$$= \underbrace{\left[\left(\frac{P}{X} \right)_{中} - \left(\frac{P}{X} \right)_{低} \right] \cdot EX_{中}}_{强度效应} + \underbrace{\left(\frac{P}{X} \right)_{低} \cdot \left[EX_{中} - EX_{低} \right]}_{规模效应} 。$$

同理，出口隐含碳排放 II（间接消耗）群组差异的分解公式可以表示为

$$K_{高}^{间接消耗} - K_{中}^{间接消耗} = \left(\frac{P}{Y} \right)_{高}^{间接消耗} \cdot EX_{高}' - \left(\frac{P}{Y} \right)_{中}^{间接消耗} \cdot EX_{中}' = \left[\left(\frac{P}{Y} \right)_{高}^{间接消耗} \cdot EX_{高}' \right.$$

$$\left. - \left(\frac{P}{Y} \right)_{中}^{间接消耗} \cdot EX_{高}' \right] + \left[\left(\frac{P}{Y} \right)_{中}^{间接消耗} \cdot EX_{高}' - \left(\frac{P}{Y} \right)_{中}^{间接消耗} \cdot EX_{中}' \right]$$

$$= \underbrace{\left[\left(\frac{P}{Y} \right)_{高}^{间接消耗} - \left(\frac{P}{Y} \right)_{中}^{间接消耗} \right] \cdot EX_{高}'}_{强度效应} + \underbrace{\left(\frac{P}{Y} \right)_{中}^{间接消耗} \cdot \left[EX_{高}' - EX_{中}' \right]}_{规模效应}$$

$$K_{中}^{间接消耗} - K_{低}^{间接消耗} = \left(\frac{P}{Y} \right)_{中}^{间接消耗} \cdot EX_{中}' - \left(\frac{P}{Y} \right)_{低}^{间接消耗} \cdot EX_{低}'$$

$$= \left[\left(\frac{P}{Y} \right)_{中}^{间接消耗} \cdot EX_{中}' - \left(\frac{P}{Y} \right)_{低}^{间接消耗} \cdot EX_{中}' \right] + \left[\left(\frac{P}{Y} \right)_{低}^{间接消耗} \cdot EX_{中}' - \left(\frac{P}{Y} \right)_{低}^{间接消耗} \right.$$

$$\left. \cdot EX_{低}' \right]$$

$$= \underbrace{\left[\left(\frac{P}{Y} \right)_{中}^{间接消耗} - \left(\frac{P}{Y} \right)_{低}^{间接消耗} \right] \cdot EX_{中}'}_{强度效应} + \underbrace{\left(\frac{P}{Y} \right)_{低}^{间接消耗} \cdot \left[EX_{中}' - EX_{低}' \right]}_{规模效应}$$

一般来说，规模效应与强度效应可以区分为正负两种基本情形，由此可以产生规模效应与强度效应同为正、同为负，规模效应为正且强度效应为负、规模效应为负且强度效应为正四种组合形式。在规模效应与强度效应同为正或同为负的情形下，可以直接判定出口隐含碳排放总效应必然为正或为负；但在规模效应与强度效应出现一正一负的情形下，两者之间反向的替代性作用，导致总效应的正负性质难以直接判定。

理论上来说，规模效应与强度效应存在六种组合形式。基于此，需要根据规模效应与强度效应的效应强度，将一正一负情形做出进一步细分：①强度效

应为正、规模效应为负，负效应绝对值小于正效应；②强度效应为正、规模效应为负，负效应绝对值大于正效应；③强度效应为负、规模效应为正，负效应绝对值小于正效应；④强度效应为负、规模效应为正，负效应绝对值大于正效应。由此可以总结出效应组合的六种基本类型，如表4-19所示。

表4-19　效应组合类型统计

基本类型	总效应	强度效应	规模效应
类型①	+	+	+
类型②	+	+	−
类型③	+	−	+
类型④	−	−	−
类型⑤	−	−	+
类型⑥	−	+	−

注：+表示效应为正；−表示效应为负。

类型①、②、③与类型④、⑤、⑥具有对称性。借助出口隐含碳排放无差异曲线，由第三章节的分析可知，出口隐含碳排放 I、出口隐含碳排放 II 强度效应与规模效应的组合形式如图4-13所示。

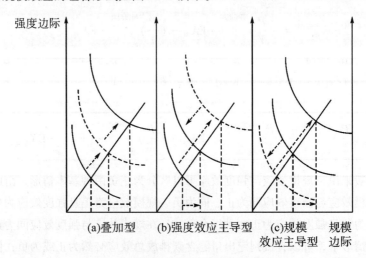

图4-13　强度效应与规模效应组合图

2. 差异性群组结构分解结果与分析

借助上述公式，可以获得各群组差异的分解结果，详情见表4-20。为了便于直观观察，本书分别根据出口隐含碳排放Ⅰ（直接消耗）、出口隐含碳排放Ⅱ（间接消耗）的效应分解结果，绘制了图4-14与图4-15 模拟组1与模拟组2的经济含义分别是：模拟组1代表"中间组直接碳强度＊高碳组出口规模"虚拟组合项，用以识别高碳组与中间组的群组差异来源及来源的解释程度；模拟组2代表"低碳组直接碳强度＊中间组出口规模"虚拟组合项，用以识别中间组与低碳组的群组差异来源及来源的解释程度。群组趋势线与虚拟组合项趋势线的相对位置与垂直距离，可以分别用来判定强度效应、规模效应的组合类型与效应强度。基于此，对于图4-14与图4-15，需要从以下两个方面进行考察：首先，根据趋势线的上下位置，判定强度效应与规模效应的正负符号；其次，根据趋势线的垂直距离，测度出单量效应与规模效应的效应强度。

表4-20 1995—2014年强度效应与规模效应统计　单位：万吨

年份	出口隐含碳排放Ⅰ（直接消耗）				出口隐含碳排放Ⅱ（间接消耗）			
	高碳组—中间组		中间组—低碳组		高碳组—中间组		中间组—低碳组	
	强度效应（+）	规模效应（−）	强度效应（+）	规模效应（−）	强度效应（+）	规模效应（−）	强度效应（+）	规模效应（+）
1995	8 770	−2 172	3 148	133	6 567	−20 008	8 327	12 530
1996	9 046	−1 494	2 466	43	7 209	−16 656	7 359	11 340
1997	10 539	−1 027	2 368	−234	8 021	−14 674	8 571	8 001
1998	9 045	−1 174	2 213	−235	7 593	−14 238	6 697	7 122
1999	8 724	−1 124	1 940	−273	7 166	−15 327	6 398	7 840
2000	10 756	−1 058	2 113	−327	7 765	−17 974	6 719	9 824
2001	10 852	−1 024	2 046	−333	7 604	−18 694	7 054	9 583
2002	12 918	−1 080	2 268	−405	8 927	−23 054	8 423	11 278
2003	16 351	−1 030	2 617	−646	12 905	−33 791	12 232	18 805
2004	18 377	−791	3 722	−1 060	16 439	−45 273	16 328	29 626
2005	19 301	−1 039	3 780	−1 173	17 934	−60 780	21 822	39 701
2006	19 726	−1 038	3 691	−1 182	22 341	−75 053	25 466	50 482
2007	19 695	−883	3 543	−1 234	22 709	−81 494	31 161	53 274
2008	22 478	−461	3 542	−1 351	21 778	−76 860	32 435	50 097

表4-20(续)

年份	出口隐含碳排放 I（直接消耗）				出口隐含碳排放 II（间接消耗）			
	高碳组—中间组		中间组—低碳组		高碳组—中间组		中间组—低碳组	
	强度效应（+）	规模效应（−）	强度效应（+）	规模效应（−）	强度效应（+）	规模效应（−）	强度效应（+）	规模效应（+）
2009	15 901	−986	2 797	−1 169	16 751	−73 270	30 662	42 926
2010	19 958	−904	3 193	−1 323	19 436	−81 715	33 731	49 033
2011	22 386	−685	2 963	−1 259	21 224	−79 836	34 722	48 468
2012	22 409	−706	2 941	−1 237	20 425	−81 975	39 106	47 658
2013	22 552	−709	3 053	−1 256	20 791	−82 023	31 970	52 012
2014	22 619	−750	3 205	−1 314	21 563	−83 915	24 517	58 269

数据来源：作者根据《中国能源统计年鉴》与世界投入产出数据库（WIOD）有关数据计算获得。

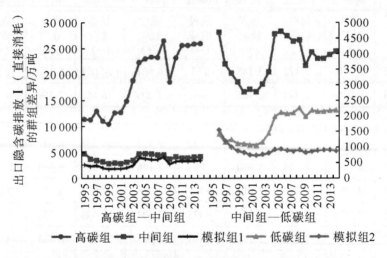

图4-14　出口隐含碳排放 I（直接消耗）群组差异分解

图4-14左边部分与右边部分分别报告高碳组、中间组与中间组、低碳组出口隐含碳排放 I（直接消耗）的群组差异情况。图4-14左边部分显示"高碳组、中间组、模拟组1"的位置排序，属于"总效应为正，强度效应正，规模效应为负"的类型②，说明高碳组的直接碳强度显著高于中间组，高碳组的出口规模显著小于中间组，两大影响因子分别构成了出口隐含碳排放群组差异的正反向作用机制，由于直接碳强度群组差异的作用强度大于出口规模群组

差异的作用强度，由此形成了正向的群组差异。结合表4-20可知，从截面水平来看，群组差异的样本期均值为15 113万吨，106.25%可以解释为直接碳强度的群组差异，-6.25%可以解释为出口规模的群组差异；从具体的变化趋势来看，高碳组与中间组出口隐含碳排放的群组差异呈时序递增的基本趋势，从1995年的6 598万吨递增至2014年的21 869万吨，直接碳强度群组差异的解释程度从期初的132.92%下降至期末的103.43%，出口规模群组差异的解释程度从期初的-32.92%上升至3.43%，两大影响因子开始从反向对冲转向同向叠加作用。

同理，图4-14右边部分显示"中间组、低碳组、模拟组2"的位置排序，同样属于"总效应为正，强度效应正，规模效应为负"的类型②，说明中间组的直接碳强度显著高于低碳组，中间组的出口规模显著小于低碳组，两大影响因子分别构成了出口隐含碳排放群组差异的正反向作用机制，由于直接碳强度群组差异的作用强度大于出口规模群组差异的作用强度，由此形成了正向的群组差异。由表4-20可知，从截面水平来看，中间组与低碳组群组差异的样本期均值为2 089万吨，137.91%可以解释为直接碳强度的两组差异，-37.91%可以解释为出口规模的两组差异。从具体的时序趋势来看，中间组与低碳组出口隐含碳排放的群组差异呈收敛趋势，从1995年的3 281万吨降至2014年1 891万吨，直接碳强度两组差异的解释程度从期初的95.95%大幅上升至169.49%，出口规模两组差异的解释程度则从期初的4.05%下降至-69.49%。由此说明，出口隐含碳排放的两大影响因子分别构成了群组差异的正反向驱动因素。

图4-15左边部分与右边部分分别报告高碳组、中间组与中间组、低碳组出口隐含碳排放Ⅱ（间接消耗）的群组差异情况。图4-15左边部分显示"中间组、高碳组、模拟组1"的位置排序，属于"总效应为负，强度效应为正，规模效应为负"的类型⑥，说明高碳组的间接碳强度显著高于中间组，高碳组的出口规模显著小于中间组，两大影响因子分别构成了出口隐含碳排放群组差异的正反向作用机制，由于出口规模群组差异的作用强度大于间接碳强度群组差异的作用强度，由此形成了负向的群组差异。结合表4-20可知，从截面水平来看，群组差异的样本期均值为-35 073万吨，-42.08%可以解释为间接碳强度的群组差异，142.08%可以解释为出口规模的群组差异；从具体的变化趋势来看，高碳组与中间组出口隐含碳排放的群组差异呈时序递增的基本趋势，从1995年的-13 441万吨递增至2014年的-62 352万吨，间接碳强度群组差异的解释程度从期初的-48.86%上升至期末的-42.08%，出口规模群组差异

的解释程度从期初的148.86%降至142.08%，说明出口隐含碳排放的两大影响因子分别构成了群组差异的正反向驱动因素。至此，命题6完全得证。

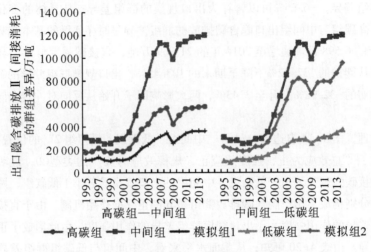

图4-15　出口隐含碳排放Ⅱ：单量效应与规模效应组合

同理，图4-15右边部分显示"中间组、模拟组2、低碳组"的位置排序，属于"总效应为正，强度效应正，规模效应为正"的类型①，说明中间组的间接碳强度显著高于低碳组，中间组的出口规模显著大于低碳组，两大影响因子构成了出口隐含碳排放群组差异的同向作用机制，由此形成了正向的群组差异。由表4-20可知，从截面水平来看，中间组与低碳组群组差异的样本期均值为50 578万吨，38.92%可以解释为间接碳强度的两组差异，61.08%可以解释为出口规模的两组差异。从具体的时序趋势来看，中间组与低碳组出口隐含碳排放的群组差异呈扩大趋势，从1995年的20 857万吨上升至2014年82 786万吨，间接碳强度两组差异的解释程度从期初的39.92%下降至29.61%，出口规模两组差异的解释程度则从期初的60.08%上升至70.39%。由此说明，出口隐含碳排放的两大影响因子构成了群组差异的同向驱动因素，驱动强度存在着"直接碳强度群组差异缩小、出口规模群组差异扩大"的动态演化趋势。

综上所述，三大群组出口隐含碳排放Ⅰ（直接消耗）与出口隐含碳排放Ⅱ（间接消耗）的因子组合方式存在显著差异：首先，对出口隐含碳排放Ⅰ（直接消耗）而言，三大群组单位产出碳强度的群组差异较为明显，作用强度更为显著，构成了出口隐含碳排放Ⅰ（直接消耗）群组差异的核心影响因素与主要来源。同时，相比于直接碳强度的群组差异而言，间接碳强度的群组落差较低，出口规模的群组差异成为核心影响因素，构成了出口隐含碳排放 II（间接消耗）群组差异的主要来源。

第四节 本章小结

本章根据出口隐含碳排放核算公式与影响因子的经济含义，绘制出口隐含碳排放无差异曲线及无差异曲线扩展线，构造内含叠加组合、梯次组合与错位组合等多种组合方式的选择空间，从区间分布与概率分布等角度，考察出口隐含碳排放 I 与出口隐含碳排放 II 因子组合在组合方式选择集中的偏向程度，并分别进行基于"部门比重"的基数评价与基于"部门排序"的序数评价，从中识别两种出口隐含碳排放部门差异的形成机制。研究发现，从宏观上来看，出口隐含碳排放 I（直接消耗）与出口隐含碳排放 II（间接消耗）影响因子的组合方式存在明显差异：出口隐含碳排放 I 偏向于（出口规模大，直接碳强度低）、（出口规模小，直接碳强度高）的"错位"组合；出口隐含碳排放 II 偏向于（出口规模大，间接碳强度高）、（出口规模小，间接碳强度低）的"叠加"组合。

同时，本章根据投入产出表与 Leontief 逆矩阵的平衡原理，绘制部门"碳转移"平衡表，从"碳转移"的角度定义"碳净输出部门""碳输入部门""碳平衡部门"，识别"碳净输出部门"属于典型高碳部门。"碳转移"一方面稀释了"碳源部门"的碳排放密集度，另一方面提高了其他部门的"碳强度"水平，产生了"削峰填谷"的平滑效应，构成了出口隐含碳排放部门差异的一个平滑机制。

从动态视角来看，单位值碳强度（包括直接碳强度与间接碳强度）下降、出口规模增加，单位值碳强度（包括直接碳强度与间接碳强度）的下降幅度小于出口规模的增加幅度，导致出口隐含碳排放呈单调递增的基本趋势，构成了样本期内出口隐含碳排放 I 与出口隐含碳排放 II 时序变化的一个基本事实与典型特征。从动态演化轨迹来看，中国出口隐含碳排放在样本期内的扩张过程实际上是沿着单量边际收缩、沿着规模边际扩张的过程，由于规模边际扩张幅度大于强度边际的收缩幅度，因而出口隐含碳排放在样本期内的演化轨迹为向右下方倾斜的无差异曲线扩展线。

另外，本章借助出口隐含碳排放总量不变的结构调整方程，分别测算了基于直接碳强度与间接碳强度的产业出口替代率 I 与产业出口替代率 II。通过对两种产业出口替代率的比较分析发现，产业出口替代率Ⅰ的截面水平较高，且不同产业出口替代率的差异较为显著，这说明对于出口隐含碳排放Ⅰ（直接消耗）而言，出口的产业结构调整，能够产生显著的碳减排效果。与此不同的是，产品出口替代率Ⅱ的截面水平较低，且不同产业出口替代率差异较小，由此说明出口的总量规模控制，能够对出口隐含碳排放Ⅱ（间接消耗）产生更为显著的碳减排效果。

通过强度效应与规模效应的结构分解发现，三大群组的出口隐含碳排放Ⅰ（直接消耗）与出口隐含碳排放Ⅱ（间接消耗）因子组合方式存在显著差异：首先，对出口隐含碳排放Ⅰ（直接消耗）而言，三大群组的直接碳强度的群组差异较为明显，作用强度更为显著，构成了出口隐含碳排放Ⅰ（直接消耗）群组差异的核心影响因素与主要来源。同时，相比于直接碳强度的群组差异而言，间接碳强度的群组落差较低，出口规模的群组差异成为主要成因，构成了出口隐含碳排放Ⅱ（间接消耗）群组差异的核心解释因素。

第五章 影响因子扩展分析：出口隐含碳排放纵向传导机制

第一节 "初始产出→中间消耗→出口值"解释性框架的分析

一、研究命题7与"初始产出→中间消耗→出口值"解释性框架的提出

基于出口隐含碳排放 I（直接消耗）、出口隐含碳排放 II（间接消耗）的部门差异与年份变化，第四章通过比较两者单位值碳强度与出口规模的组合方式及其变化轨迹所形成的二元边际，对出口隐含碳排放影响因子做出了初步探讨。下文将出口隐含碳排放 I 与出口隐含碳排放 II 归并为基于完全消耗的出口隐含碳排放，在"初始产出→中间消耗→出口值"解释性框架下识别上游初始产出环节、中游中间消耗环节、下游出口环节的内生性关联与纵向传导机制。基于此，本书提出命题7。

命题7：在"初始产出→中间消耗→出口值"解释性框架下，初始产出、中间消耗与出口的部门构成具有内在一致性，均显著偏斜于高碳部门，初始产出构成"高碳源"，中间消耗与出口分别构成了一次扩散机制与二次放大机制，由此形成高碳部门"上游环节大量产出、中游环节大量消耗、下游环节大量出口"的纵向传导机制。

命题7的验证需要进行模型设定、指标构建与分析，这将构成下面部分的主要内容。由前述内容可知，基于完全消耗的出口隐含碳排放核算公式如下所示：

$$K^{完全消耗} = \underset{(a)}{[\delta_1, \ \delta_2 \cdots \delta_7]} \cdot \underset{(b)}{\begin{bmatrix} p_{11} & p_{12} & \cdots & p_{1,\,21} \\ p_{21} & p_{22} & \cdots & p_{2,\,21} \\ \vdots & \vdots & \ddots & \vdots \\ p_{71} & p_{72} & \cdots & p_{7,\,21} \end{bmatrix}} \cdot \underset{(c)}{\begin{bmatrix} \dfrac{1}{X_1} & 0 & \cdots & 0 \\ 0 & \dfrac{1}{X_2} & \cdots & 0 \\ \vdots & \vdots & \ddots & \vdots \\ 0 & 0 & \cdots & \dfrac{1}{X_{21}} \end{bmatrix}}$$

$$\cdot \underset{(d)}{\begin{bmatrix} b_{11} & b_{12} & \cdots & b_{1,\,21} \\ b_{21} & b_{22} & \cdots & b_{2,\,21} \\ \vdots & \vdots & \ddots & \vdots \\ b_{21,\,1} & b_{21,\,2} & \cdots & b_{21,\,21} \end{bmatrix}} \cdot \underset{(e)}{\begin{bmatrix} r_1 \\ r_2 \\ \vdots \\ r_{21} \end{bmatrix}} \cdot \underset{(f)}{\sum_{j=1}^{21} \mathrm{E}X_j}$$

此处，各公式符号的经济含义如下：

$[\delta_1, \ \delta_2 \cdots \delta_7]$ 是七种能源[①]碳排放系数行向量；

$\begin{bmatrix} p_{1j} \\ p_{2j} \\ \vdots \\ p_{7j} \end{bmatrix}$ 是 j 部门能源消耗列向量，$j = 1, \ 2 \cdots 21$；

X_j 是 j 部门的产出；

$\begin{bmatrix} b_{1j} \\ b_{2j} \\ \vdots \\ b_{21,\,j} \end{bmatrix}$ 是 j 部门的完全消耗系数；

$\begin{bmatrix} r_1 \\ r_2 \\ \vdots \\ r_{21} \end{bmatrix}$ 是出口部门比重列向量；

$\sum\limits_{j=1}^{21} \mathrm{E}X_j$ 是出口总值；

$\dfrac{P_j}{X_j}$ 是 j 部门的单位产出碳强度。

---

① 此处，七种能源依次是煤炭、原油、汽油、煤油、柴油、燃料油与天然气。

上述公式含了能源、初始产出、中间消耗、最终产值、出口值等多个影响因子，（**a**）、（**b**）、（**c**）、（**d**）、（**e**）、（**f**）作为出口隐含碳排放的独立自变量，其依次相乘的经济含义是：首先，若将能源碳排放系数行向量（**a**）乘以部门能源消耗矩阵（**b**），得到的是 21 部门碳排放行向量（**a**）·（**b**）；其次，将 21 个部门碳排放行向量（**a**）·（**b**）乘以部门产出对角矩阵逆矩阵（**c**），即可得到 21 部门单位产出碳强度行向量（**a**）·（**b**）·（**c**）；在此基础上，将 21 部门单位产出碳强度行向量（**a**）·（**b**）·（**c**）乘以 Leontief 逆矩阵，可得到 21 个部门单位产值碳强度行向量（**a**）·（**b**）·（**c**）·（**d**）；随后，将 21 个部门单位产值碳强度行向量（**a**）·（**b**）·（**c**）·（**d**）乘以出口部门比重列向量（**e**），可以得到单位出口值碳强度（**a**）·（**b**）·（**c**）·（**d**）·（**e**）；最后，将单位出口值碳强度（**a**）·（**b**）·（**c**）·（**d**）·（**e**）乘以出口总值（**f**），即可测算出口隐含碳排放总量（**a**）·（**b**）·（**c**）·（**d**）·（**e**）·（**f**）。通过因子拆分或合并的方式，上述公式可以获得多种变换形式，公式变式为本书的因子选取提供了选择空间（choice space），变式的经济含义还可作为影响因子选取的重要依据。

由第三章、第四章的内容可知，基于完全消耗的出口隐含碳排放具有"合成"性质，可以分解为源于直接消耗的出口隐含碳排放 I 与源于间接消耗的出口隐含碳排放 II，即出口隐含碳排放（完全消耗）= 出口隐含碳排放 I（直接消耗）+出口隐含碳排放 II（间接消耗）。两种出口隐含碳排放的表达式分别如下：

$$K^{直接消耗} = \left[\frac{P_1}{X_1}, \frac{P_2}{X_2}, \cdots, \frac{P_{21}}{X_{21}}\right] \cdot \begin{bmatrix} EX_1 \\ EX_2 \\ \vdots \\ EX_{21} \end{bmatrix} = \left[\frac{P_1}{X_1}, \frac{P_2}{X_2}, \cdots, \frac{P_{21}}{X_{21}}\right] \cdot$$

$$\begin{bmatrix} 1 & 0 & \cdots & 0 \\ 0 & 1 & \cdots & 0 \\ \vdots & \vdots & \ddots & \vdots \\ 0 & 0 & \cdots & 1 \end{bmatrix} \cdot \begin{bmatrix} EX_1 \\ EX_2 \\ \vdots \\ EX_{21} \end{bmatrix}$$

$$K^{间接消耗} = \left[\frac{P_1}{X_1}, \frac{P_2}{X_2}, \cdots, \frac{P_{21}}{X_{21}}\right] \cdot \begin{bmatrix} b_{11}-1 & b_{12} & \cdots & b_{1,21} \\ b_{21} & b_{22}-1 & \cdots & b_{2,21} \\ \vdots & \vdots & \ddots & \vdots \\ b_{21,1} & b_{21,2} & \cdots & b_{21,21}-1 \end{bmatrix} \cdot \begin{bmatrix} EX_1 \\ EX_2 \\ \vdots \\ EX_{21} \end{bmatrix}$$

从上述表达式可知，出口隐含碳排放 I（直接消耗）与出口隐含碳排放 II

（间接消耗）的区别集中体现为消耗系数矩阵的差异：对出口隐含碳排放 I
（直接消耗）而言，部门之间具有独立性，各部门出口隐含碳排放 I（直接消
耗）仅与本部门的单位产出碳强度、出口规模相关，不涉及部门之间的投入
产出关联；相比较而言，出口隐含碳排放 II（间接消耗）的部门之间存在显著
的交互作用，任何一个部门的最终产值都需要消耗其他部门的初始产出，部门
之间的投入产出关联构成出口隐含碳排放 II（间接消耗）的核心影响因素。事
实上，将出口隐含碳排放 I（直接消耗）的测算公式乘以单位矩阵后，出口隐
含碳排放的测算公式可以统一表示为：出口隐含碳排放＝单位产出碳强度×消
耗系数矩阵×出口规模，由此构建起"初始产出→中间消耗→出口值"的统一
分析框架。本书将上游的单位产出碳排放量、中游的消耗系数矩阵、下游的出
口规模确定为出口隐含碳排放的三大影响因子。基于此，出口隐含碳排放
（完全消耗）的测算公式可以变换为

$$K^{完全消耗} = \left[\frac{P_1}{X_1}, \frac{P_2}{X_2}, \cdots, \frac{P_{21}}{X_{21}}\right] \cdot \begin{bmatrix} b_{11} & b_{12} & \cdots & b_{1,\,21} \\ b_{21} & b_{22} & \cdots & b_{2,\,21} \\ \vdots & \vdots & \ddots & \vdots \\ b_{21,\,1} & b_{21,\,2} & \cdots & b_{21,\,21} \end{bmatrix} \cdot \begin{bmatrix} EX_1 \\ EX_2 \\ \vdots \\ EX_{21} \end{bmatrix}$$

需要指出的是，上述影响因子的选取建立在 Grossman 和 Krueger 所使用的
基础模型[1]之上，并从以下几个方面进行了扩展：首先，为避免"核心变量遗
漏"与"出现分解剩余"（decomposition residual）的谬误，本书沿用了
Grossman 和 Krueger"从核算公式或核算公式变式中选取影响因子"的处理方
式，但将因子选择集从原来基础模型单一的"出口"环节扩展至"中间消耗"
与"初始产出"环节。其次，区别于基础模型"直接以单位产值碳强度表示
技术效应，不再进一步探索单位产值碳强度的决定性因素"简化处理，本书
将"单位产值碳强度"表示为"单位产出碳强度"与"完全消耗系数"的乘
积形式，对应于"上游初始产出→中游中间消耗→下游出口"的纵向关联，

---

[1] Grossman 和 Krueger 建立的基础模型可以表示为：$K = \sum_j ex \cdot r_j \cdot t_j$。其中，$K$ 表示出口隐含
碳排放，ex、r_j、t_j 分别表示出口规模，j 部门出口比重与 j 部门单位碳强度，并将其分别定义为总量
效应、结构效应、技术效应的三大影响因子。

分别选取单位产出碳强度 $\left[\dfrac{P_1}{X_1}, \dfrac{P_2}{X_2}, \cdots, \dfrac{P_{21}}{X_{21}}\right]$、Leontief 逆矩阵

$\begin{bmatrix} b_{11} & b_{12} & \cdots & b_{1,\,21} \\ b_{21} & b_{22} & \cdots & b_{2,\,21} \\ \vdots & \vdots & \ddots & \vdots \\ b_{21,\,1} & b_{21,\,2} & \cdots & b_{21,\,21} \end{bmatrix}$、出口规模 $\begin{bmatrix} EX_1 \\ EX_2 \\ \vdots \\ EX_{21} \end{bmatrix}$ 作为三大影响因子，通过考察

三大影响因子的"部门构成"及其时序特征，识别各个环节"碳偏向性"的内生性关联与可能存在的纵向传导机制；事实上，通过"完全消耗系数"的分解，可将单位产值碳强度区分为基于直接消耗的直接碳强度与基于间接消耗的间接碳强度两部分[①]，以便于观测出口隐含碳排放的来源与构成。

二、影响因子"总量＊结构＊技术效应"形式变换与碳偏向性指数构建

类似于 Grossman 和 Krueger 所使用的基础模型"总量、结构、技术效应"的分析范式，本书对三大影响因子实施"总量＊结构"形式的变换，并分别构建相应的量化指标，实现"因子变动"总量效应与结构效应的合理分解。

$$K^{完全消耗} = \left[\frac{P_1}{X_1}, \frac{P_2}{X_2}, \cdots, \frac{P_{21}}{X_{21}}\right] \cdot \begin{bmatrix} b_{11} & b_{12} & \cdots & b_{1,\,21} \\ b_{21} & b_{22} & \cdots & b_{2,\,21} \\ \vdots & \vdots & \ddots & \vdots \\ b_{21,\,1} & b_{21,\,2} & \cdots & b_{21,\,21} \end{bmatrix} \cdot \begin{bmatrix} EX_1 \\ EX_2 \\ \vdots \\ EX_{21} \end{bmatrix}$$

$$= \sum_{j=1}^{21}\left(\frac{P_j}{X_j}\right) \cdot [\alpha_1, \alpha_2, \cdots, \alpha_{21}] \cdot \sum_{j=1}^{21}\sum_{i=1}^{21} b_{ij} \cdot \begin{bmatrix} \beta_{11} & \beta_{12} & \cdots & \beta_{1,\,21} \\ \beta_{21} & \beta_{22} & \cdots & \beta_{2,\,21} \\ \vdots & \vdots & \ddots & \vdots \\ \beta_{21,\,1} & \beta_{21,\,2} & \cdots & \beta_{21,\,21} \end{bmatrix} \cdot$$

$$\sum_{j=1}^{21} EX_j \cdot \begin{bmatrix} r_1 \\ r_2 \\ \vdots \\ r_{21} \end{bmatrix}$$

此处，新增公式符号的经济含义如下：

$\displaystyle\sum_{j=1}^{21}\left(\frac{P_j}{X_j}\right)$ 是单位产出碳强度的部门总量；

[①] 由前述内容可知：部门单位产值碳强度＝部门单位产出碳强度＋部门单位产值间接碳强度。在本书中，部门单位产值直接碳强度的经济含义等价于单位产出碳强度。

$\sum\limits_{j=1}^{21}\sum\limits_{i=1}^{21} b_{ij}$ 是中间消耗的部门总量；

$\alpha_j = \dfrac{\dfrac{P_j}{X_j}}{\sum\limits_{j=1}^{21}(\dfrac{P_j}{X_j})}$，即单位产出碳强度的 j 部门比重；

$\beta_{ij} = \dfrac{b_{ij}}{\sum\limits_{j=1}^{21}\sum\limits_{i=1}^{21} b_{ij}}$ 是 j 部门完全消耗的 i 部门比重，

$\sum\limits_{j=1}^{21} a_j = \sum\limits_{j=1}^{21}\sum\limits_{i=1}^{21} \beta_{ij} = \sum\limits_{j=1}^{21} r_j = 1$。

由上可知，$\sum\limits_{j=1}^{21}(\dfrac{P_j}{X_j})$、$\sum\limits_{j=1}^{21}\sum\limits_{i=1}^{21} b_{ij}$、$\sum\limits_{j=1}^{21} EX_j$ 作为影响因子"单位产出碳强度""中间消耗""出口规模"的 21 年部门总量；α、β、r 作为影响因子的部门比重向量，分别构成了因子总量效应与结构效应的量化指标。同时，α、β、r 向量的组合方式 $\alpha \cdot \beta$、$\alpha \cdot \beta \cdot r$ 也有着显著的应用价值，通过与产出部门构成向量

$x = \begin{bmatrix} x_1 \\ x_2 \\ \vdots \\ x_{21} \end{bmatrix}$、产值部门构成向量 $y = \begin{bmatrix} y_1 \\ y_2 \\ \vdots \\ y_{21} \end{bmatrix}$ 的结合使用，可以分别构建起衡量产

出环节、中间消耗环节、出口环节"碳偏向性"的量化指标，并为出口隐含碳排放纵向传导机制的存在性提供佐证。各"碳偏向性"指数的表达式及其经济含义如下：

产出碳偏向性指数 $\chi_1 = \dfrac{\bar{\alpha} - \alpha_{\text{中}}}{\sigma_\alpha}$，$\chi_1 \begin{cases} > 0, \text{右偏态，高碳偏向性；} \\ = 0, \text{平衡态，碳中性；} \\ < 0, \text{左偏态，低碳偏向性。} \end{cases}$

其中，$\bar{\alpha}$ 表示向量元素 α_1、$\alpha_2 \cdots \alpha_{21}$ 的平均数，$\alpha_{\text{中}}$ 表示其中位数，σ_α 为其标准差。一般来说，若上述指数为正，说明平均数大于中位数，单位产出碳强度的偏斜方向为右偏态，即部门分布偏斜于高碳部门；指数值越大，反映其偏向于高碳部门的偏斜程度越明显。

中间消耗碳偏向性指数 $\chi_2 = \alpha \cdot \beta = \sum\limits_{j=1}^{21}(\alpha_j \cdot \sum\limits_{i=1}^{21} \beta_{ij})$，

$\chi_2 \begin{cases} > \alpha \cdot x, \text{高碳偏向性；} \\ = \alpha \cdot x, \text{碳中性；} \\ < \alpha \cdot x, \text{低碳偏向性。} \end{cases}$，$\chi_2 \in [0, 1]$。

若 $X_2 > \alpha \cdot x$，说明相对于产出部门构成向量 $x = \begin{bmatrix} x_1 \\ x_2 \\ \vdots \\ x_{21} \end{bmatrix}$ 而言，中间消耗部

门构成向量 $\boldsymbol{\beta} = \begin{bmatrix} \sum\limits_{i=1}^{21} \beta_{ij} \\ \sum\limits_{i=1}^{21} \beta_{ij} \\ \vdots \\ \sum\limits_{i=1}^{21} \beta_{ij} \end{bmatrix}$ 显著偏向于高碳部门，消耗投入构成偏向于（部门单

位产出碳强度高，部门消耗量大）、（部门单位产出碳强度低，部门消耗量小）
的叠加组合。

若 $X_2 < \alpha \cdot x$，说明相对于产出部门构成向量而言，中间消耗部门构成向
量显著偏向于低碳部门，消耗投入构成偏向于（部门单位产出碳强度高，部
门消耗量小）、（部门单位产出碳强度低，部门消耗量大）的错位组合。

若 $X_2 = \alpha \cdot x$，说明消耗投入的部门构成与产出的部门构成具有内在一致
性，消耗投入呈碳中性。

出口碳偏向性指数 $X_3 = \alpha \cdot \beta \cdot r = \sum\limits_{j=1}^{21} \left[\left(\sum\limits_{i=1}^{21} \alpha_i \cdot \beta_{ij} \right) \cdot r_j \right]$，

$$X_3 \begin{cases} > \alpha \cdot \beta \cdot y，高碳偏向性； \\ = \alpha \cdot \beta \cdot y，碳中性； \qquad X_3 \in [0, 1] \\ < \alpha \cdot \beta \cdot y，低碳偏向性。 \end{cases}$$

事实上，若将指数 X_3 与 $\alpha \cdot \beta \cdot y$ 乘以总量指数 $\sum\limits_{j=1}^{21} \left(\dfrac{P_j}{X_j} \right) \cdot \sum\limits_{j=1}^{21} \sum\limits_{i=1}^{21} b_{ij}$，即可
得到单位出口值碳强度与单位产值碳强度。事实上，$X_3 = \alpha \cdot \beta \cdot y$，说明单位出
口值碳强度等于单位产值碳强度，出口与最终产值的部门构成具有内在一致
性；$X_3 > \alpha \cdot \beta \cdot y$，即单位出口值碳强度大于单位产值碳强度，说明相比于最
终产值而言，出口的部门构成显著偏向于高碳部门，具有高碳偏向性；反之，
$X_3 < \alpha \cdot \beta \cdot y$，即单位出口值碳强度小于单位产值碳强度，说明相比于最终产
值而言，出口的部门构成显著偏向于低碳部门，具有低碳偏向性（如图 5-1
所示）。

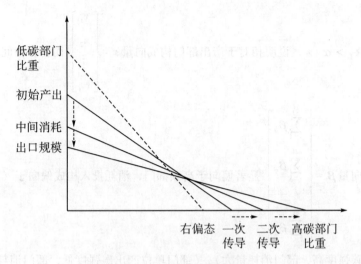

图 5-1　纵向传导机制图

为了便于观察三大影响因子的时序变化及其影响效果，我们可以对上述公式进行动态化处理。

$$K_t^{完全消耗} = \sum_{j=1}^{21}\left(\frac{P_j}{X_j}\right)_t \cdot [\alpha_1, \alpha_2 \cdots \alpha_{21}]_t \cdot \left(\sum_{j=1}^{21}\sum_{i=1}^{21} b_{ij}\right)_t \cdot$$

$$\begin{bmatrix} \beta_{11} & \beta_{12} & \cdots & \beta_{1,\,21} \\ \beta_{21} & \beta_{22} & \cdots & \beta_{2,\,21} \\ \vdots & \vdots & \ddots & \vdots \\ \beta_{21,\,1} & \beta_{21,\,2} & \cdots & \beta_{21,\,21} \end{bmatrix}_t \cdot \left(\sum_{j=1}^{21} EX_j\right)_t \cdot \begin{bmatrix} r_1 \\ r_2 \\ \vdots \\ r_{21} \end{bmatrix}_t, \quad (t = 1995, \cdots, 2014)$$

三、碳偏向性分析：一次传导、二次传导的识别与验证

通过上述动态化公式计算所得的影响因子碳排放性指数如表 5-1 所示。表 5-1 同时提供了参照系数，以便于确定中间消耗与出口的"碳偏向性"，并进一步明确其在样本期内的动态变化情况。

表 5-1　三大影响因子碳偏向性指数

年份	初始产出	中间消耗		出口规模	
	碳偏向性指数 χ_1	碳偏向性指数 χ_2	参照系数 $\alpha \cdot x$	碳偏向性指数 χ_3	参照系数 $\alpha \cdot \beta \cdot y$
1995	0.028 36	0.045 31	0.028 36	0.001 65	0.001 52
1996	0.026 95	0.043 93	0.026 95	0.001 48	0.001 34

表5-1(续)

年份	初始产出	中间消耗		出口规模	
	碳偏向性指数 χ_1	碳偏向性指数 χ_2	参照系数 $\alpha \cdot x$	碳偏向性指数 χ_3	参照系数 $\alpha \cdot \beta \cdot y$
1997	0.028 17	0.045 34	0.028 17	0.001 54	0.001 36
1998	0.026 83	0.044 52	0.026 83	0.001 45	0.001 3
1999	0.027 89	0.045 63	0.027 89	0.001 51	0.001 37
2000	0.028 57	0.046 42	0.028 57	0.001 54	0.001 41
2001	0.028 65	0.046 53	0.028 65	0.001 53	0.001 4
2002	0.028 76	0.047 25	0.028 76	0.001 54	0.001 41
2003	0.029 11	0.048 91	0.029 11	0.001 53	0.001 41
2004	0.033 84	0.053 37	0.033 84	0.001 7	0.001 58
2005	0.035 17	0.054 71	0.035 17	0.001 71	0.001 62
2006	0.029 99	0.050 05	0.029 99	0.001 47	0.001 36
2007	0.030 70	0.050 62	0.030 70	0.001 43	0.001 33
2008	0.030 87	0.049 63	0.030 87	0.001 39	0.001 26
2009	0.029 89	0.049 04	0.029 89	0.001 34	0.001 23
2010	0.029 86	0.049 02	0.029 86	0.001 3	0.001 19
2011	0.029 95	0.049 17	0.029 95	0.001 25	0.001 14
2012	0.029 81	0.048 72	0.028 72	0.001 19	0.001 05
2013	0.029 77	0.047 64	0.029 03	0.001 11	0.001
2014	0.029 64	0.048 22	0.029 54	0.001 06	0.000 97

数据来源：作者根据《中国能源统计年鉴》与世界投入产出数据库（WIOD）有关数据计算获得。

表5-1 显示，在整个样本期内，初始产出的碳偏向性指数始终为正，说明单位产出碳强度的部门平均数大于部门中位数，偏斜方向呈右偏态，即部门分布偏斜于高碳部门；同时，从具体的变化趋势来看，指数值表现为"初次平稳→显著上升→再次平稳"的阶段性轨迹：1995—2001 年，指数值稳定在0.028 附近，呈上下小幅波动状态；2002—2005 年，指数值出现了显著的递增趋势，从 0.028 76 上升至 0.035 17，上升幅度高达 22.29%，这说明样本期第Ⅱ阶段"快速攀升"的扩张过程，实质上伴随着高碳部门总量与结构比重的

同步提升,反映出其偏向于高碳部门的偏斜程度更为显著;2006—2014年,指数值再次表现出了稳健性,长期稳定在[0.029, 0.003]这一区间内,变化幅度较为平缓。由此说明,样本期内,初始产出的部门构成偏向于高碳部门,产出环节形成了出口隐含碳排放的上游"高碳源"。由此可知,命题7初步得证。

同时,通过比较中间消耗、出口碳偏向性指数与参照系数 $\alpha \cdot x$、$\alpha \cdot \beta \cdot y$ 可知,样本期的碳偏向性指数始终大于参照系数,这说明中间消耗环节与出口环节均呈"高碳偏向性",分别构成了出口隐含碳排放的一次传导与二次传导机制。从截面水平来看,中间消耗碳偏向性指数的样本期均值为0.048 2,参照系数的样本期均值为0.029 5,参照系数 $\alpha \cdot x$ 显著小于 $\alpha \cdot \beta$,这说明相比于初始产出的"右偏态"而言,中间消耗偏向于高碳部门的偏斜程度更为显著,构成了出口隐含碳排放的传导放大机制,将产出环节的"碳强度"更大比例地传导给中间消耗环节与出口环节。从具体的时序趋势来看,1995—2001年,中间消耗碳偏向性指数以阶段性均值0.029 7为中心,呈小幅波动状态;2002—2005年,偏向性指数出现了显著的递增趋势,从2002年的0.028 7递增至2005年的0.035 2,增幅高达22.65%。此后,中间消耗碳偏向性指数表现出了明显的稳健性趋势,指数值长期稳定在0.029 8左右。由此可见,中间消耗环节构成了出口隐含碳排放的传导扩散机制,将上游产出环节的"碳强度"更大比例地传导给中下游环节。在此基础上,通过比较参照系数 $\alpha \cdot \beta \cdot y$ 与出口碳偏向性指数 χ_3 可知,两者的样本期均值分别为0.001 3与0.001 4,参照系数 $\alpha \cdot \beta \cdot y$ 小于出口碳偏向性指数。结合两种指标的经济含义可知,样本期内单位产值碳强度小于单位出口值碳强度,这说明相比于最终产值的部门构成而言,出口向高碳部门的偏向程度更为明显,表现出了更为显著的"高碳偏向性"。由此可见,出口环节构成了出口隐含碳排放的二次传导机制,将中上游的"碳强度"更大比例地传导给了下游环节。至此,命题7完全得证。

第二节　时序维度因子分析:反事实构造→结构分解→效应测度

一、研究命题8的提出与反事实构造的结构分解原理释义

这一部分根据出口隐含碳排放核算公式与影响因子的经济含义,选取"单位产出碳强度A""Leontief逆矩阵B"与"出口规模C"作为出口隐含碳

排放的三大影响因子，构建"结构分解→效应测度→因子识别"分析范式，通过开展基于影响因子的反事实构造，对出口隐含碳排放进行结构分解，依次对三大影响因子的作用方向与作用强度进行具体探讨。基于此，本书提出命题8。

命题8："单位产出碳强度""Leontief 逆矩阵""出口规模"作为出口隐含碳排放的三大影响因子，其"总量变动"与"结构变动"对出口隐含碳排放均产生显著影响；在"结构分解→效应测度→因子识别"分析范式下，单位产出碳强度构成出口隐含碳排放的抑制性因素，出口规模与 Leontief 逆矩阵分别构成主要扩张性因素与次要扩张性因素。

命题8的验证过程构成下面部分的主要内容。由前述内容可知，基于完全消耗的出口隐含碳排放测算公式可以表示为

$$
K_t^{完全消耗} = \left[\frac{P_1}{X_1}, \frac{P_2}{X_2}, \cdots, \frac{P_{21}}{X_{21}}\right]_t \cdot \begin{bmatrix} b_{11} & b_{12} & \cdots & b_{1,21} \\ b_{21} & b_{22} & \cdots & b_{2,21} \\ \vdots & \vdots & \ddots & \vdots \\ b_{21,1} & b_{21,2} & \cdots & b_{21,21} \end{bmatrix}_t \cdot \begin{bmatrix} EX_1 \\ EX_2 \\ \vdots \\ EX_{21} \end{bmatrix}_t
$$

$$
= \sum_{j=1}^{21}\left(\frac{P_j}{X_j}\right)_t \cdot [\alpha_1, \alpha_2, \cdots, \alpha_{21}]_t \cdot \left(\sum_{j=1}^{21}\sum_{i=1}^{21} b_{ij}\right)_t \cdot
$$

$$
\begin{bmatrix} \beta_{11} & \beta_{12} & \cdots & \beta_{1,21} \\ \beta_{21} & \beta_{22} & \cdots & \beta_{2,21} \\ \vdots & \vdots & \ddots & \vdots \\ \beta_{21,1} & \beta_{21,2} & \cdots & \beta_{21,21} \end{bmatrix}_t \cdot \left(\sum_{j=1}^{21} EX_j\right)_t \cdot \begin{bmatrix} r_1 \\ r_2 \\ \vdots \\ r_{21} \end{bmatrix}_t, \quad (t = 1995, \cdots, 2014)
$$

在前面部分，我们确定单位产出碳强度、Leontief 逆矩阵、出口规模作为出口隐含碳排放的三大影响因子，结合"总量×占比"的形式变换，可以将出口隐含碳排放表示为单位产出碳强度、Leontief 逆矩阵、出口规模总量与结构形式的六项乘积。为了简化起见，若分别以字母 A、B、C 代表三大影响因子，上述测算公式可以简化表示为

$$
K_t^{完全消耗} = A_t B_t C_t = (A_t^{总量} A_t^{结构}) \cdot (B_t^{总量} B_t^{结构}) \cdot (C_t^{总量} C_t^{结构})
$$

上述公式符号的经济含义分别是：

$A_t^{总量} = \sum_{j=1}^{21}\left(\frac{P_j}{X_j}\right)_t$ 是 t 年单位产出碳强度的部门之和；

$B_t^{总量} = \left(\sum_{j=1}^{21}\sum_{i=1}^{21} b_{ij}\right)_t$ 是 t 年中间消耗的部门之和；

$C_t^{总量} = (\sum_{j=1}^{21} EX_j)_t$ 是 t 年 21 个部门出口总量；

$A_t^{结构} = [\alpha_1, \ \alpha_2 \cdots \alpha_{21}]_t$ 是 t 年单位产出碳强度的部门构成行向量；

$$B_t^{结构} = \begin{bmatrix} \beta_{11} & \beta_{12} & \cdots & \beta_{1,\,21} \\ \beta_{21} & \beta_{22} & \cdots & \beta_{2,\,21} \\ \vdots & \vdots & \ddots & \vdots \\ \beta_{21,\,1} & \beta_{21,\,2} & \cdots & \beta_{21,\,21} \end{bmatrix}_t$$ 是 t 年中间消耗的部门构成矩阵；

$$C_t^{结构} = \begin{bmatrix} r_1 \\ r_2 \\ \vdots \\ r_{21} \end{bmatrix}_t$$ 是 t 年出口的部门构成列向量。

由上述公式表达式可知，三大影响因子采用了联乘形式，因子之间存在着"此消彼长"的替代性补偿作用，单个影响因子与出口隐含碳排放之间的对应关系无法直接观测，必须借助合适的参照基准，构建起自变量"影响因子"与因变量"出口隐含碳排放"之间独立对应的面板系统。

鉴于此，为了具体反映三大影响因子在样本期内的"时序变化"及其对出口隐含碳排放的"影响效果"，这一部分通过选取起始年份 1995 年为基期，根据"其他影响因子都正常变化，某一影响因子唯一不变，出口隐含碳排放为多少"的反事实构造原理，分别构造"其他影响因子都正常变化，单位产出碳强度保持不变，出口隐含碳排放为多少"的反事实项 K_A、"其他影响因子都正常变化，Leontief 逆矩阵保持不变，出口隐含碳排放为多少"的反事实项 K_B、"其他影响因子都正常变化，出口规模保持不变，出口隐含碳排放为多少"的反事实项 K_C，从而构建起因子变动项 $(A_t - A_{1995})$、$(B_t - B_{1995})$、$(C_t - C_{1995})$ 与出口隐含碳排放变动项 $(K_t^{完全消耗} - K_A)$、$(K_t^{完全消耗} - K_B)$、$(K_t^{完全消耗} - K_C)$ 之间独立对应的三大面板系统，进而构建起"结构分解→效应测度→因子识别"的分析范式。

同时，由上述内容可知，通过"总量 * 比重"的形式变换，可以将影响因子表示为"总量项 * 结构项"的表达形式，针对影响因子的"总量项"做出进一步的反事实构造，即根据"其他影响因子都正常变化，某一影响因子部门总量唯一不变，出口隐含碳排放为多少"的反事实构造原理，可以分别构造"其他影响因子都正常变化，单位产出碳强度部门总量保持不变，出口隐含碳排放为多少"的反事实项 $K_A^{总量}$、"其他影响因子都正常变化，Leontief 逆矩阵的部门消耗总量保持不变，出口隐含碳排放为多少"的反事实项 $K_B^{总量}$、

"其他影响因子都正常变化，出口规模总量保持不变，出口隐含碳排放为多少"的反事实项 $K_C^{总量}$。事实上，上述两类反事实项的结合使用，能够进一步区分影响因子的总量变动与结构变动，并量化其作用强度：一方面，$(A_t^{总量} - A_{1995}^{总量}) \cdot A_t^{结构}$、$(B_t^{总量} - B_{1995}^{总量}) \cdot B_t^{结构}$、$(C_t^{总量} - C_{1995}^{总量}) \cdot C_t^{结构}$ 分别构成了出口隐含碳排放三大影响因子的总量变动项，两种出口隐含碳排放的差值（$K_t^{完全消耗} - K_A^{总量}$）、（$K_t^{完全消耗} - K_B^{总量}$）、（$K_t^{完全消耗} - K_C^{总量}$），代表了因子总量变动所产生的总量效应；$A_{1995}^{总量} \cdot (A_t^{结构} - A_{1995}^{结构})$、$B_{1995}^{总量} \cdot (B_t^{结构} - B_{1995}^{结构})$、$C_{1995}^{总量} \cdot (C_t^{结构} - C_{1995}^{结构})$ 分别构成了三大影响因子的结构变动项，（$K_A^{总量} - K_A$）、（$K_B^{总量} - K_B$）、（$K_C^{总量} - K_C$）代表了因子结构变动所形成的结构效应。三大影响因子结构分解的具体过程如下所示：

$$K_t^{完全消耗} - K_A = \underbrace{(K_t^{完全消耗} - K_A^{总量})}_{总量效应} + \underbrace{(K_A^{总量} - K_A)}_{结构效应} = \underbrace{(A_t^{总量} - A_{1995}^{总量})A_t^{结构}B_tC_t}_{因子A的总量效应} +$$

$$\underbrace{A_{1995}^{总量}(A_t^{结构} - A_{1995}^{结构})B_tC_t}_{因子A的结构效应} ;$$

$$K_t^{完全消耗} - K_B = \underbrace{(K_t^{完全消耗} - K_B^{总量})}_{总量效应} + \underbrace{(K_B^{总量} - K_B)}_{结构效应} = \underbrace{A_t(B_t^{总量} - B_{1995}^{总量})B_t^{结构}C_t}_{因子B的总量效应} +$$

$$\underbrace{A_tB_{1995}^{总量}(B_t^{结构} - B_{1995}^{结构})C_t}_{因子B的结构效应} ;$$

$$K_t^{完全消耗} - K_C = \underbrace{(K_t^{完全消耗} - K_C^{总量})}_{总量效应} + \underbrace{(K_C^{总量} - K_C)}_{结构效应} = \underbrace{A_tB_t(C_t^{总量} - C_{1995}^{总量})C_t^{结构}}_{因子C的总量效应} +$$

$$\underbrace{A_tB_tC_{1995}^{总量}(C_t^{结构} - C_{1995}^{结构})}_{因子C的结构效应} 。$$

从理论上来说，影响因子的总量效应与结构效应存在如下六种组合形式：

通常意义上，总量效应与结构效应可以区分为正负两种基本情形，由此可以产生总量效应与结构效应同为正、同为负、总量效应为正且结构效应为负、总量效应为负且结构效应为正四种组合形式。在总量效应与结构效应同为正或同为负的情形下，可以直接判定出口隐含碳排放总效应必然为正或为负；但在总量效应与结构效应出现一正一负的情形下，两者之间反向的替代性补偿作用，导致总效应的正负性质难以直接判定。

基于此，需要根据总量效应与结构效应的效应强度，将一正一负情形做出进一步的细分：①总量效应为正、结构效应为负，负效应绝对值小于正效应；②总量效应为正、结构效应为负，负效应绝对值大于正效应；③总量效应为负、结构效应为正，负效应绝对值小于正效应；④总量效应为负、结构效应为正，负效应绝对值大于正效应。由此我们总结出两种效应组合的六种基本类型，如表5-2所示。

表 5-2　总量效应与结构效应组合类型统计表

基本类型	总效应	总量效应	结构效应
类型①	+	+	+
类型②	+	+	−
类型③	+	−	+
类型④	−	−	−
类型⑤	−	−	+
类型⑥	−	+	−

注：+表示效应为正；−表示效应为负。

　　上述类型①、②、③与类型④、⑤、⑥具有对称性。借助出口隐含碳排放无差异曲线，总量效应与结构效应的分解过程可以用图5-2来表示。

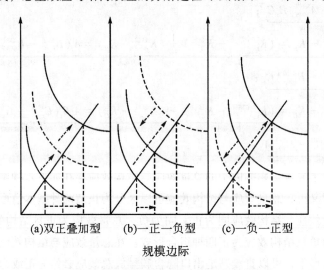

(a)双正叠加型　　(b)一正一负型　　(c)一负一正型

规模边际

图 5-2　总量效应与结构效应组合类型图

　　基于此，在"结构分解→效应测度→因子识别"分析框架下，根据样本期内效应的正负性质及其年份变化趋势，我们还可以将影响因子区分为强扩张性因素、弱扩张性因素、强抑制性因素与弱抑制性因素四种类型，如表5-3所示。

表 5-3　影响因素识别表

基本类型	效应样本期均值	因子初次识别	效应年份值	因子二次识别
类型①	显著为正	扩张性因素	所有年份为正	强扩张性因素
类型②			局部年份为负	弱扩张性因素
类型③	显著为负	抑制性因素	所有年份为负	强抑制性因素
类型④			局部年份为正	弱抑制性因素

二、"三大影响因子"反事实构造与结构分解：总量效应 VS 结构效应

这一部分鉴于三大影响因子的联乘形式，选取起始年份 1995 年初始状态作为参照基准，将三大影响因子分别进行"其他影响因子都正常变化，某一影响因子唯一不变，出口隐含碳排放为多少"的反事实构造，获取了"影响因子变动"与"出口隐含碳排放变动"之间独立对应的面板系统，从而构建起"结构分解→效应测度→因子识别"的分析范式。在这一分析范式下，通过借助"总量项×结构项"的变换形式，本书对出口隐含碳排放的总量效应与结构效应进行结构分解，并以此作为识别影响因子作用方向、量化作用强度的基本依据。

1. "单位产出碳强度唯一不变"的反事实构造与结构分解分析

由上述内容可知，通过假设"其他影响因子都正常变化，单位产出碳强度保持不变，出口隐含碳排放为多少"与"其他影响因子都正常变化，单位产出碳强度部门总量保持不变，出口隐含碳排放为多少"的反事实构造，可以分别获得反事实项 K_A 与反事实项 $K_A^{总量}$。借助"结构分解→效应测度→因子识别"分析范式可知，出口隐含碳排放（完全消耗）真实项 $K_t^{完全消耗}$ 与反事实项 $K_A^{总量}$、反事实项 $K_A^{总量}$ 与反事实项 K_A 的差值，根源于影响因子 A "单位产出碳强度"的总量变动与结构变动，可以视为是总量效应与结构效应的具体量化。事实上，通过"先增加 $K_A^{总量}$ 项、再减去 $K_A^{总量}$ 项"的处理方式，影响因子 A "单位产出碳强度"结构分解的具体过程可表示如下：

$$\underbrace{K_t^{完全消耗} - K_A}_{总效应} = \underbrace{(K_t^{完全消耗} - K_A^{总量})}_{总量效应} + \underbrace{(K_A^{总量} - K_A)}_{结构效应} = \underbrace{(A_t^{总量} - A_{1995}^{总量})A_t^{结构}B_tC_t}_{因子A的总量效应} + \underbrace{A_{1995}^{总量}(A_t^{结构} - A_{1995}^{结构})B_tC_t}_{因子A的结构效应},$$

此处，各公式符号的经济含义分别是：

$K_t^{完全消耗}$ 是出口隐含碳排放（完全消耗）的真实项，

K_A 是"单位产出碳强度唯一不变"的反事实项；

$K_A^{总量}$ 是"单位产出碳强度部门总量唯一不变"的反事实项；

$A_t^{总量}$ 是 t 年单位产出碳强度部门总量；

$A_{1995}^{总量}$ 是基期（1995 年）单位产出碳强度部门总量；

$A_t^{结构}$ 是 t 年单位产出碳强度部门构成行向量；

$A_{1995}^{结构}$ 是基期（1995 年）单位产出碳强度部门构成行向量；

B_t 是 t 年 Leontief 逆矩阵；

C_t 是 t 年出口规模。

通过反事实构造获得的反事实项 $K_A^{总量}$ 与 K_A，以及由上述公式分解获得的总量效应与结构效应（见表 5-4）。根据表 5-4，可以绘制影响因子 A 的总量效应与结构效应趋势（见图 5-3）。从表 5-4 中可以发现，效应的正负性质可以作为因子属性确认的基本依据：若总效应 A 为正，说明相比于基期原始状态而言，出口隐含碳排放呈递增趋势，意味着单位产出碳强度 A_t 的变动产生了正向的推动作用，从作用方向来看，可以将其确认为扩张性因素；若总效应 A 为负，说明相比于基期原始状态而言，影响因子变动产生了负向的抑制作用，可以将其确认为抑制性因素。同理，若可以将总效应细分为总量效应与结构效应，可以对影响因子总量变动与结构变动做出进一步考察：若总量效应 A 为正，说明单位产出碳强度部门总量 $A_t^{总量}$ 的变动产生了正向扩张作用，可以将 $A_t^{总量}$ 确认为扩张性因素；若结构效应 A 为负，说明单位产出碳强度部门构成向量 $A_t^{结构}$ 变动产生了负向抑制作用，可以将 $A_t^{结构}$ 确认为抑制性因素。

表 5-4　影响因子 A 的结构分解统计表

年份	$A_t^{总量}$/亿吨	K_A/亿吨	$K_A^{总量}$/亿吨	总效应 A	总量效应 A	结构效应 A
1995	5.533	7.568	7.568	0	0	0
1996	5.612	7.852	7.625	-0.711	-0.484	-0.227
1997	4.937	9.791	9.775	-1.96	-1.944	-0.016
1998	4.574	9.762	9.372	-2.746	-2.356	-0.39
1999	4.113	10.324	9.973	-3.512	-3.161	-0.351
2000	3.692	13.061	12.671	-5.321	-4.931	-0.39
2001	3.412	14.192	13.782	-6.467	-6.057	-0.41
2002	3.295	17.135	16.584	-8.102	-7.551	-0.551

表5-4(续)

年份	$A_t^{总量}$/亿吨	K_A/亿吨	$K_A^{总量}$/亿吨	总效应A	总量效应A	结构效应A
2003	3.271	23.421	22.421	-11.43	-10.43	-1
2004	2.844	35.903	34.254	-20.552	-18.903	-1.649
2005	2.523	48.584	46.322	-30.536	-28.274	-2.262
2006	2.634	57.724	51.964	-36.495	-30.735	-5.76
2007	2.207	78.851	70.452	-56.316	-47.917	-8.399
2008	1.936	96.425	86.562	-73.535	-63.672	-9.863
2009	1.915	81.381	72.212	-62.35	-53.181	-9.169
2010	1.784	104.292	92.313	-82.332	-70.353	-11.979
2011	1.654	124.753	110.842	-101.586	-87.675	-13.911
2012	1.632	131.821	122.731	-108.376	-99.286	-9.09
2013	1.631	139.042	129.955	-114.769	-105.682	-9.087
2014	1.612	143.424	132.274	-118.591	-107.441	-11.15

数据来源：根据《中国能源统计年鉴》与世界投入产出数据库（WIOD）有关数据计算获得。

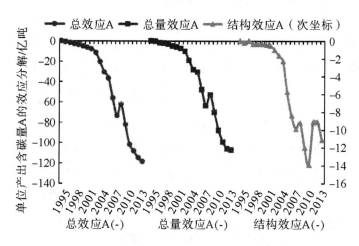

图5-3　影响因子A：总量效应与结构效应趋势图

图5-3直接报告了影响因子A的总量效应与结构效应，并间接从侧面反映出了影响因子A在样本期内的总量变动与结构变动情况。总量效应与结构效应的符号均为负，属于组合类型④，对出口隐含碳排放形成了"叠加性"抑制性作用，由此可将单位产出碳强度 A_t、部门总量 $A_t^{总量}$ 与部门构成向量

$A_t^{结构}$ 确认为强抑制性因素。从作用强度来看，出口隐含碳排放变动量分解给总量效应、结构效应的贡献份额分别为 88.69%、11.31%，总量效应明显占据主导地位，由此说明样本期内单位产出碳强度同时出现了部门总量递减与结构优化两种基本趋势，两种趋势的作用方向完全一致，作用强度存在显著差异，部门总量递减的作用强度相对更为显著。

从具体的时序趋势来看，总量效应与结构效应存在明显的联动性趋势与阶段性特征：第 I 阶段（1995—2001 年），总量效应与结构效应的绝对值都在低位水平上保持小幅增加，阶段性增量仅为 5.573 亿吨、0.183 亿吨；第 II 阶段（2002—2008 年），总量效应与结构效应的绝对值都进入了快速攀升的扩张过程之中，阶段性攀升量分别高达 56.121 亿吨、9.312 亿吨；在经历 V 形震荡的第 III 阶段（2010—2014 年），总量效应的绝对值在高位水平继续保持其递增趋势，结构效应在高位水平上呈大幅波动状态。将其与出口隐含碳排放变化轨迹相比较后发现，单位产出碳强度部门总量 $A_t^{总量}$ 与部门构成向量 $A_t^{结构}$ 作为抑制性因素，其作用强度与碳排放的截面水平表现为正相关关系，即出口隐含碳排放的截面水平越高，影响因子 A 的抑制性作用越强，从而构成了出口隐含碳排放的一个反向调整机制，可以在高位水平上更大比例地削减出口隐含碳排放的增长。由此可知，命题 8 已初步获证。

2. "Leontief 逆矩阵唯一不变"的反事实构造与结构分解分析

通过假设"其他影响因子都正常变化，Leontief 逆矩阵保持不变，出口隐含碳排放为多少"与"其他影响因子都正常变化，部门中间消耗总量 $\sum_{j=1}^{21}\sum_{i=1}^{21} b_{ij}$ 保持不变，出口隐含碳排放为多少"的反事实构造，可以分别获得反事实项 K_B 与反事实项 $K_B^{总量}$。借助"结构分解→效应测度→因子识别"分析范式可知，出口隐含碳排放（完全消耗）真实项 $K_t^{完全消耗}$ 与反事实项 $K_B^{总量}$、反事实项 $K_B^{总量}$ 与反事实项 K_B 的差值，根源于影响因子 B "Leontief 逆矩阵"的部门消耗总量变动与部门构成变动，可以视为是总量效应与结构效应的具体量化。事实上，通过"先增加 $K_B^{总量}$ 项、再减去 $K_B^{总量}$ 项"的处理方式，影响因子 B "Leontief 逆矩阵"结构分解的具体过程可表示如下：

$$\underbrace{K_t^{完全消耗} - K_B}_{总效应} = \underbrace{(K_t^{完全消耗} - K_B^{总量})}_{总量效应} + \underbrace{(K_B^{总量} - K_B)}_{结构效应} = \underbrace{A_t(B_t^{总量} - B_{1995}^{总量})B_t^{结构}C_t}_{因子B的总量效应} +$$

$$\underbrace{A_t B_{1995}^{总量}(B_t^{结构} - B_{1995}^{结构})C_t}_{因子B的结构效应}$$

此处，各公式符号的经济含义分别是：

$K_t^{完全消耗}$ 是出口隐含碳排放（完全消耗）的真实项；

K_B 是"Leontief 逆矩阵唯一不变"的反事实项；

$K_B^{总量}$ 是"部门中间消耗总量唯一不变"的反事实项；

A_t 是 t 年单位产出碳强度行向量；

$B_t^{总量}$ 是 t 年部门中间消耗总量；

$B_{1995}^{总量}$ 是基期（1995 年）部门中间消耗总量；

$B_t^{结构}$ 是 t 年中间消耗的部门构成矩阵；

$B_{1995}^{结构}$ 是基期（1995 年）中间消耗的部门构成矩阵；

C_t 是 t 年出口规模。

通过反事实构造获得的反事实项 $K_B^{总量}$ 与 K_B，以及由上述公式分解获得的总量效应与结构效应（见表 5-5），可以绘制影响因子 B 的总量效应与结构效应趋势（见图 5-4）。可以发现，效应的正负性质可以作为因子属性确认的基本依据：若总效应 B 为正，则说明相比于基期原始状态而言，出口隐含碳排放呈递增趋势，意味着 Leontief 逆矩阵 B_t 的变动产生了正向的推动作用，从作用方向来看，可以将其确认为扩张性因素；若总效应 B 为负，说明相比于基期原始状态而言，影响因子变动产生了负向的抑制作用，可以将其确认为抑制性因素。同理，若可以将总效应 B 细分为总量效应 B 与结构效应 B，则可以对影响因子总量变动与结构变动作出进一步考察：若总量效应 B 为正，说明部门中间消耗总量 $B_t^{总量}$ 的变动产生了正向扩张作用，可以将 $B_t^{总量}$ 确认为扩张性因素。相应地，若结构效应 B 为负，说明中间消耗部门构成向量 $B_t^{结构}$ 的变动产生了负向抑制作用，可以将 $B_t^{结构}$ 确认为抑制性因素。

表 5-5　影响因子 B 的结构分解统计表

年份	$B_t^{总量}$/亿吨	K_B/亿吨	$K_B^{总量}$/亿吨	总效应 B	总量效应 B	结构效应 B
1995	49.293	7.568	7.568	0	0	0
1996	50.243	7.153	7.104	0.088	0.137	−0.049
1997	49.861	7.723	7.731	0.108	0.1	0.008
1998	50.905	6.881	6.779	0.135	0.237	−0.102
1999	50.272	6.612	6.681	0.2	0.131	0.069
2000	48.901	7.609	7.854	0.131	−0.114	0.245
2001	49.537	7.518	7.723	0.207	0.002	0.205
2002	48.866	8.921	9.192	0.112	−0.159	0.271

表5-5(续)

年份	$B_t^{总量}$/亿吨	K_B/亿吨	$K_B^{总量}$/亿吨	总效应 B	总量效应 B	结构效应 B
2003	49.232	11.532	12.221	0.919	0.23	0.689
2004	48.542	13.291	16.014	2.06	-0.663	2.723
2005	50.129	14.692	18.281	3.812	0.233	3.589
2006	51.683	17.621	20.292	3.608	0.937	2.671
2007	53.507	17.844	21.113	4.691	1.422	3.269
2008	54.231	18.092	21.012	4.798	1.878	2.92
2009	55.952	14.547	16.684	4.484	2.347	2.137
2010	54.662	17.357	19.843	4.603	2.117	2.486
2011	54.033	18.382	21.131	4.785	2.036	2.749
2012	53.771	19.843	21.453	3.602	1.992	1.61
2013	53.622	20.929	22.056	3.344	2.217	1.127
2014	53.393	21.023	22.872	3.81	1.961	1.849

数据来源：根据《中国能源统计年鉴》与世界投入产出数据库（WIOD）有关数据计算获得。

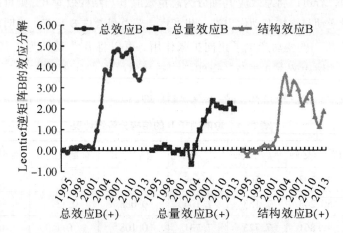

图 5-4　影响因子 B：总量效应与结构效应趋势图

图 5-4 直接报告了影响因子 B 的总量效应与结构效应，并间接从侧面反映出了影响因子 B 在样本期内的总量变动与结构变动情况。从图 5-4 与表 5-5 可知，样本期内总量效应与结构效应的组合方式呈多样化趋势：1996 年三种效应符号分别为 "-，+，-"，属于组合类型⑥；2000 年、2002 年、2004 年三种效应符号分别为 "+，-，+"，属于组合类型③；其他年份均属于 "+，+，

+"的组合类型①。从具体的时序趋势来看，总量效应与结构效应存在明显的联动性趋势与阶段性特征：1995—2003 年，总量效应与结构效应的绝对值都在低位水平小幅波动，阶段性均值仅为 0.063 亿吨、0.126 亿吨；2004—2007 年，总量效应与结构效应的绝对值都进入了快速攀升的扩张过程之中，阶段性攀升量分别高达 1.192 亿吨、2.58 亿吨；后续阶段中，总量效应在高位水平保持平稳趋势，结构效应则呈大幅波动下降状态。样本期内，总效应显著为正，由此可将 Leontief 逆矩阵确认为强扩张性因素；从总量效应与结构效应的整体截面水平来看，两种效应的样本期均值分别为 0.85 亿吨、1.41 亿吨，显著为正，说明其作用方向一致，对出口隐含碳排放产生了"叠加性"的扩张推动作用，由此可将中间消耗总量 $B_t^{总量}$ 与部门构成向量 $B_t^{结构}$ 确认为弱扩张性因素；从作用强度来看，出口隐含碳排放变动量分解给总量效应、结构效应的贡献份额分别为 37.61%、62.39%，说明结构变动的作用强度更为显著。

3. "出口规模唯一不变"的反事实构造与结构分解分析

通过假设"其他影响因子都正常变化，出口规模保持不变，出口隐含碳排放为多少"与"其他影响因子都正常变化，部门出口总量 $\sum_{j=1}^{21} EX_j$ 保持不变，出口隐含碳排放为多少"的反事实构造，可以分别获得反事实项 K_C 与反事实项 $K_C^{总量}$。借助"结构分解→效应测度→因子识别"分析范式可知，出口隐含碳排放（完全消耗）真实项 $K_t^{完全消耗}$ 与反事实项 $K_C^{总量}$、反事实项 $K_C^{总量}$ 与反事实项 K_C 的差值，根源于影响因子 C "出口规模"的部门总量变动与部门结构变动，可以视为总量效应与结构效应的具体量化。事实上，通过"先增加 $K_C^{总量}$ 项、再减去 $K_C^{总量}$ 项"的处理方式，影响因子 C "出口规模"结构分解的具体过程可表示如下：

$$\underbrace{K_t^{完全消耗} - K_C}_{总效应} = \underbrace{(K_t^{完全消耗} - K_C^{总量})}_{总量效应} + \underbrace{(K_C^{总量} - K_C)}_{结构效应} = \underbrace{A_t B_t (C_t^{总量} - C_{1995}^{总量}) C_t^{结构}}_{因子C的总量效应} +$$

$$\underbrace{A_t B_t C_{1995}^{总量} (C_t^{结构} - C_{1995}^{结构})}_{因子C的结构效应}$$

此处，各公式符号的经济含义分别是：

$K_t^{完全消耗}$ 是出口隐含碳排放（完全消耗）的真实项；

K_C 是"出口规模唯一不变"的反事实项；

$K_C^{总量}$ 是"部门出口总量唯一不变"的反事实项；

A_t 是 t 年单位产出碳强度行向量；

B_t 是 t 年 Leontief 逆矩阵；

$C_t^{总量}$ 是 t 年部门出口总量；

$C_{1995}^{总量}$ 是基期（1995 年）部门出口总量；

$C_t^{结构}$ 上 t 年出口的部门构成列向量；

$C_{1995}^{结构}$ 是基期（1995 年）出口的部门构成列向量。

通过反事实构造获得的反事实项 $K_C^{总量}$ 与 K_C，以及由上述公式分解获得的总量效应与结构效应（见表 5-6），可以绘制影响因子 C 的总量效应与结构效应趋势（见图 5-5）。可以发现，效应的正负性质可以作为因子属性确认的基本依据：若总效应 C 为正，说明相比于基期原始状态而言，出口隐含碳排放呈递增趋势，意味着出口规模 C_t 的变动产生了正向的推动作用，从作用方向来看，可以将其确认为扩张性因素；若总效应为负，说明相比于基期原始状态而言，影响因子变动产生了负向的抑制作用，可以将其确认为抑制性因素。同理，若可以将总效应 C 细分为总量效应 C 与结构效应 C，可以对影响因子总量变动与结构变动作出进一步考察：若总量效应 C 为正，说明部门中间消耗总量 $C_t^{总量}$ 的变动产生了正向扩张作用，可以将 $C_t^{总量}$ 确认为扩张性因素。相应地，若结构效应为负，说明单位产出碳强度部门构成向量 $C_t^{结构}$ 的变动产生了负向抑制作用，可以将 $C_t^{结构}$ 确认为抑制性因素。

表 5-6　影响因子 C 的结构分解统计表

年份	$C_t^{总量}$/亿吨	K_C/亿吨	$K_C^{总量}$/亿吨	总效应 C	总量效应 C	结构效应 C
1995	16.797	7.568	7.568	0	0	0
1996	17.168	6.814	6.991	0.327	0.150	0.177
1997	20.724	6.161	6.35	1.67	1.481	0.189
1998	20.743	5.603	5.68	1.413	1.336	0.077
1999	21.850	5.222	5.24	1.59	1.572	0.018
2000	27.955	4.598	4.65	3.142	3.09	0.052
2001	29.942	4.302	4.33	3.423	3.395	0.028
2002	36.540	4.167	4.15	4.866	4.883	−0.017
2003	48.502	4.224	4.15	7.767	7.841	−0.074
2004	65.583	3.931	3.93	11.42	11.421	−0.001
2005	83.672	3.738	3.62	14.31	14.428	−0.118
2006	106.158	3.421	3.3	17.808	17.929	−0.121
2007	134.200	2.912	2.82	19.623	19.715	−0.092

表5-6(续)

年份	$C_t^{总量}$/亿吨	K_C/亿吨	$K_C^{总量}$/亿吨	总效应 C	总量效应 C	结构效应 C
2008	158.153	2.423	2.43	20.467	20.46	0.007
2009	133.322	2.451	2.4	16.58	16.631	−0.051
2010	174.349	2.152	2.12	19.808	19.84	−0.032
2011	208.619	1.874	1.871	21.293	21.296	−0.003
2012	217.235	1.787	1.752	21.658	21.693	−0.035
2013	224.549	1.654	1.598	22.619	22.675	−0.056
2014	231.561	1.586	1.523	23.247	23.31	−0.063

数据来源：根据《中国能源统计年鉴》与世界投入产出数据库（WIOD）有关数据计算获得。

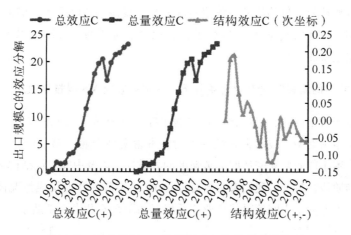

图5-5　影响因子 C：总量效应与结构效应趋势图

图 5-5 直接报告了影响因子 C 的总量效应与结构效应，并间接从侧面反映出了影响因子 C 在样本期内的总量变动与结构变动情况。从图 5-5 中可知，样本期内总量效应与结构效应存在"+，+，+"类型①与"+，+，-"类型②两种组合方式，总效应与总量效应始终为正，样本期均值分别高达 11.652 亿吨、11.657 亿吨，说明出口规模 C_t 与部门出口总量 $C_t^{总量}$ 构成出口隐含碳排放的强扩张性因素；1995—2001 年，结构效应为正；2002—2014 年（2008 年除外），结构效应为负，效应的样本期均值为−0.058 亿吨，说明出口的部门构成向量在整体上为弱抑制性因素，但其作用方向存在明显的阶段性差异：第 I 阶段中对出口隐含碳排放具有正向的扩张推动作用，作用强度较弱，阶段性总量为 0.541 亿吨；第 II、III 阶段中，部门结构有所优化，作用方向开始发生转

变，作用强度进一步加强，阶段性总量为-0.663亿吨，对出口隐含碳排放产生了负向的抑制性效应。

观察三大影响因子的时序趋势可以发现，在样本期内，影响因子 A 与影响因子 C 的变动趋势以总量变动为主，影响因子 B 则以结构变动为主，中间消耗部门构成出现了显著的"资本化"趋势。从影响因子的部门总量变动情况来看，单位产出碳强度的部门总量 $A_t^{总量}$ 从期初的 5.533 下降至期末的 1.612，下降量为 3.921，下降幅度高达 70.87%；Leontief 逆矩阵的部门消耗总量 $B_t^{总量}$ 从 1995 年的 49.533 上升至 2014 年的 53.393，上升量为 4.1，上升幅度为 8.28%；出口规模的部门总量 $C_t^{总量}$ 从期初的 16.797 递增至期末的 231.561，增量高达 214.764，增加幅度高达 1 278.59%，增加幅度最为显著。从出口部门总量与出口隐含碳排放的趋势线可知，两线的基本形态与时序趋势高度一致，可以概括为"低位波动→快速攀升→V 形震荡→高位稳定"的演化轨迹，由此说明出口部门总量 $C_t^{总量}$ 构成了出口隐含碳排放的核心影响因子。至此，命题 8 完全获证。

三、"中间消耗"的产业比重分析：资本化效应 VS 科技化效应

主流经济学认为，工业化进程中的主导产业遵循"资源密集型→劳动密集型→资本密集型→技术密集型→人力资本密集型产业（第三产业）"的演进轨迹。鉴于产业要素密集度与碳强度的异质性，以及中间消耗结构效应的作用强度与阶段性特征，我们有必要对 Leontief 逆矩阵的产业构成情况做出具体考察。样本期内，中间消耗的产业比重情况，如图 5-6 和表 5-7 所示。

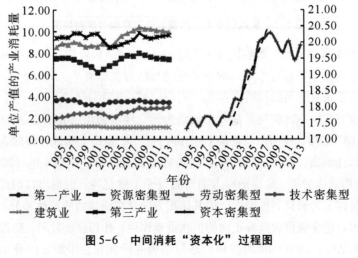

图 5-6　中间消耗"资本化"过程图

表 5-7 中间消耗的产业构成统计表 　　　　单位:%

年份	第一产业	第二产业						第三产业
		工业				建筑业	
		资源	劳动	资本	技术		
1995	3.607	7.446	8.472	17.324	1.950	1.127	9.368
1996	3.690	7.479	8.853	17.620	2.032	1.138	9.429
1997	3.576	7.505	8.720	17.376	2.165	1.135	9.381
1998	3.635	7.343	8.966	17.676	2.330	1.150	9.803
1999	3.441	7.110	8.780	17.657	2.354	1.156	9.772
2000	3.191	6.869	8.523	17.403	2.361	1.155	9.399
2001	3.194	6.671	8.626	17.700	2.453	1.165	9.717
2002	3.163	6.151	8.544	17.714	2.398	1.160	9.735
2003	3.204	6.456	8.796	18.239	2.303	1.116	9.113
2004	3.442	6.763	8.484	18.225	2.036	1.081	8.507
2005	3.467	7.024	8.878	19.092	2.052	1.072	8.538
2006	3.462	7.435	9.547	19.020	2.411	1.074	8.732
2007	3.475	7.713	9.783	19.985	2.493	1.079	8.972
2008	3.493	7.675	10.026	20.130	2.657	1.080	9.163
2009	3.607	7.913	10.336	20.283	2.906	1.081	9.828
2010	3.449	7.740	10.193	19.997	2.755	1.082	9.449
2011	3.412	7.563	10.162	19.676	2.837	1.086	9.297
2012	3.409	7.467	10.039	20.028	2.854	1.093	9.423
2013	3.421	7.402	9.983	19.444	2.849	1.088	9.544
2014	3.388	7.382	9.883	19.892	2.952	1.082	9.592

数据来源:作者根据《中国能源统计年鉴》与世界投入产出数据库（WIOD）有关数据计算获得。

图 5-6 与表 5-7 直接报告了中间消耗的产业构成情况,可以作为影响因子 B 结构变动的基本依据。通过与主导产业演进轨迹的比较可以发现,样本期内,资本密集型产业比重显著上升,中间消耗经历了显著的"资本化"过程,技术密集型产业比重相对平稳,没有为中间消耗的"科技化"提供必要的产

业支撑。结合产业要素密集度与碳强度的异质性情况可知，中间消耗产业结构的这一变动趋势构成了出口隐含碳排放正向结构效应的内在成因。

事实上，从截面水平来看，中间消耗的产业比重排序（从大至小）依次为资本密集型产业、劳动密集型产业、第三产业、资源密集型产业、第一产业、技术密集型产业、建筑业；资本密集型产业处于高位水平，产业比重在17%以上，样本期内始终占据主体性地位；劳动密集型产业、第三产业、资源密集型产业处于中位水平，比重较为接近，比重分别长期保持在9%、8%、7%左右；第一产业、技术密集型产业与建筑业处于低位水平，比重偏低，长期表现为3%、2%、1%的分布状态。从具体的时序趋势来看，产业比重的截面水平与变化幅度呈显著的正相关关系：低位水平的第一产业、技术密集型产业与建筑业具有明显的稳健性，整体的波动幅度小于1%；中位水平的劳动密集型产业、第三产业、资源密集产业的比重变化呈"先下降、后上升"的V形轨迹，其峰值与谷值之差分别为1.321%、1.864%、1.762%；2002—2009年，高位水平的资本密集型产业在经历了大幅攀升的扩张阶段后，产业比重从17.714%攀升至20.283%，阶段性攀升量高达2.569%。由此说明，资本密集型产业在截面水平与时序趋势两个层面上，为中间消耗的结构变动与出口隐含碳排放的正向结构效应提供了内在驱动力。

第三节 截面维度因子分析：反事实构造→结构分解→效应测度

一、研究命题 9 的提出与"技术前沿"参照基准的选择

这一部分基于影响因子的"空间差异"，通过进行"采用美国 Leontief 逆矩阵"的反事实构造，选取"技术前沿国"作为参照基准，构建中美出口隐含碳排放差异性群组；通过进行基于影响因子空间差异反事实项的结构分解，明确影响因子"空间差异"的影响效果；通过"总量效应"与"结构效应"分解与分析，对影响因子及其"总量变动"与"结构变动"的属性加以判定。鉴于此，本书提出命题9。

命题9：相比于技术前沿国，中国的中间消耗存在着"消耗总量偏高、消耗结构偏向于高碳部门"的突出问题，中美 Leontief 逆矩阵所表征的"技术差距"，构成了出口隐含碳排放截面影响因子；在"结构分解→效应测度→因子识别"分析范式下，可将"消耗总量"与"消耗部门构成"的"空间差异"确认为出口隐含碳排放的扩张性因素。

二、"中间消耗"的反事实构造与结构分解：扩张效应 VS 抑制效应

以上分析都是选取样本期影响因子初始状态作为参照基准，从时序层面予以展开的。Leontief 逆矩阵作为部门单位产值的完全消耗系数，其时序趋势可以反映一国部门之间"相互提供、相互消耗"的动态互动过程，其"空间差异"则集中体现了"技术效率"或"技术差距"的演化轨迹。事实上，作为发达经济体与新兴经济体的典型代表，中美两国的资源配置方式、投入产出关联、技术效率等方面存在着显著差异，中美 Leontief 逆矩阵截面差异所表征的技术差距，构成了出口隐含碳排放截面维度的影响因子。在"结构分解→效应测度→因子识别"分析框架下，进行"采用美国 Leontief 逆矩阵"的反事实构造，将完全消耗系数的时序变化扩展为"技术差距"的时序变化，不仅可以对中美技术差距的效应直接进行测度，还可为因子属性（扩张性因素或抑制性因素）识别提供重要佐证，并为明确"技术追赶"的方向与重点提供有益参考。

下文通过假设"其他影响因子都正常变化，采用美国 Leontief 逆矩阵，出口隐含碳排放为多少"与"其他影响因子都正常变化，采用美国的部门消耗总量，出口隐含碳排放为多少"的反事实构造，可以分别获得反事实项 K_D 与反事实项 $K_D^{总量}$。借助"结构分解→效应测度→因子识别"分析范式可知，出口隐含碳排放（完全消耗）真实项 $K_t^{完全消耗}$ 与反事实项 $K_D^{总量}$、反事实项 $K_D^{总量}$ 与反事实项 K_D 的差值，根源于影响因子 D"技术差距"的部门总量变动与部门结构变动，可以视为是总量效应与结构效应的具体量化。在反事实构造的基础上，通过"先增加 $K_D^{总量}$ 项、再减去 $K_D^{总量}$ 项"的处理方式，影响因子 D"技术差距"结构分解的具体过程可表示如下：

$$\underbrace{K_t^{完全消耗} - K_D}_{总效应} = \underbrace{(K_t^{完全消耗} - K_D^{总量})}_{总量效应} + \underbrace{(K_D^{总量} - K_D)}_{结构效应} = \underbrace{A_t(B_t^{总量} - B_{t,美国}^{总量})B_t^{结构}C_t}_{因子D的总量效应}$$

$$+ \underbrace{A_t B_{t,美国}^{总量}(B_t^{结构} - B_{t,美国}^{结构})C_t}_{因子D的结构效应}$$

此处，各公式符号的经济含义分别是：

$K_t^{完全消耗}$ 是出口隐含碳（完全消耗）的真实项；

K_D 是"采用美国 Leontief 逆矩阵"的反事实项；

$K_D^{总量}$ 是"采用美国的部门消耗总量"的反事实项；

A_t 是 t 年直接碳强度行向量；

B_t 是 t 年 Leontief 逆矩阵；

$B_t^{总量}$ 是 t 年部门消耗总量；

$\boldsymbol{B}_{t,\text{美国}}^{\text{总量}}$ 是 t 年美国部门消耗总量；

$\boldsymbol{B}_{t}^{\text{结构}}$ 是 t 年中间消耗的部门构成矩阵；

$\boldsymbol{B}_{t,\text{美国}}^{\text{结构}}$ 是 t 年美国中间消耗的部门构成矩阵；

$\boldsymbol{C}_{t}$ 是 t 年出口规模。

通过反事实构造获得的反事实项 $\boldsymbol{K}_{D}^{\text{总量}}$ 与 $\boldsymbol{K}_{D}$，以及由上述公式分解获得的总量效应与结构效应（见表 5-7），为了构建自变量变动与因变量变动相对应的面板系统，表 5-7 提供了中美部门消耗总量差值 $\boldsymbol{\Delta B}_{t}^{\text{总量}}$ 与中间消耗碳偏向性指数差值 $\boldsymbol{\Delta X}_{2}$。根据表 5-7 的数据，我们可以分别绘制反映因变量差异与自变量差值的趋势图 5-6 与图 5-7。可以发现，效应的正负性质可以作为因子属性确认的基本依据：若总效应 D 为正，说明相比于真实情况而言，反事实项的出口隐含碳排放量更大，意味着中美技术差距 D_{t} 产生了正向的推动作用，从作用方向来看，可以将其确认为扩张性因素；若总效应为负，说明相比于真实情况而言，影响因子 D_{t} 产生了负向的抑制作用，可以将其确认为抑制性因素。同理，若将总效应 D 细分为总量效应 D 与结构效应 D，可以对影响因子总量差异与结构差异作出进一步考察：若总量效应 D 为正，则说明中美部门中间消耗总量差异产生了正向扩张作用，可以将其确认为扩张性因素。相应地，若结构效应为负，则说明中美部门中间消耗的部门构成差异产生了负向抑制作用，可以将其确认为抑制性因素，如表 5-8 所示。

表 5-8 影响因子 D 的结构分解统计表

年份	$\Delta\boldsymbol{B}_{t}^{\text{总量}}$/亿吨	ΔX_{2}	$\boldsymbol{K}_{D}$/亿吨	$\boldsymbol{K}_{D}^{\text{总量}}$/亿吨	总效应 D	总量效应 D	结构效应 D
1995	8.035	0.003 6	5.421	6.337	2.147	1.231	0.916
1996	9.092	0.002 2	5.122	5.848	2.019	1.293	0.726
1997	8.789	0.004 1	5.302	6.450	2.529	1.381	1.148
1998	9.976	0.005 1	4.279	5.645	2.737	1.371	1.366
1999	9.3	0.004 7	4.257	5.550	2.555	1.262	1.293
2000	7.89	0.003 6	5.213	6.491	2.527	1.249	1.278
2001	8.62	0.002 4	5.421	6.378	2.304	1.347	0.957
2002	8.774	0.005 4	5.49	7.409	3.543	1.624	1.919
2003	9.24	0.007 4	6.952	9.740	5.039	2.251	2.788
2004	9.634	0.011 7	7.762	12.305	7.589	3.046	4.543

表5-8(续)

年份	$\Delta B_t^{总量}$/亿吨	ΔX_2	K_D/亿吨	$K_D^{总量}$/亿吨	总效应 D	总量效应 D	结构效应 D
2005	10.366	0.011 1	9.131	14.319	8.917	3.729	5.188
2006	12.162	0.007	10.377	15.929	10.852	5.300	5.552
2007	13.883	0.007	10.813	16.692	11.722	5.843	5.879
2008	14.619	0.004 3	11.734	16.719	11.156	6.171	4.985
2009	17.551	0.006 5	7.878	13.061	11.153	5.970	5.183
2010	17.099	0.004 8	9.283	15.090	12.677	6.870	5.807
2011	16.9	0.005 5	9.641	15.923	13.526	7.244	6.282
2012	17.236	0.006	10.323	15.925	13.122	7.520	5.602
2013	16.84	0.005 4	9.872	16.648	14.401	7.625	6.776
2014	16.367	0.004 4	9.272	17.217	15.561	7.616	7.945

数据来源：作者根据《中国能源统计年鉴》与世界投入产出数据库（WIOD）有关数据计算获得。

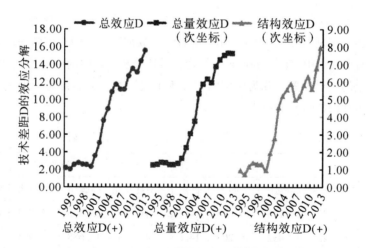

图5-7 影响因子 D：总量效应与结构效应趋势图

图5-7 直接报告了影响因子 D 的总量效应与结构效应，并间接从侧面反映出了影响因子 D 在样本期内的消耗总量与消耗部门构成差异情况。从图5-5可知，样本期内总效应、总量效应与结构效应都显著为正，属于"+，+，+"类型①，三种效应的样本期均值分别为 7.804 亿吨、3.997 亿吨、3.807 亿吨，

说明 Leontief 逆矩阵、中间消耗总量、中间消耗部门结构的"国别差异"均构成出口隐含碳排放的强扩张性因素。从具体的时序趋势来看，总效应、总量效应与结构效应显示出了联动性与阶段性特征，适用于"低位平稳→快速攀升→V 形震荡→高位增长"的演化轨迹，具体说来：第 I 阶段（1995—2001 年）内，三种效应均在低位水平上保持平稳状态，阶段性均值为 2.403 亿吨、1.305 亿吨、1.908 亿吨，波动幅度较小；第 II 阶段（2002—2008 年）内，三种效应同时进入了快速攀升的扩张过程中，阶段性均值 9.213 亿吨、4.390 亿吨、4.823 亿吨，阶段性扩张幅度分别高达 182.82%、195.02%、172.97%；V 形震荡使得三种效应均出现了显著下滑，但却没有中断其时序递增的基本趋势。由此说明，从截面维度来说，Leontief 逆矩阵、中间消耗总量、中间消耗部门结构的"国别差异"，构成了强扩张性因素，对出口隐含碳排放增长产生了显著的推动作用；从时序维度来看，因子"国别差异"的扩张效应呈递增的基本趋势，从而构成了出口隐含碳排放加速增长的内在动因。至此，命题 9 初步得证。

三、中美"技术效率"群组分解分析：追赶效应的验证

通过上述总量效应与结构效应的测度与分析可知，中间消耗消耗总量与消耗结构的"国别差异"，构成了出口隐含碳排放加速增长的强扩张性因素。基于此，有必要对中美消耗的群组结构进行具体分析，以明确中美"技术效率"在截面上的相对位置，并为中国的"技术追赶"提供有益参考。中美中间消耗的群组结构如图 5-8 和表 5-9 所示。

表 5-9　21 个部门单位产值群组消耗量统计表

年份	中国				美国			
	消耗总量	高碳组	中间组	低碳组	消耗总量	高碳组	中间组	低碳组
1995	49.293	19.216	15.865	14.212	41.258	13.695	15.953	11.613
1996	50.243	19.432	16.202	14.608	41.151	13.688	15.991	11.471
1997	49.861	19.475	16.024	14.358	41.072	13.555	16.130	11.386
1998	50.905	19.555	16.342	15.007	40.929	13.273	16.294	11.364
1999	50.272	19.500	15.889	14.882	40.972	13.298	16.320	11.354
2000	48.901	19.228	15.165	14.508	41.011	13.511	16.304	11.199
2001	49.537	19.254	15.348	14.924	40.917	13.461	16.436	11.021

表5-9(续)

年份	中国				美国			
	消耗总量	高碳组	中间组	低碳组	消耗总量	高碳组	中间组	低碳组
2002	48.866	18.797	15.213	14.855	40.092	13.169	16.032	10.891
2003	49.232	19.235	15.569	14.424	39.992	13.155	16.018	10.814
2004	48.542	19.965	15.583	12.989	38.908	13.095	15.358	10.455
2005	50.129	20.759	16.278	13.086	39.763	13.624	15.636	10.499
2006	51.683	20.800	17.044	13.837	39.521	13.587	15.445	10.483
2007	53.507	21.615	17.592	14.292	39.624	13.799	15.453	10.370
2008	54.231	21.495	17.939	14.791	39.612	14.201	15.116	10.294
2009	55.952	21.996	18.745	15.213	38.401	12.907	14.697	9.961
2010	54.662	21.533	18.201	14.930	37.563	12.907	14.697	9.961
2011	54.033	21.193	17.990	14.850	37.133	12.681	14.598	9.852
2012	53.774	21.245	17.882	14.757	36.539	12.144	14.402	9.803
2013	53.625	21.078	18.435	15.022	36.786	11.877	14.345	8.924
2014	53.393	21.432	18.202	14.899	37.022	11.854	14.432	8.866

数据来源：根据《中国能源统计年鉴》与世界投入产出数据库（WIOD）有关数据计算获得。

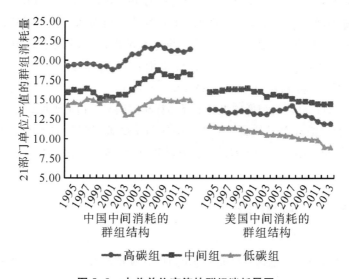

图5-8　中美单位产值的群组消耗量图

表 5-9 与图 5-8 直接报告了 21 个部门单位产值的群组消耗量,为中美中间消耗的总量与结构比较提供了基本载体。首先,从消耗总量的截面水平来看,中美两国样本期消耗总量均值分别为 51.531、39.413,差值高达 12.118,说明样本期内两国存在着显著的"技术差距",相对于"技术前沿国"而言,中国单位产值的中间消耗量偏大,技术效率偏低。其次,从消耗总量的变化趋势来看,中国消耗总量表现出了显著的递增趋势,从 1995 年的 49.293 增加至 2014 年的 53.393,在高位水平上的增长幅度为 8.32%;与此形成鲜明对比的是,美国消耗总量在样本期内出现了明显的下降趋势,消耗总量从期初的 41.258 下降至期末的 37.022,下降幅度高达 11.44%。中美消耗总量的截面水平差距及反向变化趋势,为截面维度影响因子 D——中美"技术差距"的存在性提供了重要依据,同时也为转型经济体的"技术引进""技术追赶"明确了具体方向。

通过考察消耗群组结构可以发现,中美中间消耗的群组构成同样存在着显著差异:中国的中间消耗以高碳组为主,三大群组的群组比重分别为 39.39%、32.49%、28.12%,群组构成呈"高碳组最高、中间组次之、低碳组最低"的分布形态;美国的中间消耗以中间组为主,三大群组的比重分别为 33.62%、39.51%、26.87%,群组构成呈"中间组最高、高碳组次之、低碳组最低"的分布形态。同时,从具体的时序趋势来看,样本期内,中国单位产值的群组消耗量在高位水平上呈递增趋势,从 1995 年的 19.216、15.865、14.212 增加至 2014 年的 21.432、18.202、14.899,群组增量分别为 2.216、2.337、0.687,高碳组与中间组的递增趋势较为显著;与此不同的是,美国单位产值的群组消耗在低位水平呈明显的下降趋势,群组消耗量从期初的 13.695、15.953、11.613 下降至期末的 11.854、14.432、8.866,群组减量分别为 1.841、1.521、2.747,高碳组与低碳组的下降趋势相对明显。由此说明,中国的中间消耗存在着"消耗总量偏高、消耗结构偏向于高碳部门"的突出问题,由此构成了中国出口隐含碳排放增长的截面驱动因素。至此,命题 9 完全获证。

第四节 本章小结

本章通过将出口隐含碳排放 I 与出口隐含碳排放 II 归并为基于完全消耗的出口隐含碳排放,在"初始产出→中间消耗→出口值"解释性框架下,对上游产出环节、中游中间消耗环节与下游出口环节的"碳偏向性"逐一进行确认与比较，识别出口隐含碳排放的"初始来源"与扩散放大机制，并对纵向传导机制中一次传导与二次传导的扩散放大效应分别进行验证与说明。研究发现：中国初始产出、中间消耗与出口的部门构成具有内在一致性，均显著偏斜于高碳部门，初始产出构成"高碳源"，中间消耗与出口分别构成了一次扩散机制与二次放大机制，由此形成高碳部门"上游环节大量产出、中游环节大量消耗、下游环节大量出口"的纵向传导机制。

本章根据出口隐含碳排放核算公式与影响因子的经济含义，选取"单位产出碳强度 A""Leontief 逆矩阵 B""出口规模 C"作为出口隐含碳排放的三大影响因子，构建"结构分解→效应测度→因子识别"分析范式；通过开展基于影响因子的反事实构造与结构分解，依次对三大影响因子的作用方向与作用强度进行具体探讨。首先，本章基于影响因子的"时序变化"，通过选取样本期初的原始状态作为参照基准，进行时序层面的反事实构造与结构分解，测度各影响因素的"时序变化"及其对出口隐含碳排放的"扩张效应"或"抑制效应"的效应强度，并对影响因子扩张性因素或抑制性因素的因子属性进行识别与确认。

其次，本章基于影响因子的"空间差异"，通过进行"采用美国 Leontief 逆矩阵"的反事实构造，选取"技术前沿国"作为参照基准，构建中美出口隐含碳排放差异性群组；通过进行基于影响因子空间差异反事实项的结构分解，明确影响因子"空间差异"的影响效果；通过"总量效应"与"结构效应"分解与分析，对影响因子及其"总量变动"与"结构变动"的属性做出了具体判定。

本章的研究发现：从时序维度来说，三大影响因子"总量项"与"结构项"的时序变动对出口隐含碳排放产生了显著影响；在"结构分解→效应测度→因子识别"分析范式下，单位产出碳强度确认为出口隐含碳排放的抑制性因素，出口规模与 Leontief 逆矩阵分别确认为主要扩张性因素与次要扩张性因素。从截面维度来看，相比于技术前沿国，中国的中间消耗存在着"消耗总量偏高、消耗结构偏向于高碳部门"的突出问题，中美 Leontief 逆矩阵所表征的"技术差距"，构成了出口隐含碳排放截面影响因子，在"结构分解→效应测度→因子识别"分析范式下，可将"消耗总量"与"消耗部门构成"的"空间差异"确认为出口隐含碳排放的扩张性因素。

第六章　主要结论与政策启示

第一节　主要结论

鉴于部门之间的投入产出关联，出口隐含碳排放具有"隐含"性质与"部门转移"的特点，需要构建"能源→产出→产值→出口值"分析框架，并借助 Leontief 逆矩阵来识别其部门分布状态，追溯其真实来源。从宏观上来说，国民经济各部门之间存在着直接与间接双重技术经济关联，通过将出口隐含碳排放界定为基于直接消耗的出口隐含碳排放 I 与基于间接消耗的出口隐含碳排放 II 两部分，分别对其"总量、趋势与结构构成情况"进行描述，以此为出口隐含碳排放影响因子的识别提供逻辑起点与基本载体。然后，根据出口隐含碳排放核算公式与影响因子的经济含义，绘制出口隐含碳排放无差异曲线及无差异曲线扩展线，构造内含叠加组合、梯次组合与错位组合等多种组合方式的选择空间，从区间分布与概率分布等角度，考察出口隐含碳排放 I 与出口隐含碳排放 II 因子组合在组合方式中的偏向程度，并分别进行基于"部门比重"的基数评价与基于"部门排序"的序数评价，从中识别两种出口隐含碳排放部门差异与时序变化的影响机制。同时，根据投入产出表与 Leontief 逆矩阵的平衡原理，绘制部门"碳转移"平衡表，从"碳转移"的角度定义"碳净输出部门""碳输入部门"与"碳平衡部门"，识别"碳源部门""转移机制"以及"碳转移""削峰填谷"的平滑效应。在此基础上，考察单量边际、规模边际的动态演化趋势，比较规模边际扩张幅度与单量边际的收缩幅度的大小关系，明确出口隐含碳排放究竟是沿着向右下方倾斜的无差异曲线扩展线向内收缩或是向外扩展。

在此基础上，根据出口隐含碳排放核算公式与影响因子的经济含义，在"初始产出→中间消耗→出口值"解释性框架下，将基于直接消耗的出口隐含碳排放 I 与基于间接消耗的出口隐含碳排放 II，统一合并为基于完全消耗的出口隐含碳排放。通过对上游产出环节、中游中间消耗环节与下游出口环节的"碳偏向性"进行逐一确认与比较，识别出口隐含碳排放的"初始来源"与扩散放大机制，并对纵向传导机制中一次传导与二次传导的扩散放大效应分别进行验证与说明。第五章第二节根据出口隐含碳排放核算公式与影响因子的经济含义，选取"单位产出碳强度 A""Leontief 逆矩阵 B"与"出口规模 C"作为出口隐含碳排放的三大影响因子，构建"结构分解→效应测度→因子识别"分析范式，对影响因子属于"扩张性因素或抑制性因素"的因子属性予以判定，并对其具体作用强度加以量化。本书的主要研究结论可以概括如下：

第一，基于完全消耗的出口隐含碳排放具有合成性质，可以分解为源于直接消耗的出口隐含碳排放 I 与源于间接消耗的出口隐含碳排放 II；从截面维度来看，出口隐含碳排放 II 的截面水平显著高于出口隐含碳排放 I 的截面水平，构成出口隐含碳排放的主要来源。从时序维度来看，出口隐含碳排放 I 与出口隐含碳排放 II 具有明显的阶段性特征与联动性趋势，其变化动态都适用于"低位变动→快速攀升→V 形震荡→高位变动"的演化轨迹，2001 年中国加入世界贸易组织与 2008 年美国次贷危机构成时间节点，将样本期区分为低位变动的第 I 阶段（1995—2001 年）、快速攀升的第 II 阶段（2002—2008 年）、高位稳定的第 III 阶段（2010—2014 年）。

第二，出口隐含碳排放 I 与出口隐含碳排放 II 之间存在多重的结构异质性，部门构成、产业构成与群组构成之间都存在明显差异：首先，出口隐含碳排放 I 的部门分布为"双峰"型，出口隐含碳排放 II 的部门分布呈"单峰"型，两种出口隐含碳排放的峰值部门交叉重叠程度偏低，存在明显的错位趋势。其次，从根据要素密集度归并而成的产业结构来看，出口隐含碳排放 I 的产业构成以资本密集型产业、资源密集型产业、第三产业为主，出口隐含碳排放 II 的产业构成以技术密集型产业、资本密集型产业、劳动密集型产业为主。最后，从根据部门直接碳强度（或间接碳强度）归并而成的群组结构来看，出口隐含碳排放 I 的群组比重呈"高碳组最高、中间组次之、低碳组最低"式阶梯，阶梯落差大；出口隐含碳排放 II 的群组比重呈"中间组最高、高碳组次之、低碳组最低"式阶梯，阶梯落差相对较小；两者的群组构成存在显著差异。

第三，单位值碳强度（包括直接碳强度与间接碳强度）与出口规模的组合方式，实质上构成了出口隐含碳排放部门差异的一个影响机制。从宏观上来看，出口隐含碳排放 I（直接消耗）与出口隐含碳排放 II（间接消耗）影响因子的组合方式存在明显差异：出口隐含碳排放 I 偏向于（出口规模大，直接碳强度低）、（出口规模小，直接碳强度高）的"错位"组合；出口隐含碳排放 II 偏向于（出口规模大，间接碳强度高）、（出口规模小，间接碳强度低）的"叠加"组合。

第四，部门之间"相互提供、相互消耗"的投入产出关联，形成了部门之间输出、输入的"碳转移"现象，作为"碳转移"来源的净输出部门属于典型的高碳部门，"此消彼长"的转移过程对部门碳排放产生了"削峰填谷"的平滑效应，使得碳排放的部门分布更趋均衡，由此构成了出口隐含碳排放部门差异的一个平滑机制。从动态视角来看，中国出口隐含碳排放的扩张过程表现为沿着单量边际收缩、沿着规模边际扩张的过程。由于规模边际扩张幅度大于单量边际的收缩幅度，出口隐含碳排放在样本期内的变化轨迹表现为沿着向右下方倾斜的无差异曲线扩展线向外扩展。

第五，在"初始产出→中间消耗→出口值"解释性框架下，中国初始产出、中间消耗与出口的部门构成具有内在一致性，均显著偏斜于高碳部门，初始产出构成"高碳源"，中间消耗与出口分别构成了一次扩散机制与二次放大机制，由此形成出口隐含碳排放高碳部门"上游环节大量产出、中游环节大量消耗、下游环节大量出口"的纵向传导机制。在"结构分解→效应测度→因子识别"分析范式下，从时序维度来说，"单位产出碳强度""Leontief 逆矩阵"与"出口规模"构成出口隐含碳排放的三大影响因子，其总量变动与结构变动均会对出口隐含碳排放产生显著影响；单位产出碳强度构成出口隐含碳排放的抑制性因素，出口规模与 Leontief 逆矩阵分别构成主要扩张性因素与次要扩张性因素。从截面维度来说，相比于技术前沿国，中国的中间消耗存在着"消耗总量偏高、消耗结构偏向于高碳部门"突出问题，中美 Leontief 逆矩阵所表征的"技术差距"，构成了出口隐含碳排放截面影响因子；"中间消耗总量"与"消耗部门构成"的"空间差异"，对出口隐含碳排放的增长产生了显著的正向扩张效应。

总体而言，在要素市场不完善与环境规制不健全的既定框架下，我国出口贸易的产品属性、成本核算、要素聚合与平衡状态方面存在着系统性偏差，中国产出规模与出口规模的扩张是以中间消耗的多倍投入为前提与代价的。货币价值出口顺差的增长，实际上对应着持续累积的生态逆差与环境赤字，间接加剧了国内的资源能源消耗与碳减排压力。部分发达国家基于生产者责任原则所设定与"强加"的碳减排责任与目标，没有厘清出口隐含碳排放的真实来源与去向，"遗忘"了国际分工与产业转移的"碳转移"效应，忽视了发展中国家发展的阶段性特征与影响，缺乏公平性与客观依据。相比之下，以消费者责任原则为指导方针的碳减排责任界定、减排机制、政策工具及措施，具有相应的合理性与适用价值。

第二节　政策启示

从出口隐含碳排放的基本类型来看，鉴于国民经济各部门之间直接与间接双重技术经济关联，需要将出口隐含碳排放界定为基于直接消耗的出口隐含碳排放 I 与基于间接消耗的出口隐含碳排放 II 两部分，两种出口隐含碳排放具有不同的经济含义、来源渠道及部门分布，需要根据其具体的内在影响因子与作用机制，设计差别化的碳减排规制政策。在总量控制与结构调整的政策框架下，出口产业替代率 I （根据产业的单位产出碳强度而确定）的截面水平较高且产业差异显著，产业之间的替代减排效应较为显著，结构调整的减排空间较大，低碳产业出口对高碳产业出口的等量置换，可以对出口隐含碳排放 I 产生显著的碳减排效果；相比较而言，出口产业替代率 II （根据产业的单位产值间接碳强度而确定）的截面水平较低且产业落差不显著，结构调整的减排空间相对狭窄，规模总量控制措施的碳减排效果将更为显著。

一、强化碳足迹监管，构建动态化监测体系与综合性管控机制

从出口隐含碳排放的生成环节来看，上游初始产出、中游中间消耗与下游出口之间存在显著的纵向关联性，总量控制与结构调整的视角需要从下游出口环节向上游初始产出环节、中游中间消耗环节扩展。从现有研究来看，碳减排的规制措施多集中于下游出口环节，"出口规模扩张对出口隐含碳排放增长的正向推动作用"与"出口产品结构高级化在抑制出口隐含碳排放中的便利优势"获得了普遍认可，但上游"初始产出"的"碳来源"地位与中游"中间消耗"的扩散放大功能，却尚未获得足够重视。基于此，一方面，需要理顺各环节的互动关联，及时填补规制缺口，将"下游环节规制力度相对过大、上游环节规制力度相对不足"为主要表现形式的单一管控转变为联动性规制，构建各环节重点污染型产业部门的动态追踪监测机制与隔离机制，既要削弱上游产出环节高碳部门的母体效应与惯性依赖，又要防止下游污染密集型产业向上游环节转移、渗透与回流，从源头上控制与减少"碳供给"，抑制出口隐含碳排放的输入来源；同时，强化下游环节对上游环节、中游环节的要素支持与

反哺，推动高级要素向中间消耗环节的合理配置，提升中间消耗的投入产出效率，防止因出口产品结构"片面高级化"与"飞地化"而割裂、扭曲与上游环节的技术经济关联，削弱国民经济"低碳化"的产业支撑。

二、深化绿色产业革命，推动重点工业部门实现低碳转型升级

从具体产业部门来看，工业构成了出口隐含碳排放的主体性产业，工业以"节能减排、低碳绿色"为导向的结构转型升级，可以为高碳部门"产出环节大量生产、消耗环节大量消耗、出口环节大量出口"纵向传导机制的革新与破除，提供坚实的要素支持与产业支撑，对于抑制出口隐含碳排放有着重要的现实意义。根据单位产出碳强度的部门排序，可以确定部门17（电、水、燃气供应业）、部门8（石油加工、炼焦及核燃料加工业）、部门2（采掘业）、部门11（非金属矿物制造业）为产出环节的关键性高碳部门；根据单位产值间接碳强度的部门排序，可以确定部门17、部门11、部门12（基本金属制造业）、部门9（化学品制造业）为产值环节的关键性高碳部门；根据部门"碳转移"平衡状况，部门17、部门8、部门2构成"主要碳源部门"，部门9构成"次要碳源部门"。同时，从出口规模来看，部门14（电器机械、通信设备、仪器仪表与文化办公制造业）构成了出口主导部门，该部门基于直接消耗的碳排放较低，直观上属于典型的先进制造业与低碳部门，但基于间接消耗所产生的碳排放量却相对偏大，仍然构成了出口隐含碳排放的重要来源。事实上，追溯部门之间"相互提供、相互消耗"的投入产出关联可以发现，某些传统意义上的低碳部门与产品，其生产是以高碳部门大量投入、密集消耗为前提与代价的，在投入产出视角下不具备"低能耗、低排放"的产业属性与特征，仍将属于"节能减排"的重点关注对象，避免成为碳减排"被遗忘的角落"。

三、转变外贸发展方式，加快出口贸易与碳排放脱钩式发展

从碳减排的角度来看，中国与技术前沿国（美国）之间存在明显的"技术差距"。作为出口隐含碳排放的正向影响因子，中间消耗系数所表征的技术效率，蕴藏着巨大的减排空间与潜力。通过转变外贸发展方式，推动以"去碳化"为目标的"技术引进"与"技术赶超"；利用"Leontief逆矩阵"所表征的技术效率，打造和提升为资源节约、经济增长与环境保护的公共驱动因子；通过明确技术变迁"减量投入、减量排放"基本导向，加速环境友好型技术的研发创新、扩散推广与集成应用，防止高碳粗放型落后工艺、生产方式

对环境友好型技术的成本侵蚀与逆向淘汰，优化技术供给结构；深化要素市场改革，加速要素禀赋升级，强化市场准入的需求转换与拉动功能，构建以"低碳→优质→高价"为路径的资源、市场互动与互促机制，提升低能耗、低排放先进技术的适用价值与获利空间，构建"节约资源能源、减少非合意产出"的内生性约束激励机制，通过低碳要素、低碳产业的资源能源减量与生态价值溢价，形成低碳要素替代高碳要素、低碳产能置换高碳产能的自动生成机制与替换机制，以此触发出口及国民经济新型产业业态与新的增长点，实现出口规模与碳排放的"脱钩式发展"。

第三节　研究不足与研究展望

本书以"出口隐含碳排放影响因素"为研究对象，通过将出口隐含碳排放区分为基于直接消耗的出口隐含碳排放Ⅰ与基于间接消耗的出口隐含碳排放Ⅱ，并从部门分布、产业分布、群组分布等角度展开了比较分析，获得了具有一定参考价值的研究结论，并进一步提出了相应的对策建议。但是，相对于中国出口贸易复杂的真实情况而言，对于论点的正确性、论据的充分性、对策的针对性，需要保持审慎态度，有待实务与实践层面的进一步检验。从具体章节与核心问题来看，全书的分析与探讨仍然相对薄弱与粗浅，研究过程中存在诸多不足之处，主要表现在：首先，从时间跨度来看，受限于基础数据统计口径及可获得性，本书选取1995—2014年为样本期，起始年份为1995年，可能产生"因未将此前年份情况纳入分析范畴，而忽视出口隐含碳排放重要的时序特征"偏误。其次，本书在空间范围上做了简化处理，直接将世界所有进口国视为一个整体，并忽视了中国东部、中部、西部三大板块及各具体省份出口隐含碳排放的区域差异，缺乏空间结构维度，从而未能将出口隐含碳排放的空间结构特征有效揭示出来。最后，从影响因子的选取方式来看，本书采用了"从出口隐含碳排放测算公式中选取影响因子"的处理方式，该方式的积极意义在于确保选取因子的典型性与代表性，但却直接受限于公式的数学变换形式，一些对出口隐含碳排放具有重大意义的事件或要素，如新型工业化、出口导向战略等未能纳入分析范畴，由此展开的研究既降低了出口碳排放与中国现实情况的密切程度，也未能将出口隐含碳排放的中国特色较好地诠释出来。鉴于此，与此有关的后续研究，应当拓展研究的时序跨度与空间范围，将国家战略、重大事件以虚拟变量的形式纳入分析框架，扩展与丰富影响因子的选择空间与经济含义，突出影响因子的中国特色，以提升研究的时效性与适用性。

　　由于本书对出口隐含碳排放的研究主要是从产品域层面展开的，考虑到研究视角多元化与实际数据的可获得性，可以从贸易平衡状态与市场域层面加以扩展，具体说来：第一，中国进出口总量规模同步扩张，但产品结构差异性特征显著，作为进出口大国与出口顺差大国，中国由出口顺差所产生的"碳排放"净输出量是多少？基于货币价值的顺差状态与基于碳排放的净输出状态，在总量与结构层面上是否具有内在一致性？两种贸易状态的内在关联机制是什么？第二，中国作为最大的发展中国家与"世界工厂"，与发达国家南北贸易的出口隐含碳排放是多少？与其他发展中国家的南南贸易的出口隐含碳排放是多少？南北贸易与南南贸易的出口隐含碳排放是否存在地域上的结构性差异？第三，将出口国（中国）区分为东部、中部、西部三大板块，将所有进口国区分为发达国家与发展中国家两种类型，将所有出口品区分为高碳污染型产品与低碳环保型产品，从匹配视角来看，中国出口贸易产品域与市场域、供给构成与需求构成之间存在怎样的对应关系？是否存在"东部地区主要生产高碳污染型产品、主要供应发达国家，中西部地区主要生产低碳环保型产品、主要供应发展中国家"的匹配状态？这一对应关系或匹配状态对中国出口隐含碳排放的影响如何？等等。上述问题的探讨颇具理论价值与现实意义，值得进行更深入的研究。

参考文献

[1] 吕延方, 崔兴华, 王冬. 全球价值链参与度与贸易隐含碳 [J]. 数量经济技术经济研究, 2019, 36 (2)：45-65.

[2] 张友国. 经济发展方式变化对中国碳排放强度的影响 [J]. 经济研究, 2010 (4)：14.

[3] 廖明球. 投入产出及其扩展分析 [M]. 北京：首都经济贸易大学出版社, 2009.

[4] 刘琳. 中国参与全球价值链的测度与分析：基于附加值贸易的考察 [J]. 世界经济研究, 2015 (6)：71-83.

[5] 夏明. 投入产出体系与经济结构变迁 [M]. 北京：中国经济出版社, 2006.

[6] 李景华. 中国第三产业投入产出分析 (1987—1995)：归因矩阵方法与 SDA 模型研究 [M] //中国投入产出分析应用论文精粹, 北京：中国统计出版社, 2004.

[7] 李艳梅, 张雷. 中国居民间接生活能源消费的结构分解分析 [J]. 资源科学, 2008 (6)：6.

[8] 魏本勇, 王媛, 杨会民, 等. 国际贸易中的隐含碳排放研究综述 [J]. 世界地理研究, 2010 (2)：138-147.

[9] 黄敏, 伍世林. 贸易中隐含碳问题溯源及其研究进展 [J]. 上海商学院学报, 2010 (2)：77-80.

[10] 钟章奇, 姜磊, 何凌云, 等. 基于消费责任制的碳排放核算及全球环境压力 [J]. 地理学报, 2018, 73 (3)：442-459.

[11] 王正鹏, 李莹, 李德贵. 进出口贸易对中国能源二氧化碳排放影响的初步分析 [J]. 中国能源, 2008, 30 (3)：14-17.

[12] 李丁, 汪云林, 牛文元. 出口贸易中的隐含碳计算：以水泥行业为例 [J]. 生态经济, 2009 (2)：58-60.

[13] 张友国. 中国贸易增长的能源环境代价 [J]. 数量经济技术经济研究, 2009 (1)：16-30.

[14] 梁进社, 郑蔚, 蔡建明. 中国能源消费增长的分解：基于投入产出方法 [J]. 自然资源学报, 2007, 22 (6)：855-864.

[15] 李景华. SDA 模型的加权平均分解法及在中国第三产业经济发展分析中的应用 [J]. 系统工程, 2004, 22 (9)：69-73.

[16] 李艳梅. 中国城市化进程中的能源需求及保障研究 [D]. 北京：北京交通大学, 2007：65-84.

[17] 张友国. 中国贸易碳强度及其影响因素：基于（进口）非竞争投入-产出表的分析 [J]. 经济学（季刊）, 2010, 9 (4)：1287-1310.

[18] 李小平, 卢现祥. 国际贸易、污染产业转移和中国工业 CO_2 排放 [J]. 经济研究, 2010 (1)：15-26.

[19] 刘瑞翔, 姜彩楼. 从投入产出视角看中国能耗加速增长现象 [J]. 经济学（季刊）, 2011, 10 (3)：777-798.

[20] 马涛, 东艳, 苏庆义, 等. 工业增长与低碳双重约束下的产业发展及减排路径 [J]. 世界经济, 2011 (8)：19-43.

[21] 陈锡康, 等. 投入产出技术 [M]. 北京：中国广播电视出版社, 1983：56-72.

[22] 陈锡康. 投入占用产出技术及其非线性和动态化研究 [M]. 北京：中国统计出版社, 2004：4-14.

[23] 刘起运. 宏观经济系统的投入产出分析 [M]. 北京：中国人民大学出版社, 2006：53-59.

[24] 佟仁城. 几种重要的投入产出乘数和居民部门的作用分析 [J]. 系统工程理论与实践, 2001 (9)：34-38.

[25] 陈璋等. 投入产出分析若干方法论问题的研究 [J]. 数量经济技术经济研究, 2005 (9)：13-17.

[26] 范金, 等. 投入产出表和社会核算矩阵更新研究评述 [J]. 数量经济技术经济研究, 2007 (5)：21-25.

[27] 杨翠红. 我国城乡企业经济发展与环境保护的投入占用产出分析 [D]. 北京：中国科学院系统科学研究所, 1999：2-65.

[28] 唐宜红, 杨琦. 北京市对外贸易商品结构合理度的实证研究 [J]. 国际经贸探索, 2007 (9)：48-52.

[29] 高颖林. 基于投入产出模型对江苏外贸商品结构合理性分析 [J]. 新西部, 2008 (9): 47-50.

[30] 吕越, 吕云龙. 中国参与全球价值链的环境效应分析 [J]. 中国人口·资源与环境, 2019, 29 (7): 91-100.

[31] 沈利生, 吴振宇. 外贸产品结构的合理性分析 [J]. 数量经济技术经济研究, 2003 (8): 66-72.

[32] 夏炎, 杨翠红, 陈锡康. 基于可比价投入产出表分解我国能源强度影响因素 [J]. 系统工程理论与实践, 2009 (10): 7.

[33] 齐晔, 李惠民, 徐明. 中国进出口贸易中的隐含碳估算 [J]. 中国人口·资源与环境, 2008 (3): 8-13.

[34] 耿献辉. 我国进出口商品结构变动及其优化: 基于投入产出表的实证分析 [J]. 经济学家, 2010 (8): 40-46.

[35] 黄伟, 张阿玲, 张晓华. 我国区域间产业经贸产品结构合理度分析 [J]. 统计研究, 2005 (9): 65-71.

[36] 沈利生, 吴振宇. 外贸产品结构的合理性分析 [J]. 数量经济技术经济研究, 2003 (8): 66-72.

[37] 沈利生. 重新审视传统的影响力系数公式: 评影响力系数公式的两个缺陷 [J]. 数量经济技术经济研究, 2010 (2): 133-141.

[38] 唐宜红, 杨琦. 北京市对外贸易商品结构合理度的实证研究 [J]. 国际经贸探索, 2007 (9): 48-54.

[39] 王建军, 马序昌. 新疆外贸结构实证分析 [J]. 新疆财经, 2005 (4): 56-60.

[40] 王岚. 全球价值链背景下的新型国际贸易统计体系及其对中国的启示 [J]. 国际经贸探索, 2013 (11): 53-64.

[41] 杨丽华. 外贸商品结构合理性评价指标的构建及实证研究 [J]. 国际贸易问题研究, 2011 (8): 14-23.

[42] 庄贵阳. 低碳经济: 气候变化背景下中国的发展之路 [M]. 北京: 气象出版社, 2007.

[43] 黄伟, 张阿玲, 张晓华. 我国区域间产业经贸产品结构合理度比较分析 [J]. 中国软科学, 2005 (7): 51-57.

[44] 向锦, 康赞亮. 我国出口结构的现状及其优化初探 [J]. 国际贸易问题, 2006 (7): 72-79.

［45］唐宜红，杨琦. 北京市对外贸易商品结构合理度的实证研究［J］. 国际经贸探索，2007（9）：13-19.

［46］耿献辉. 我国进出口商品结构变动及其优化：基于投入产出表的实证分析［J］. 经济学家，2010（8）：43-50.

［47］涂远芬. 我国进口商品结构变动及其优化［J］. 江西社会科学，2011（9）：32-37.

［48］曹旭平，张国平. 基于投入产出理论的江苏省进出口商品结构合理度评价［J］. 华东经济管理，2012（5）：20-25.

［49］陈迎，潘家华，谢来辉. 中国外贸进出口商品中的内涵能源及其政策含义［J］. 经济研究，2008（7）：22-30.

［50］樊纲，苏铭，曹静. 最终消费与碳减排责任的经济学分析［J］. 经济研究，2010（1）：48-59.

［51］国务院发展研究中心课题组. 全球温室气体减排：理论框架和解决方案［J］. 经济研究，2009（3）：67-78.

［52］李小平. 国际贸易、污染产业转移和中国工业 CO_2 排放［J］. 经济研究，2010（1）：22-43.

［53］潘家华. 碳预算方案：一个公平、可持续的国际气候制度框架［J］. 中国社会科学，2009（5）：54-63.

［54］蔡礼辉，张朕，朱磊. 全球价值链嵌入与二氧化碳排放：来自中国工业面板数据的经验研究［J］. 国际贸易问题，2020（4）：86-104.

［55］闫云凤，赵忠秀，王苒. 中欧贸易隐含碳及减排政策研究［J］. 财贸研究，2012（2）：22-28.

［56］李忠民，庆东瑞. 经济增长与二氧化碳脱钩实证研究：以山西省为例［J］. 福建论坛（人文社会科学版），2010（2）：67-72.

［57］周勇，林源源. 技术进步对能源消费回报效应的估算［J］. 经济学家，2007（2）：45-52.

［58］白竹岚，诸大建，蔡兵. 上海1978—2009年能源反弹效应的完全分解分析［J］. 华东经济管理，2011，25（9）：1-7.

［59］刘竹，耿涌，薛冰，等. 城市能源消费碳排放核算方法［J］. 资源科学，2011，33（7）：1325-1330.

［60］张晓成，杨旸. 城市能源消费与二氧化碳排放量核算清单：以上海市为例［J］. 城市管理与科技，2010（6）：17-21.

[61] Y KONDO, Y MORIGUCHI, H SHIMIZU. CO_2 emissions in Japan: influences of imports and exports [J]. Applied energy, 1998 (59): 163-174.

[62] JESPER MUNKSGAARD, LISE-LOTTE PADE, JAN MINX, et al. Influence of trade on national CO_2 emissions [J]. International journal of global energy Issues, 2005 (4): 324-336.

[63] GLEN P PETERS, EDGAR G. HERTWICH. Post-kyoto greenhouse gas inventories: production and versus consumption [J]. Climatic change, 2008 (86): 51-66.

[64] COPELAND, M TAYLOR. Trade, growth, and the environment [J]. Journal of economic literature, 2004, 43 (1): 7-71.

[65] DIETZENBACHER E. B. LOS. Structural decomposition techniques: sense and sensitivity [J]. Economic system research, 1998, 10 (4): 307-323.

[66] GROSSMAN G, A KRUGER. Environmental impacts of a North American free trade agreement [M]. Cambridge: MIT Press, 1993, 13 -56.

[67] LI Y. C. HEWITT. The effect of trade between China and the UK on national and global carbon dioxide emissions [J]. Energy policy, 2008, 36 (6): 1907 -1914.

[68] MACHADO G, R SCHAEFFER, E WORREL. Energy and carbon embodied in the international trade of Brazil: an input-output approach [J]. Ecological economics, 2001, 39 (3): 409-424.

[69] SVENDSEN G T, CHRISTENSEN J L. The US S02 auction: analysis and generalization [J]. Energy economics, 1999, 21: 403-416.

[70] MUNKSGAARD J, K PEDERSEN. CO_2 accounts for open economies: producer or consumer responsibility ? [J]. Energy policy, 2001, 29 (4), 327-334.

[71] PAN J, J PHILLIPS, Y CHEN. China's balance of emissions embodied in trade: approaches to measurement and allocating international responsibility [J]. Oxford review of economic policy, 2008, 24 (2): 354-376.

[72] PETERS G., E. HERTWICH. Pollution embodied in trade: the norwegian case. [J]. Global environmental change, 2006, 16 (4): 379-387.

[73] BAI C., Q. LI, M. OUYANG. Property taxes and home prices: a tale of two cities [J]. Journal of econometrics. 2014, 180 (1), 1-15.

[74] HELPMAN E, P R KRUGMAN. Market structure and foreign trade: increasing returns, imperfect competition, and the international economy [M]. Cambridge: MIT Press, 1985.

[75] HSIAO C, H STEVE CHING, S KI WAN. A panel data approach for program evaluation: measuring the benefits of political and economic integration of Hong kong with mainland China [J]. Journal of applied econometrics. 2012, 27 (5): 705-740.

[76] ZHANG L, Z DU, C HSIAO, H YIN. The macroeconomic effects of the Canada-US free trade agreement on Canada: a counterfactual analysis [J]. The world economy. 2014, 38 (5): 878-892.

[77] ALBRECHT J., D. FRANCOIS, K. SCHOORS. A shapley decomposition of carbon emissions without residuals [J]. Energy policy. 2002 (30): 727-736.

[78] BABIKER M H. Climate change policy, market structure, and carbon leakage [J]. Journal of international economics, 2005 (65): 421-445.

[79] BURNIAUX J. M. MARTINS, J. O. Carbon leakages: a general equilibrium view [J]. Economic Theory, 2012 (49): 473-495.

[80] COPELAND B R TAYLOR, M S. Free trade and global warming: a trade theory view of the Kyoto Protocol [J]. Journal of environmental economics and management, 2005 (49): 205-234.

[81] DI MARIA C, VANDER WERF E. Carbon leakage revisited: unilateral climate policy with directed technical change [J]. Environmental and resource economics, 2008 (39): 55-74.

[82] EICHNER T, PETHIG R. Carbon leakage, the green paradox and perfect future markets [J]. International economic review, 2011 (52): 767-805.

[83] FISCHER C, FOX A K. Combining rebates with carbon taxes: optimal strategies for coping with emissions leakage and tax interactions [R]. Resources for the Future Discussion Paper, 2009.

[84] GERLAGH R, KUIK O. Carbon leakage with international technology spillovers [R]. Fondazione Eni Enrico Mattei Working Paper, 2007, No. 33.

[85] KEMFERT C. Climate coalitions and international trade: assessment of cooperation incentives by issue linkage [J]. Energy policy, 2004 (32): 455-465.

[86] KUIK O, HOFKES M. Border adjustment for european emissions trading: competitiveness and carbon leakage [J]. Energy policy, 2010 (38): 1741-1748.

[87] MATTOO A, ARVIND S, VAN DER MENSBRUGGHE D, et al. Reconciling climate change and trade policy [R]. World Bank Policy Research Working Paper, 2009: 5123.

[88] MCKIBBIN W J, WILCOXEN P J. The economic and environmental effects of border tax adjustments for climate policy [J]. Lowy institute for international policy, 2009: 37-47.

[89] MONJON S, QUIRION P. Addressing leakage in the EU ETS: border adjustment or output-based allocation? [J]. Ecological economics 2011 (70): 1957-1971.

[90] PETERS G P. From production-based to consumption-based national emission inventories [J]. Ecological economics, 2008 (65): 13-23.

[91] PETERS G P, HERTWICH E G. CO_2 embodied in international trade with implications for global climate policy [J]. Environmental science & technology 2008 (42): 1401-1407.

[92] WINCHESTER N. The impact of border carbon adjustments under alternative producer responses [J]. The American journal of agricultural economics, 2011 (02): 354-359.

[93] BÖHRINGER C., BYE B., FÆHN T., et al. Alternative designs for tariffs on embodied carbon: a global cost-effectiveness analysis [J]. Energy economics, 2012 (34): 143-153.

[94] OECD. Environmental indicators development measurement and use [R]. Paris: OECD, 2003.

[95] HENRY D, SAUNDERS. The khazzoom-brookes postulate and neoclassical growth [J]. Energy journal, 1992, 13 (4): 130-148.

[96] KHAZZOOM D. J. Energy saving resulting from the adoption of more efficient appliances [J]. Energy jorunal, 1987, 8 (4): 85-89.

[97] BROOKES L G. Energy efficiency and economic fallacies: a reply [J]. Energy policy, 1992, 20 (5): 390-392.

[98] BARKER T P. The macro-economic rebound effect and the UK economy [J]. Energy policy, 2007, 35 (10): 4935-4946.

[99] HONG WANG. Decoupling measure between economic growth and energy consumption of China [J]. Energy procedia, 2011, (5): 2363-2367.

[100] JIN SANG-HYEON. The effectiveness of energy efficiency improvement in a developing country: rebound effect of residential electricity use in South Korea [J]. Energy policy, 2007, 35 (11): 5622-5629.

[101] RUNAR BRANNLUND, TAREK GHALWASHA, JONAS NORDSTRMA. Increased energy efficiency and the rebound effect on consumption and emissions [J]. Energy economics, 2007, 29 (1): 1-17.

[102] JANBENTZEN. Estimating the rebound effect in US manufacturing energy consumption [J]. Energy Economics, 2004, 26 (1): 123-134.

[103] OECD. Indicators to measure decoupling of environmental pressures from economic growth [R]. Paris: OECD, 2002.

[104] TAPIO P. Towards a theory of decoupling: degrees of decoupling in the EU and the case of road traffic in Finland between 1970 and 2001 [J]. Transport policy, 2005, 12 (2): 137-151.

[105] SUN. J. W. Changes in energy consumption and energy intensity: a complete decomposition model [J]. Energy economics, 1998, 20 (1): 85-100.

[106] AHMAD N., WYCKOFF A. Carbon dioxide emissions embodied in international trade of goods [R]. Organization for Economic Co-operation and Development (OECD), 2003.

[107] ANDREW W. WYCKOFF., JOSEPH M. ROOP. 1994. The embodiment of carbon in imports of manufactured products implications for international agreements on greenhouse gas emissions [J]. Energy policy, 22 (3): 187-194.

[108] ANTIMIANI A, COSTANTINI V, MARTINI C, et al. . Assessing alternative solutions to carbon leakage [J]. Energy economics, 2013 (36): 299-311.

[109] ANTWEILER W, COPELAND B R, TAYLOR M S. Is free trade good for the environment? [J] American economic review, 2001, 91 (4): 877-908.

[110] BABIKER M. H. Climate change policy, market structure, and carbon leakage [J]. Journal of international economics, 2005, 65 (2): 421-445.

[111] BABIKER M H, JACOBY H D. Developing country effects of kyoto-type emissions restrictions [R], 1999.

[112] BABIKER M, K MASKUS, T RUTHERFORD. Carbon taxes and the

global trading system [R]. Laxenbourg: Paper prepared for presentation at the International Energy Workshop and Energy Modeling Forum Meeting at IIASA, 1997 (6): 23-25.

[113] BHRINGER, CHRISTOPH, JARED C, et al. Embodied carbon tariffs [R]. National Bureau of Economic Research, Working Paper, 2011.

[114] BOLLEN J., MANDERS T. TIMMER H. Decomposing carbon leakage [R]. Third Annual Conference on Global Economic Analysis. Melbourne, 2000: 27-30.

[115] BOLLEN J, MANDERS T, TIMMER H. Kyoto and carbon leakage: simulations with world scan [R]. Paper presented at the IPCC Working Group III Expert Meeting, 1999: 27-28.

[116] BURNIAUX J, OLIVEIRA MARTINS J. Carbon emission leakages: a general equilibrium view [R]. OECD Economics Department Working Papers, 2000: 242.

[117] BURNIAUX J, M. Carbon leakages: a general equilibrium capital flows and the kyoto protocol [J]. Energy journal, 2012: 257-333.

[118] BURNIAUX J-M, T. P. TRUONG. GTAP-E and Energy-Environmental Version of GTAP [R]. 2002 (16): 20.

[119] CHRISTOPHER L. WEBER, GLEN P., et al. The contribution of chinese exports to climate change [J]. Energy, 2008, 36 (9): 3572-3577.

[120] COLE M., A. RAYNER, J. BATES. Trade liberalization and the environment: the case of the uruguay round [J]. The world economy, 1998 (21): 337-347.

[121] COPELAND B R, TAYLOR M S. Trade, spatial separation, and the environment [J]. Journal of international economics, 1999, 47 (1): 137-168.

[122] CORRADO DI MARIA, EDWIN VAN DER WERF. Carbon leakage revisited: unilateral climate policy with directed technical change [J]. Environmental and resource economics, 2008, 39 (2): 55-74.

[123] DANIEL GROS, CHRISTIAN EGENHOFER, NORIKO FUJIWARA, et al. Climate change and trade: taxing carbon at the border? [R]. Centre for European policy studies, 2010.

[124] DEMAILLY D., QUIRION P. European emission trading scheme and competitiveness: a case study on the iron and steel industry [J]. Energy economics, 2008 (30): 2009-2027.

[125] ANG B. W. Decomposition analysis for policy making in energy: which is the preferred method? [J]. Energy policy, 2004, 32 (9): 1131-1139.

[126] F L LIU. A new energy decomposition method: perfect in decomposition and consistent in aggregation [J]. Energy, 2001, 26 (6): 537-548.

[127] N LIU. Handling zero values in the logarithmic mean divisia index decomposition approach [J]. Energy policy, 2007a, 35 (1): 238-246.

[128] N LIU. Negative-value problems of the logarithmic mean divisia index decomposition approach [J]. Energy policy, 2007b, 35 (1): 739-742.

[129] S Y LEE. Ecomposition of industrial energy consumption: some methodological and application issues [J]. Energy economics, 1994, 16 (2): 83-92.

[130] ANG B W F, Q ZHANG, K H CHOI. Factorizing changes in energy and environmental indicators through decomposition [J]. Energy, 1998, 23 (6): 489-495.

[131] BOYD G, J F MCDONALD, M ROSS, et al., Separating the changing composition of US manufacturing production from energy efficiency improvements: a divisia index approach [J]. Energy journal, 1987, 8 (2): 77-96.

[132] CHANG Y. F., S. J. LIN. Structural decomposition of industrial CO_2 emission in Taiwan: an input-output approach [J]. Energy policy, 1998, 26 (1): 5-12.

[133] LIU L C, Y FAN G WU, Y M WEI. Using LMDI method to analyze the change of China's industrial CO_2 emissions from final fuel use: an empirical analysis [J]. Energy policy, 2007, 35 (11): 5892-5900.

[134] LIU X Q, B W ANG, H L ONG. The application of divisia index to the decomposition of changes in industrial energy consumption [J]. Energy journal, 1992, 13 (4): 161-177.

[135] MIGUEL A. T. M., R. G. PABLO. A combined input-output and sensitivity analysis approach to analyses sector linkages and CO_2 emissions [J]. Energy economics, 2007, 29 (5): 578-597.

[136] I W WEHRMEYER, Y MULUGETTA. Decomposition analysis and mitigation strategies of CO_2 emissions from energy consumption in South Korea [J]. Energy policy, 2010, 38 (1): 364-377.

[137] PAPAGIANNAKI K, D. DIAKOULAKI. Decomposition analysis of CO_2

emissions from passenger cars: the cases of Greece and Denmark [J]. Energy policy, 2009, 37 (5): 3259-3267.

[138] SCHIPPER L, S MURTISHAW, M KHRUSHCH, et al. Carbon emissions from manufacturing energy use in 13 IEA countries: long-term trends through 1995 [J]. Energy policy, 2001, 29 (7): 667-688.

[139] SUN J W. Changes in energy consumption and energy intensity: a complete decomposition model [J]. Energy economics, 1998, 20 (2): 85-100.

[140] WU L, S KANEKO, S MATSUOKA. Driving forces behind the stagnancy of China's energy-related CO_2 emissions from 1996 to 1999: the relative importance of structural change, intensity change and scale change [J]. Energy policy, 2005, 33 (2): 319-335.

[141] FELDER S, T F RUTHERFORD. Unilateral reductions and carbon leakage: the effect of international trade in oil and basic material [J]. Journal of environmental economics and management, 1993 (25): 162-176.

[142] GERLAGH R, KUIK O J. Carbon leakage with international technology spillovers [J]. Energy policy, 2000 (30): 849-863.

[143] GOLOMBEK R, M HOEL. Unilateral emission reductions and cross-country technology spillovers [R]. Advances in economic analysis policy, 2004.

[144] GRUBB M, J KHLER, D ANDERSON. Induced technical change in energy and environmental modeling: analytic approaches and policy implications [J]. Annual review of energy and the environment, 2002 (27): 271-308.

[145] HAMASAKI H. Carbon leakage and a post-Kyoto framework [R]. Research Paper, 2007.

[146] JIAHUA PAN, JONATHAN PHILLIPS, YING CHEN. China's balance of emissions embodied in trade: approaches to measurement and allocating international responsibility [J]. Oxford review of economic policy, 2008, 24 (2): 354-376.

[147] KUIK O J. The effect of trade liberalization on carbon leakage under the kyoto protocol: experiments with GTAP-E [R]. Paper prepared for the 4th annual conference on global economic analysis, 2001.

[148] KUIK O, GERLAGH R. Trade liberalization and carbon leakage [J]. The energy journal, 2003, 24 (3): 97-120.

[149] LIGHT M K, KOLSTAD C D, RUTHERFORD T F. Coal markets, car-

bon leakage and the kyoto protocol [R]. Center for economic analysis working paper, 1999.

[150] MCKIBBIN W J, WILCOXEN P J. The economic and environmental effects of border tax adjustments for climate policy [R]. working papers, 2009.

[151] MCKIBBIN W J, M ROSS, R SHACKELTON, et al. Emissions trading, model [R]. GTAP Technical Paper, 1999.

[152] MICHAEL HÜBLER. Can carbon based import tariffs effectively reduce carbon emissions? [R]. Kiel Institute for the world economy, 2009.

[153] MONGELLI I, TASSIELLI G, NOTARNICOLA B. Global warming agreements, international trade and energy carbon embodiments: an input-output approach to the italian case [J]. Energy policy, 2006, 34 (1): 88-100.

[154] MURADIAN R., O CONNOR M, MARTINEZ-ALIER J. Embodied pollution in trade: estimating the environmental load displacement of industrialized countries [J]. Ecological economics, 2002 (1): 51-67.

[155] WANG Z, WEI S J, ZHU K. Quantifying International production sharing at the bilateral and sector levels [R]. NBER, Working Paper, 2013.

[156] OECD. The political economy of environmentally related taxes [R]. Organization for Economic CO-Operation and development. Paris: OECD, 2006.

[157] OECD. The economics of climate change mitigation: policies and options for global action beyond 2012 [R]. Paris: Organization for Economic Co-operation and Development. Paltsev, S. V. 2001.

[158] SCHAEFFER R., AL DE SáR SCHAEFFER. The embodiment of carbon associated with brazilian imports and exports [J]. Energy conversion and management volume, 1996, 37 (6-8): 955-960.

[159] REINAUD J. Issues behind competitiveness and carbon leakages: focus on heavy industry [R]. IEA Information Paper, OECD/IEA, 2008.

[160] SHUI B, HARRISS R C. The role of coe embodiment in US-China trade [J]. Energy policy, 2006 (34): 4036- 4068.

[161] TERRY BARKERA, SUDHIR JUNANKARB, et al. Carbon leakage from unilateral environmental tax reforms in europe 1995—2005 [J]. Energy policy, 2007, 35 (12): 6281-6292.

[162] WANG S, DE GROOT, NIJKAMP P, et al. Global and regional impacts

of the clean mechanism [R]. Tinbergen institute discussion paper, 2009.

[163] WANG T, WATSON J. Who owns China's carbon emissions? [R]. Working paper, 2007.

[164] YOU LI, C N HEWITT. The effect of trade between China and the UK on national and global carbon dioxide emissions [J]. Energy, 2008, 36 (6): 1907-1914.

[165] DIETZENBACHER E, LOS B. Structural decomposition technique: sense and sensitivity [J]. Economic systems research, 1998 (10).

[166] HOEKSTRA R, VAN DEN BERGH J C. Comparing structural and index decomposition analysis [J]. Energy economics, 2003 (25).

附　录

表 1　1995—2014 年中国 21 部门产出　　　单位：亿美元

年份	1	2	3	4	5	6	7	8	9	10	11
1995	23.63	5.88	12.13	10.92	2.60	2.01	3.57	3.24	8.51	4.25	8.38
1996	27.81	6.57	15.31	12.09	3.27	2.51	4.46	3.47	10.55	5.53	10.19
1997	29.15	7.30	17.07	12.09	3.44	2.88	4.85	3.92	11.40	6.35	11.38
1998	30.11	7.04	16.95	12.80	3.53	2.96	5.08	3.79	11.43	6.74	11.20
1999	30.18	7.43	16.92	13.52	3.51	3.15	5.19	4.34	12.50	6.83	11.14
2000	30.69	9.15	17.45	15.09	3.75	3.54	5.47	5.83	14.18	7.39	11.51
2001	32.59	8.97	18.47	16.72	4.18	4.06	5.96	6.78	15.23	8.09	11.86
2002	34.33	9.08	19.44	17.94	4.45	4.30	6.25	7.89	16.81	8.60	11.85
2003	36.04	11.22	23.17	20.87	5.10	4.92	7.33	8.32	21.69	10.11	13.34
2004	44.34	17.50	26.18	22.87	5.07	5.56	9.40	12.02	26.33	11.41	15.35
2005	46.84	21.87	32.89	28.57	6.12	6.93	12.06	14.28	33.36	14.53	19.04
2006	51.55	27.10	42.99	37.56	7.98	9.68	13.47	14.19	42.55	19.40	22.73
2007	64.27	34.21	57.20	47.80	9.99	13.02	17.37	18.87	59.18	25.64	29.53
2008	82.85	44.15	73.80	61.68	12.89	16.81	22.41	24.35	76.36	33.08	38.10
2009	88.04	46.60	77.90	65.11	13.61	17.74	23.66	25.71	80.60	34.92	40.22
2010	102.23	55.89	93.43	78.08	16.32	21.28	28.38	30.83	96.67	41.88	48.23
2011	126.11	68.72	114.87	96.00	20.07	26.16	34.89	37.90	118.85	51.49	59.30
2012	129.89	70.78	118.32	98.88	20.67	26.94	35.94	39.04	122.41	53.03	61.08
2013	131.15	71.46	119.46	99.84	20.87	27.20	36.28	39.42	123.60	53.55	61.67
2014	132.41	72.15	120.61	100.80	21.07	27.47	36.63	39.80	124.79	54.06	62.27
总共	1 274.22	603.08	1 034.55	869.22	188.49	229.11	318.63	343.97	1 027.01	456.87	558.36

年份	12	13	14	15	16	17	18	19	20	21	
1995	15.37	7.65	9.46	5.00	1.28	3.52	15.36	15.27	8.00	22.88	
1996	17.78	8.52	11.12	5.87	1.48	3.89	18.25	17.39	9.62	27.26	
1997	19.74	9.24	13.42	6.54	1.53	5.02	19.39	19.42	11.01	32.92	
1998	19.75	9.81	15.69	7.16	1.58	5.70	21.90	21.33	12.98	37.27	

年份	1	2	3	4	5	6	7	8	9	10	11
1999	19.80	10.59	17.73	7.67	1.77	6.50	23.70	22.98	15.00	40.98	
2000	21.19	12.00	22.03	8.37	2.05	6.84	26.36	24.94	18.35	46.34	
2001	22.72	13.74	24.65	9.94	2.40	7.74	29.45	27.70	21.27	52.92	
2002	23.58	15.56	28.72	12.38	2.71	8.77	33.33	30.44	24.01	58.98	
2003	31.41	19.13	35.84	16.73	2.88	11.45	38.71	33.90	26.43	67.18	
2004	41.11	22.84	45.15	18.41	2.51	18.59	45.05	37.96	31.71	77.92	
2005	51.23	28.43	57.65	23.36	3.02	24.74	54.40	42.84	37.26	93.32	
2006	70.99	37.32	83.35	28.20	4.92	25.12	67.09	51.02	44.06	114.75	
2007	96.96	49.94	106.16	41.32	6.21	35.37	86.92	65.21	55.37	153.54	
2008	125.11	64.43	136.97	53.31	8.02	45.64	116.62	88.06	69.05	197.63	
2009	132.07	68.02	144.59	56.28	8.47	48.18	141.70	98.31	74.37	228.89	
2010	158.39	81.57	173.41	67.50	10.15	57.78	170.20	118.21	89.42	267.20	
2011	194.74	100.29	213.20	82.98	12.48	71.04	214.20	147.03	111.22	325.56	
2012	200.58	103.30	219.60	85.47	12.86	73.18	220.63	151.44	114.56	335.33	
2013	202.53	104.30	221.73	86.30	12.98	73.89	222.77	152.91	115.67	338.59	
2014	204.48	105.31	223.86	87.13	13.11	74.60	224.91	154.38	116.78	341.84	
总共	1 669.54	871.98	1 804.32	709.93	112.42	607.56	1 790	1 320	1 006	2 861	

数据来源：作者根据《中国能源统计年鉴》与世界投入产出数据库（WIOD）有关数据计算获得。

表2 1995—2014 年中国 21 部门单位产出碳强度

单位：万吨/百万美元

年份	1	2	3	4	5	6	7	8	9	10	11
1995	0.030 6	0.456 9	0.069 4	0.050 9	0.019 0	0.036 4	0.124 5	1.602 6	0.378 4	0.047 9	0.327 9
1996	0.026 6	0.443 0	0.054 1	0.041 8	0.007 6	0.026 1	0.096 7	1.522 2	0.323 0	0.031 0	0.272 3
1997	0.025 8	0.440 4	0.043 7	0.037 1	0.005 9	0.020 9	0.081 9	1.336 2	0.271 2	0.022 6	0.230 2
1998	0.025 4	0.411 0	0.041 3	0.031 8	0.006 9	0.019 9	0.076 0	1.434 0	0.262 4	0.020 3	0.216 9
1999	0.025 4	0.378 4	0.039 4	0.027 1	0.007 2	0.015 4	0.066 2	1.339 9	0.225 5	0.018 5	0.207 3
2000	0.025 2	0.311 9	0.032 1	0.021 8	0.005 1	0.012 4	0.065 9	1.081 6	0.200 0	0.013 7	0.183 9
2001	0.024 1	0.327 4	0.031 3	0.020 1	0.004 9	0.010 9	0.059 9	0.961 7	0.180 8	0.013 0	0.165 3
2002	0.024 0	0.339 3	0.028 3	0.017 9	0.004 2	0.009 9	0.059 3	0.890 0	0.170 0	0.011 1	0.162 5
2003	0.023 2	0.352 0	0.024 7	0.016 6	0.004 0	0.010 5	0.053 4	0.969 7	0.147 6	0.010 5	0.176 9
2004	0.023 5	0.163 9	0.021 3	0.020 7	0.005 2	0.013 0	0.058 3	0.911 4	0.120 7	0.012 9	0.220 1
2005	0.023 0	0.158 1	0.017 8	0.017 3	0.004 3	0.010 5	0.050 5	0.815 6	0.109 8	0.010 2	0.184 1
2006	0.021 7	0.133 6	0.013 6	0.014 0	0.003 4	0.007 6	0.049 6	0.929 3	0.088 1	0.007 7	0.155 7

年份	1	2	3	4	5	6	7	8	9	10	11
2007	0.017 1	0.118 8	0.010 8	0.011 4	0.002 6	0.005 8	0.039 0	0.754 3	0.067 4	0.005 9	0.121 8
2008	0.008 2	0.102 7	0.010 4	0.009 4	0.002 2	0.005 5	0.034 6	0.600 9	0.060 5	0.005 7	0.124 9
2009	0.008 0	0.105 3	0.009 8	0.008 5	0.002 0	0.005 2	0.033 8	0.608 0	0.056 3	0.005 6	0.120 7
2010	0.007 3	0.097 9	0.008 5	0.007 6	0.001 4	0.004 3	0.030 1	0.576 1	0.047 9	0.005 1	0.099 0
2011	0.006 2	0.084 1	0.006 9	0.005 3	0.001 0	0.003 5	0.025 2	0.497 3	0.043 5	0.003 6	0.085 7
2012	0.006 1	0.083 4	0.006 8	0.005 0	0.000 9	0.003 4	0.024 7	0.487 7	0.042 7	0.003 4	0.084 0
2013	0.006 0	0.082 4	0.006 7	0.005 0	0.000 9	0.003 4	0.024 5	0.485 8	0.041 7	0.003 2	0.083 9
2014	0.005 9	0.081 1	0.006 4	0.004 9	0.000 8	0.003 2	0.024 1	0.484 9	0.041 0	0.003 1	0.083 6

年份	12	13	14	15	16	17	18	19	20	21	平均
1995	0.197 9	0.043 9	0.014 5	0.038 5	0.166 0	2.529 9	0.010 3	0.018 4	0.140 2	0.151 0	0.183 0
1996	0.172 4	0.042 8	0.012 1	0.033 6	0.093 1	2.571 6	0.009 1	0.017 6	0.116 6	0.136 1	0.163 0
1997	0.150 2	0.033 2	0.040 0	0.028 1	0.101 6	2.060 3	0.008 1	0.014 3	0.128 4	0.094 0	0.145 8
1998	0.135 2	0.024 8	0.007 4	0.023 6	0.082 0	1.804 0	0.009 3	0.014 1	0.120 6	0.064 9	0.129 6
1999	0.135 4	0.019 6	0.006 6	0.023 1	0.055 9	1.619 0	0.008 3	0.014 1	0.119 0	0.058 8	0.123 0
2000	0.122 0	0.013 5	0.004 5	0.018 4	0.042 8	1.614 3	0.007 8	0.012 4	0.103 9	0.050 9	0.112 7
2001	0.111 2	0.011 7	0.004 1	0.016 1	0.033 7	1.488 0	0.007 3	0.011 5	0.091 5	0.045 3	0.103 7
2002	0.116 0	0.009 9	0.003 8	0.012 7	0.029 1	1.483 3	0.006 8	0.010 8	0.087 0	0.040 3	0.101 1
2003	0.105 5	0.009 2	0.003 3	0.009 5	0.032 8	1.358 3	0.006 2	0.010 8	0.089 7	0.037 2	0.100 5
2004	0.090 7	0.009 3	0.002 8	0.010 7	0.057 3	1.012 1	0.006 1	0.010 7	0.088 4	0.034 0	0.097 5
2005	0.084 5	0.007 4	0.002 2	0.008 2	0.040 3	0.842 9	0.005 4	0.010 2	0.084 3	0.029 7	0.088 5
2006	0.066 8	0.005 7	0.001 6	0.006 8	0.024 0	0.941 1	0.004 5	0.009 1	0.079 6	0.024 2	0.077 6
2007	0.052 0	0.004 3	0.001 2	0.004 7	0.017 9	0.729 9	0.003 6	0.007 7	0.070 6	0.018 1	0.063 4
2008	0.044 0	0.004 2	0.001 3	0.004 5	0.016 1	0.583 1	0.002 6	0.005 4	0.062 6	0.018 3	0.052 7
2009	0.044 7	0.004 1	0.001 4	0.004 2	0.014 5	0.585 7	0.002 4	0.005 5	0.059 8	0.016 3	0.050 9
2010	0.042 4	0.003 6	0.001 1	0.003 6	0.012 6	0.510 7	0.002 3	0.004 7	0.054 6	0.015 1	0.045 9
2011	0.036 7	0.002 7	0.000 9	0.003 0	0.009 4	0.467 1	0.001 9	0.004 2	0.047 7	0.013 3	0.040 4
2012	0.035 9	0.002 6	0.000 9	0.002 9	0.009 2	0.458 0	0.001 9	0.004 2	0.046 7	0.013 1	0.039 6
2013	0.035 6	0.002 4	0.000 8	0.002 7	0.008 9	0.457 6	0.001 8	0.004 1	0.046 7	0.013 1	0.037 9
2014	0.033 0	0.002 2	0.000 7	0.002 7	0.008 5	0.457 2	0.001 6	0.004 1	0.046 5	0.013 0	0.037 1

数据来源：作者根据《中国能源统计年鉴》与世界投入产出数据库（WIOD）有关数据计算获得。

表3　1995—2014年中国21部门单位产值碳强度

单位：万吨/百万美元

年份	1	2	3	4	5	6	7	8	9	10	11
1995	0.197 8	0.861 0	0.290 3	0.325 7	0.250 6	0.331 3	0.496 9	2.158 0	0.934 0	0.508 3	0.870 4
1996	0.180 6	0.810 1	0.252 3	0.281 5	0.210 4	0.289 7	0.429 3	2.047 2	0.831 4	0.446 6	0.767 8
1997	0.165 8	0.761 9	0.222 4	0.240 8	0.183 7	0.252 2	0.375 1	1.830 1	0.725 4	0.390 0	0.675 3
1998	0.156 2	0.710 7	0.206 0	0.223 5	0.173 9	0.244 3	0.338 5	1.939 2	0.696 6	0.363 2	0.630 8
1999	0.151 9	0.657 1	0.198 1	0.211 0	0.168 3	0.230 1	0.303 9	1.802 5	0.635 0	0.338 7	0.593 4
2000	0.143 1	0.557 8	0.179 0	0.194 6	0.153 6	0.212 0	0.279 9	1.410 4	0.568 5	0.303 9	0.528 2
2001	0.135 2	0.553 2	0.168 2	0.186 2	0.145 6	0.202 1	0.258 4	1.324 8	0.536 5	0.288 2	0.487 8
2002	0.132 6	0.557 2	0.160 4	0.182 8	0.140 5	0.200 9	0.250 5	1.259 7	0.520 7	0.279 4	0.479 8
2003	0.127 2	0.590 1	0.154 2	0.187 0	0.144 0	0.199 9	0.253 2	1.335 0	0.510 6	0.286 5	0.518 8
2004	0.116 6	0.396 4	0.140 8	0.188 3	0.141 0	0.189 7	0.257 2	1.185 5	0.459 2	0.276 4	0.548 6
2005	0.108 8	0.383 8	0.130 9	0.180 9	0.135 0	0.177 0	0.244 3	1.062 2	0.429 3	0.263 8	0.494 1
2006	0.100 1	0.365 9	0.122 6	0.170 9	0.125 5	0.163 4	0.233 9	1.016 8	0.400 9	0.248 5	0.470 5
2007	0.081 9	0.307 9	0.099 6	0.145 2	0.106 6	0.135 6	0.198 7	0.941 4	0.326 4	0.211 9	0.368 5
2008	0.059 9	0.257 2	0.079 8	0.117 8	0.086 4	0.113 4	0.168 4	0.736 3	0.270 0	0.178 3	0.330 8
2009	0.059 7	0.262 7	0.078 7	0.115 0	0.086 2	0.114 6	0.167 6	0.776 1	0.274 2	0.181 2	0.327 9
2010	0.053 4	0.235 6	0.070 0	0.102 2	0.076 0	0.099 9	0.147 1	0.710 8	0.238 3	0.157 5	0.279 8
2011	0.046 8	0.204 0	0.061 1	0.088 2	0.066 7	0.086 9	0.127 6	0.601 6	0.208 9	0.137 6	0.243 5
2012	0.043 0	0.187 2	0.056 0	0.080 8	0.061 2	0.079 7	0.117 1	0.552 0	0.191 6	0.126 3	0.223 4
2013	0.039 4	0.171 9	0.051 4	0.074 3	0.056 3	0.073 1	0.107 7	0.506 6	0.175 8	0.115 9	0.204 9
2014	0.036 2	0.157 7	0.047 2	0.068 2	0.051 5	0.067 1	0.098 5	0.464 6	0.171 3	0.106 3	0.188 0
年份	12	13	14	15	16	17	18	19	20	21	平均
1995	0.789 7	0.445 3	0.387 9	0.416 5	0.491 2	3.023 2	0.501 4	0.252 7	0.484 7	0.397 5	0.414 8
1996	0.733 5	0.411 0	0.360 4	0.387 7	0.377 3	3.040 4	0.459 4	0.225 2	0.429 2	0.366 2	0.376 8
1997	0.665 0	0.352 4	0.359 6	0.344 6	0.344 3	2.492 5	0.410 7	0.194 1	0.404 2	0.302 2	0.335 3
1998	0.614 5	0.330 2	0.290 9	0.317 9	0.304 6	2.196 5	0.380 1	0.181 2	0.390 5	0.252 0	0.302 4
1999	0.586 5	0.311 0	0.259 3	0.297 0	0.263 7	1.973 4	0.354 5	0.173 3	0.378 9	0.229 4	0.283 6
2000	0.515 7	0.272 3	0.214 6	0.258 2	0.230 1	1.914 4	0.313 1	0.156 9	0.336 5	0.199 2	0.254 2
2001	0.476 0	0.254 1	0.196 9	0.234 0	0.208 7	1.764 5	0.289 4	0.145 4	0.309 1	0.178 7	0.235 6
2002	0.474 4	0.246 9	0.182 6	0.219 0	0.199 1	1.746 8	0.280 4	0.139 2	0.298 7	0.163 8	0.227 0
2003	0.469 3	0.247 3	0.179 2	0.207 8	0.203 4	1.807 2	0.290 5	0.134 2	0.303 5	0.160 8	0.227 3
2004	0.417 1	0.228 2	0.167 1	0.197 5	0.219 6	1.493 5	0.286 5	0.127 0	0.300 7	0.153 6	0.217 7
2005	0.390 0	0.218 3	0.161 0	0.187 6	0.193 4	1.335 4	0.270 9	0.115 5	0.279 2	0.141 8	0.203 5
2006	0.368 6	0.202 7	0.153 1	0.174 1	0.181 2	1.310 9	0.254 3	0.101 7	0.254 3	0.129 8	0.188 6

表3(续)

年份	1	2	3	4	5	6	7	8	9	10	11
2007	0.288 8	0.168 6	0.131 3	0.143 6	0.136 0	1.179 9	0.210 0	0.083 6	0.222 9	0.102 5	0.156 1
2008	0.236 2	0.145 3	0.115 6	0.123 8	0.114 0	0.941 3	0.178 4	0.067 5	0.184 0	0.089 5	0.132 5
2009	0.244 7	0.148 9	0.121 1	0.126 0	0.112 9	0.948 2	0.178 4	0.066 4	0.184 2	0.086 5	0.131 3
2010	0.214 9	0.130 3	0.104 2	0.109 6	0.098 7	0.825 4	0.155 9	0.059 0	0.166 5	0.076 5	0.116 0
2011	0.184 3	0.110 6	0.092 2	0.093 9	0.084 5	0.746 2	0.134 8	0.052 2	0.143 8	0.067 4	0.101 5
2012	0.169 0	0.101 5	0.084 6	0.086 2	0.077 6	0.684 6	0.123 7	0.047 9	0.131 9	0.061 8	0.093 1
2013	0.155 1	0.093 1	0.077 6	0.079 0	0.071 2	0.628 1	0.113 5	0.046 0	0.130 1	0.056 7	0.085 4
2014	0.142 3	0.085 4	0.073 2	0.072 5	0.065 3	0.576 2	0.104 1	0.044 3	0.121 1	0.054 0	0.079 4

数据来源：作者根据《中国能源统计年鉴》与世界投入产出数据库（WIOD）有关数据计算获得。

表4 七大部门单位产出碳强度 单位：万吨/百万美元

年份	第一产业	第二产业						第三产业
		制造业				建筑业	
		资源	劳动	资本	技术		
1995	0.030 6	0.257 9	0.056 6	0.245 0	0.014 5	0.010 2	0.120 1
1996	0.026 6	0.230 4	0.041 7	0.219 8	0.012 1	0.008 5	0.104 9
1997	0.025 7	0.207 5	0.037 7	0.197 8	0.009 1	0.006 6	0.062 4
1998	0.025 3	0.180 5	0.033 8	0.181 8	0.007 4	0.008 7	0.055 4
1999	0.025 4	0.173 5	0.028 6	0.166 6	0.006 6	0.007 3	0.053 0
2000	0.025 2	0.165 7	0.023 1	0.156 2	0.004 4	0.008 1	0.046 6
2001	0.024 1	0.167 5	0.020 9	0.144 6	0.004 1	0.007 6	0.042 2
2002	0.024 1	0.173 8	0.018 9	0.138 9	0.003 8	0.007 0	0.040 3
2003	0.023 2	0.154 3	0.018 2	0.131 5	0.003 3	0.006 1	0.041 2
2004	0.023 5	0.100 8	0.023 2	0.121 4	0.002 8	0.005 9	0.041 0
2005	0.022 9	0.096 2	0.018 4	0.093 4	0.002 2	0.005 4	0.039 5
2006	0.021 6	0.074 0	0.014 0	0.073 4	0.001 6	0.004 5	0.036 9
2007	0.017 1	0.057 4	0.011 2	0.051 0	0.001 2	0.003 6	0.032 4
2008	0.008 2	0.049 4	0.009 7	0.048 0	0.001 3	0.002 6	0.028 9
2009	0.008 0	0.049 4	0.008 7	0.041 7	0.001 4	0.002 3	0.027 3
2010	0.007 4	0.046 7	0.007 7	0.038 6	0.001 1	0.002 3	0.024 9
2011	0.006 2	0.040 2	0.005 6	0.034 0	0.000 9	0.001 9	0.021 9

表4(续)

年份	第一产业	第二产业					第三产业
		制造业				建筑业	
		资源	劳动	资本	技术		
2012	0.006 1	0.039 4	0.005 3	0.032 3	0.000 9	0.001 9	0.021 2
2013	0.005 9	0.037 2	0.004 8	0.031 7	0.000 8	0.001 8	0.020 7
2014	0.005 8	0.035 8	0.004 4	0.028 8	0.000 7	0.001 7	0.020 3

数据来源：作者根据《中国能源统计年鉴》与世界投入产出数据库（WIOD）有关数据计算获得。

表5 三次产业产出碳强度与产值碳强度

单位：万吨/百万美元

年份	单位产出碳强度			单位产值碳强度		
	第一产业	第二产业	第三产业	第一产业	第二产业	第三产业
1995	0.030 6	0.243 4	0.105 2	0.150 1	0.531 4	0.281 7
1996	0.026 6	0.216 3	0.094 7	0.139 9	0.481 6	0.258 4
1997	0.025 8	0.196 8	0.075 6	0.129 6	0.433 5	0.220 7
1998	0.025 4	0.179 5	0.059 9	0.120 7	0.399 4	0.193 0
1999	0.025 4	0.170 2	0.057 2	0.116 4	0.375 6	0.181 8
2000	0.025 2	0.155 4	0.051 1	0.108 1	0.336 7	0.161 6
2001	0.024 1	0.144 0	0.045 8	0.101 8	0.314 2	0.147 8
2002	0.024 0	0.141 4	0.042 3	0.098 7	0.302 9	0.137 8
2003	0.023 2	0.137 2	0.041 1	0.097 2	0.300 0	0.133 0
2004	0.023 5	0.132 3	0.039 7	0.091 1	0.285 2	0.124 4
2005	0.023 0	0.116 4	0.036 6	0.087 8	0.261 2	0.115 2
2006	0.021 7	0.100 0	0.032 1	0.082 0	0.234 7	0.102 4
2007	0.017 1	0.081 3	0.026 2	0.068 6	0.198 0	0.085 3
2008	0.008 2	0.067 3	0.023 7	0.050 9	0.167 5	0.074 8
2009	0.008 0	0.066 0	0.021 7	0.050 9	0.168 1	0.072 2
2010	0.007 3	0.059 1	0.019 9	0.045 3	0.147 9	0.064 1
2011	0.006 2	0.052 0	0.017 6	0.039 4	0.129 3	0.056 5

表4(续)

年份	单位产出碳强度			单位产值碳强度		
	第一产业	第二产业	第三产业	第一产业	第二产业	第三产业
2012	0.006 0	0.050 9	0.016 7	0.039 0	0.109 7	0.051 3
2013	0.005 7	0.048 7	0.015 6	0.038 8	0.098 8	0.049 2
2014	0.005 4	0.047 6	0.014 8	0.035 2	0.095 4	0.048 0

数据来源：作者根据《中国能源统计年鉴》与世界投入产出数据库（WIOD）有关数据计算获得。